大学生心理健康与自我管理研究

李　宁◎著

燕山大学出版社
2020・秦皇岛

图书在版编目（CIP）数据

大学生心理健康与自我管理研究 / 李宁著. -- 秦皇岛 :燕山大学出版社, 2020.9
ISBN 978-7-81142-811-7

Ⅰ. ①大… Ⅱ. ①李… Ⅲ. ①大学生－心理健康－健康教育 Ⅳ. ①G444

中国版本图书馆 CIP 数据核字(2019)第 093461 号

大学生心理健康与自我管理研究

李宁 著

出 版 人：陈 玉
责任编辑：杨春茹
封面设计：朱玉慧
出版发行：燕山大学出版社 YANSHAN UNIVERSITY PRESS
地　　址：河北省秦皇岛市河北大街西段 438 号
邮政编码：066004
电　　话：0335-8387555
印　　刷：北京建宏印刷有限公司
经　　销：全国新华书店

开　　本：700mm×1000mm 1/16　　印　　张：16.75　　字　　数：224 千字
版　　次：2020 年 9 月第 1 版　　印　　次：2020 年 9 月第 1 次印刷
书　　号：ISBN 978-7-81142-811-7
定　　价：48.00 元

前　　言

习近平总书记非常关心大学生的健康成长，对大学生寄予厚望。党的十八大以来，习近平在全国各地考察时多次到高校与师生交流，给优秀的学生个人及群体复信，谈勤于学习、谈理想担当、谈人生价值、谈做人做事，鼓励广大学生为实现中华民族伟大复兴的中国梦而不懈努力。

2016 年 12 月 7 日，习近平在全国高校思想政治工作会议上发表讲话，对高校教育工作做了指导。习近平指出，高校思想政治工作关系高校培养什么样的人、如何培养人以及为谁培养人这个根本问题。高校立身之本在于立德树人。思想政治工作从根本上说是做人的工作，必须围绕学生、关照学生、服务学生。无论是立德树人，还是围绕关照服务学生，塑造积极健康向上的心理、养成理性成熟向善的价值观，都至关重要。

2018 年 7 月 4 日教育部印发《高等学校学生心理健康教育指导纲要》，要求健全心理危机预防和快速反应机制，建立学校、院系、班级、宿舍“四级”预警防控体系，完善心理危机干预工作预案，做好对心理危机学生的跟踪服务，注重做好特殊时期、不同季节的心理危机预防与干预工作。《纲要》指出，心理健康教育是提高大学生心理素质、促进其身心健康和谐发展的教育，是高校人才培养体系的重要组成部分，也是高校思想政治工作的重要内容。要培育学生自尊自信、理性平和、积极向上的健康心态，促进学生心理健康素质与思想道德素质、科学文化素质协调发展。总体目标是：教育教学、实践活动、咨询服务、预防干预“四位一体”的心理健康教育工作格局基本形成。心理健康教育的覆盖面、受益面不断扩大，学生心理健康意识明显增强，心理健康素质普遍提升。常见精神障碍和心理行为问题预防、识别、干预能力和水平不断提高。学生心理健康问题关注及时、措施得当、效果明显，心理疾病发生率明显下降。

继中共十七大报告第一次写进“自我管理”的内容之后，十八大报告中又重申了“自我管理”相关内容的重要性，强调“在城乡社区治理、基层公共事务和公益事业中实行群众自我管理、自我服务、自我教育、自我监督，是人民依法直接行使民主权利的重要方式”①。在十九大报告中，习近平反复强调党的自我管理能力的提升，提出“不断增强党自我净化、自我完善、自我革新、自我提高的能力”②。可见，自我管理在社会主义现代化建设中发挥着重大的作用和意义。自我管理既是一种创新的管理理念和模式，又是一种发现自我价值的艺术，对于社会、企业和个人都非常有用，对于人的成功更是至关重要。彼得·德鲁克曾经说过：“现在，即使资质平庸的普通人也将需要学会自我管理。”③他在 2009 年 9 月出版的《21 世纪的管理挑战》一书中写到：“像拿破仑、达·芬奇、莫扎特这样的伟大人物都是深谙自我管理之道的。这在很大程度上也是他们功成名就的源泉。”④越来越多的知识工作者意识到自我管理的重要性，他们清楚个人的优势与特长，并在工作中日渐将个人价值得到最大化发挥。传统的管理学研究往往重视宏观领域，却忽略了对微观个人进行研究。一谈到管理，人们头脑中想到的就是经济管理、人力资源管理等宏观层面的管理，而对于微观层面的自我管理则是较少涉及的。⑤

自我管理理论从酝酿、产生，到提出并斟酌确定，经历了很多学者长时间的学习、分析与实践，在众多研究中最著名的是来自管理大师彼得·德鲁克先生的思想，德鲁克先生对自我管理问题进行全面、系统和深入研究的基础上形成了“自我管理”的管理哲学理论。《哲学原理》一书也曾教会我们如何从哲学层面运用反思性思维方式全面地反映现实、深层地审视现实、理性地解释现实和理想地引导现实。⑥因此，从哲学高度研究德鲁克管理哲学的自我管理思想，

---

① 胡锦涛.在中国共产党第十八次全国代表大会上的报告[EB/OL].新华网.十八大报告（全文）.http: //www.xj.xinhuanet.com/2012-11/19/ c_113722546.htm.

② 习近平.中国共产党第十九次全国代表大会报告[EB/OL] .中国网.http://www.china.com.cn/cppcc/ 2017-10 /18/content_41752399.htm.

③ [美]彼得•德鲁克. 21 世纪的管理挑战（珍藏版）[M].朱雁斌,译.北京：机械工业出版社, 2009:143.

④ [美]彼得•德鲁克.21 世纪的管理挑战（珍藏版）[M].朱雁斌,译.北京:机械工业出版社,2009:143.

⑤ 郭海龙. 国内自我管理研究存在的问题及出路探讨[J].重庆社会科学, 2005（1）:94.

⑥ 闫顺利, 李景春.哲学原理[M].北京:中国铁道出版社,2011:82-83.

运用反思性思维方式对大学生的自我管理问题进行哲学的反思和追问，不仅是当今社会发展对人才培养提出的迫切需要，也是管理哲学思想发展的内在要求，具有重大的理论意义和实践价值。

从理论上说，对自我管理理论进行哲学探析符合当前我国管理哲学的发展需要，使得管理哲学的内容更具完整性。目前学者对于自我管理的研究多着眼于管理学、社会学、心理学等领域，研究内容多从宏观角度出发，忽略对微观个人的研究，研究层次缺乏哲学的理论高度。自我管理是一个交叉学科研究的课题，运用不同视角在多学科范围内进行研究，既为这些学科的发展提供了新的认知视角，也有利于从哲学高度探究人的主体性，弥补我国管理哲学研究水平较低的现状，丰富管理哲学的研究内容。同时，加强对自我管理思想的哲学研究更新了管理学的"范式"，使管理学研究领域的外延得到了进一步的扩展。传统的管理学往往把人作为管理的客体，把人看作是为了达到组织目标的手段和工具，严重忽略了人的主体地位。事实上，人既是管理的客体，更是管理的主体。从管理哲学角度研究大学生的自我管理，拓展了管理学的研究领域，从更深层次揭示管理概念的本质，发挥人的主体价值。

就实践层面而言，对自我管理理论进行哲学研究，特别是针对大学生群体，可以从整体上提高我国公民的素质。在大学生的培养教育方面，过去只是注重知识的灌输以及技术的传授，往往忽略大学生素质能力的培养，特别是大学生的自我管理能力相对较低。知识经济时代，高校人才培养要将素质教育与知识传递放在同等重要的位置，全面提升大学生的综合素质与能力，在工作中崭露头角，成就更美好的人生。有效的自我管理是知识经济时代最经济有效的管理方式。在人类进入 21 世纪后，随着信息时代和知识经济的到来，在管理学领域也将出现一场极其深刻的管理革命，自我管理或被称为"没有管理的管理"正是这个变革中的重要趋势之一。① "没有管理""无人管理"并不是不再需要管理人员，而是强调全员参与管理，自己管理自己，调动每个人的积极性、主动性。

大学生是新世纪的主人，是国家未来的建设者，他们的心理健康状况将影

① 李家龙，李家齐.对自我管理现实意义的探索[J].经济师,2009（1）:217.

响到国民未来的主体素质。中共中央、国务院 1993 年 2 月 13 日颁发的《中国教育改革和发展纲要》强调要“面向全体学生，全面提高学生的思想道德、文化科学、劳动技能和身体心理素质，促进学生生动活泼地发展”。2010 年 7 月 29 日发布的《国家中长期教育改革和发展规划纲要（2010—2020 年）》强调，“建立学生发展指导制度，加强对学生的理想、心理、学业等多方面指导”“加强心理健康教育，促进学生身心健康、体魄强健、意志坚强”。实践证明，心理素质是人才素质的基础，大学生没有良好的心理素质便无法很好地完成学业，更无力承担未来建设祖国的责任。

笔者认为：“辅导员是高校教师队伍和管理队伍的重要组成部分，是开展大学生思想政治教育的骨干力量，是高校学生日常思想政治教育和管理工作的组织者、实施者和指导者。”①辅导员应该“把握大学生思想政治教育规律和大学生成长成才规律，引导学生树立正确的世界观、人生观和价值观，弱化不良文化思潮、价值观念和腐朽没落生活方式对学生的负面影响，增强学生自强创新和成才创业意识，坚定理想信念和价值取向，提高社会责任感、实践能力和团结协作能力，培养健康乐观积极向上的心理素质”②。

笔者自 2005 年担任高校辅导员以来，在和大学生交往的过程中，就十分敏感地注意到了大学生心理健康问题。但是，更多的只是积累了一些实践经验和感性认知。2012 年攻读硕士研究生以后，有机会系统地学习和研究大学生心理学和心理健康教育理论，思想上有了理性认知的升华。像许多高校同仁一样，认为“大学生心理健康教育工作是高等学校教育工作的重要组成部分，辅导员作为高等学校实施管理的主体，需要通过大学生心理健康教育提高大学生对心理健康知识的了解，强化学生心理健康的意志，增强学生心理健康调试的弹性，进而强而有效地开展思想政治教育工作”③。高校辅导员“要通过加强教育，让学生了解心理健康的内容，增强心理健康的知识，认识和识别心理健康类型，树立心理健康意识，增强自我调节能力，尽早发现心理问题，及时解决心理健康问

① 李宁.高校辅导员职业品牌概念、特征及培育研究[J].国家林业局管理干部学院学报,2016（4）:35-39.

② 李宁.高校网络舆情及其引导机制研究[J].国家林业局管理干部学院学报,2015（2）:44-48.

③ 唐宁,陈洪斌,冯桂梅,等.高校辅导员在大学生心理健康教育中的作用[J].吉林医药学院学报,2019（1）:24.

题，促进大学生健康全面发展，为走入社会提供良好的健康心理素质”[①]。从那时起，就想将研究生时期所学理论与作为辅导员的实践感悟结合起来写成一本书，帮助大学生了解常见的心理障碍及其危害，提高自我管理能力，走出心理困局，健康成长。

本书坚持理论联系实际原则，以在校大学生和辅导员教师为对象，介绍大学生心理健康知识，分析当代大学生心理健康状况，阐释大学生各种常见的心理障碍，探究各种心理障碍产生的原因，提出大学生心理自我管理的路径与方法。全书共 10 章，主要内容包括：大学生身心发展与身体自我，大学生常见的心理障碍，大学生自我意识与自我管理，大学生自我管理理论与现实，大学生情绪情感健康与自我管理，大学生个性心理健康与自我管理，大学生挫折心理健康与自我管理，大学生学习心理健康与自我管理，大学生品德心理健康与自我管理，大学生择业心理健康与自我管理等。

从我的硕士学位论文《德鲁克自我管理哲学思想及其对大学生自我管理的启迪》就可以看到这本书的雏形，但本书却不能说是我硕士学位论文的拓展版。确切一点说，我的硕士学位论文是这本《大学生心理健康与自我管理研究》的一个组成部分。因为，这本书的整体构架先于我硕士论文的选题。

衷心感谢本书从酝酿到成稿的六年多来领导、老师、同事与家人的关心与帮助。本书在撰写过程中大量参考和引用了国内外学者的著述与观点，在此一并致以最诚挚的谢忱！受笔者能力水平所限，本书中的缺点和错误在所难免，热望同仁与读者不吝赐教。

作者

2018 年 12 月于燕山大学

① 周亭,李波,孙奎洲.班主任工作与大学生心理健康教育[J].高教学刊,2018（24）:173.

目　　录

第 1 章　大学生身心发展与身体自我

身体是生命的物质载体，是生物学生命的具体体现，没有身体，生命就无法存在，包括心理也无法存在。心理是人脑对客观事物的主观印象，指人的智慧、情感、意志、性格、气质等，是生命的精神载体，是人格生命的基础，一切道德、文化素质都是建立在一定心理活动的基础上的。对人而言，身体只是生命的工具，是我们活动与行为的工具，是完成人生事业的工具，而精神才是生命的主宰，生命的本质，真正体现生命的价值。

1.1 大学生心理发展的水平与特征

根据我国学制，大学生年龄一般在 17 至 24 岁之间。大学生身心发展总体特征是身体与心理发展不均衡，即身体发育已基本成熟，而心理发展尚未成熟。准确地说，大学生心理正处于从不成熟到逐渐成熟、迅速向成人过渡的急剧变化时期。这就决定了他们的心理活动具有既丰富又矛盾的特点，心理品质的发展表现为不稳定和不平衡。他们自我意识增强，但由于阅历浅，社会经验不足，独立生活能力不强，对自己缺乏正确全面的认识，因而很容易受到社会上各种思潮的冲击，很容易产生各种各样的思想、心理矛盾和问题。因而，大学生的心理健康教育是高等教育的一项长期任务。

1.1.1 大学生心理发展的基本水平

大学生个体的身体发展已接近完成，具备成年人的体格及生理功能，其身心所面临的一个重要任务就是促使心理日趋成熟，以便成为一个心理健康的成年人。

人的成熟，应具备三个要素：一是身体的长成。以个体生理成熟为标志，尤其是以性成熟为重要指标。大学生一般都已具备这种条件。二是心理发展完善，即形成了完善的自我概念，形成了稳定的个性。三是社会化程度的提高。以人的社会成熟为标志，即个体对自己在社会中所处的角色及所担负的社会责任有正确的认识。在这三个条件中，生理成熟是心理成熟的物质基础和依据，社会成熟是心理成熟的必要条件。而社会化程度的提高，取决于个体的社会实践活动。由于大学生在校学习时间长，与社会生活有着某种程度的隔离。他们身在校园，对真正的社会生活并没有直接深刻的了解，他们的社会实践活动比较表面和肤浅。因而，大学生的社会成熟期较长，在整个大学时代，他们都要为这种社会成熟的完成付出努力。

在大学生心理发展中情感发展占有特殊位置，他们感情丰富，反应强烈，不够稳定。大学生是一群正在成长的青年，是一个极其敏感的群体，其内心体验极其细腻微妙。他们对与自身有关的事物往往体察得细致入微。随着文化层次的提高和生活空间的扩大，他们的思维空间急剧延伸，必然导致其情感越来越丰富和深刻。一般而言，大学生的情感与他们的需要和价值观有着紧密联系。大学生的情感需要主要源于内部需要的结构变化和价值观的不平衡、不稳定。20 世纪 80 年代以来，国内有关学者分别从大学生人生目标的特点、大学生人生阶段的特点、大学生人生评价的特点几个方面进行了大量的研究，从不同的角度阐释我国当代大学生的人生观特点。相关研究表明，从大学生所选择的人生目标总的比例看，排在前列的依次为“事业成功”“国家强盛”“纯真爱情”“真诚友谊”“身体健康”“知识渊博”“家庭和睦”“美满婚姻”“心情舒畅”等，这些目标大多与大学生的角色和年龄特征有关，表明大学生比较看重与个人所面临的人生课题和与个人素质有关的价值目标。当代大学生的人生目标早已从“迫切地要求加入党团组织”“为共产主义事业奋斗”“为社会多做奉献”等单极化目标，转变为“既要做贡献，又要为实现自我设计的目标而奋斗”“既要努力学习、实现自我价值，施展个人抱负，又要能多赚钱以满足自己的经济需要 ”等多极化目标。如果仅从大学生的价值观特点来看，他们这种追求理想、追求完美、现实化的特点是非常可取的。但这种过于理想化的追求，再加上自身存在的现实生活经历不足和情绪不稳，容易产生一些极端情绪。一方面，当自己的目标得到满足时，便欢呼雀跃，手舞足蹈；当现实生活与自己的目标存在一定差距，目标得不到实现时便愤世嫉俗或悲观失望。另一方面，强烈的参与社会生活的愿望和社会经验不足也往往使他们陷入不知所措的境地。因此，大学生的行为和表现往往有较大的不稳定性和冲动性，耐受挫折的能力相对较弱。

大学生自我意识显著增强。自我意识是个人的自我知觉，自我意识是一个多维度、多层次的心理系统，表现为紧密相联而又相对独立的认知、情感和意志三种形式，属于认识方面的有自我观察、自我概念、自我认定、自我评价；属于情感方面的有自我感受、自爱、自尊、自恃、自卑、责任感、义务感、优越感等；属于意志方面的有自立、自主、自制、自强、自卫、自信、自律等。心理学上常把个人对自己的期望或理想称作“理想自我”。大学生脱离家庭进入社会，生活空间扩大，独立感和成人感迅速增强，自尊心、自信心、荣誉感等自我意识进一步发展，随着社会交往的扩大和深化，他们往往从更多更深的角度认识自己，逐步学会运用社会尺度观察、分析和评价自己。然而大学生的自我意识发展尚不完善，他们的高度自尊心和自信心以及对理想的追求，往往使他们对理想自我的标准定得太高，这就造成“理想自我”与实际的自我或别人的评价存在一定的差距。理想自我与现实自我之间的差异，对个体的成长和发展具有两面性。一定程度的差异可以促进个体的发展，但如果对理想自我的要求太高，反而容易丧失信心，出现各种各样的问题。美国心理学家罗杰斯通过研究发现，理想自我与现实自我的过分失调就是产生精神病等心理障碍的主要原因。国内大学生心理学工作者的研究也表明，大学生理想自我与现实自我的差距越大，其抑郁方面的得分越高。

大学生的智力发展达到人生的高峰。大学生一般思维敏捷，接受能力强，通过专业训练、系统学习，抽象逻辑思维能力得到充分的发展，智力水平大大提高。具体表现在：第一，由于学习的知识越来越多，涉及面越来越广，因而他们能经常系统地思考事物之间的联系，能够从具体走向抽象，从经验走向理论，具备了初步演绎归纳能力，能够在一定程度上推断和预测未来；第二，由于广泛地接触一果多因和一因多果的现象，他们越来越明确一切事物都依条件而变化的规律，从而使辩证思维有了很大发展；第三，由于接触到的理论、学说、知识越来越多，加上大学阶段受到更多自由思考和表达独立见解的鼓励。所以，大学生思维独立性和批判性显著增强；第四，大学教育促进了复合思维和发散思维的结合，加上青年人丰富活跃的想象，大学生的创造性思维相当发达，分析问题、解决问题的能力增强，其智力层次含有较多的社会性和理论色彩。在大学生的智力结构中，除具有一般智力结构理论都提到的智力成分，如观察能力、思维能力、想象能力、创造能力以外，他们的元认知能力、认知策略和良好的知识结构等智力成分，与青少年和普通成年人相比，往往具有特殊性。

1.1.2 大学生心理的两面性与矛盾性

大学生心理的两面性指的是积极性与消极性都很突出。人的心理是不可分割的整体，只能在完整的意识活动中才能了解其真实面貌。由于大学生在身体成长与生理机能上正处于成熟的高峰时期，其旺盛的体力和生机就为充分发挥其心理活动的可能性提供了条件。这些成熟的方面表现出积极的特点。他们精力充沛、朝气蓬勃、心态积极；自我意识有新的发展，对自己各方面的认识大大提高，主动性增强；感情丰富、反应强烈；抽象逻辑思维能力得到充分的发展，智力水平大大提高；社会需求迫切，出现大量新需要，渴望获得充分满足，从而激起对生活的美好愿望；人际关系进一步扩大，对友谊和爱情十分重视；富有理想、积极向上、向往真理。但是处于发展过渡期的大学生，虽然由于迅速走向成熟而具有许多积极面，却往往就在这些积极面中也包含着没有达到真正成熟的方面，易于导向某些消极的特征。他们容易滥用充沛的精力蛮干；自我意识强，情绪体验深，在外界的不良影响下，易陶醉于低级情绪；对情绪、情感缺乏控制时，易成为情感的奴隶；过分凭借想象与间接思维，容易导致脱离现实，坚持片面性结论，削弱进取心；在客观条件未具备时，急于谋求需要的满足，导致失败或误入歧途；人际关系方面，在开放、自由的交往中，容易走入歧途；在缺乏正确理想指导时，求知欲与敏感性易导致迷信错误的、自以为是的“新知识”或“新思潮”。

正是因为大学生心理发展过程中存在着明显的两面性，其心理各方面的发展也很不平衡，往往易引起各种各样的冲突与矛盾。同时，由于他们又处于自我意识发展的新阶段，着重认识外部世界，转而朝向内部认识自己。因而，他们经常强烈地意识到内心所发生的种种矛盾。这些内心矛盾主要有：

（1）独立性和依赖性的矛盾。进入大学之后，在这个社会气氛很浓的环境中，大学生的成人感迅速增强。他们渴望独立，独立意识迅速发展。但由于他们又无法完全靠自己来处理所遇到的一系列复杂的实际问题，特别是他们在经济上没有独立。所以，在大学生身上，一方面有强烈的独立意识，另一方面却又事事依赖别人，这就使他们在心理上出现了独立性和依赖性的矛盾。

（2）理想与现实的矛盾。大学生由于有较高的文化层次，更富有理想。然而，理想与现实是有矛盾的，当理想受挫不能成为现实时，必然产生强烈的心理矛盾。大学生在中学时期往往都是学习尖子、三好学生，成长过程比较顺利，一般都树立了较高的理想。进入大学后，常常会发现现实并不是他们自己所想象的那样。如果长期陷入苦闷，不能排除困扰，就可能出现心理疾患。

（3）心理的闭锁性和寻求理解的矛盾。大学时期，对很多人来说，是一个渴望友情又追求孤独的时期。一方面，由于自我意识的发展，大学生常常对自己的内心世界进行细致而深入的探索、反省，希望有一方完全属于自己的自由角落；另一方面，大学生又害怕孤独，希望自己的情感有一个宣泄的对象，希望自己有一个可以共鸣的知己。这种心理特征上的二重性，使大学生的情感生活更为复杂。

（4）性成熟与性心理的矛盾。大学时期，性生理已经成熟，而性心理正趋向成熟。可是大学生需要在大学校园进行半封闭的学习，经济上不独立，他们的未来又有许多不确定的因素，性心理成熟落后于性生理成熟的现实，导致大学生会产生许多与性有关的心理矛盾。而他们对这类矛盾，往往极其敏感和多虑，这对他们的心理发展与成熟有着重要影响。

（5）情绪与理智的矛盾。这是大学生心理矛盾的最重要的表现形式。从生理角度看，青春期高级神经活动的兴奋与抑制尚不平衡，往往兴奋占有优势。从心理角度看，进入大学后，环境、生活、个人地位的变化等引起很多心理矛盾，而大学生的社会经验和认识水平又没有达到能够真正独立地、正确地、调节自身行为的程度，这就出现了他们独立支配自己行为的强烈要求与行为结果相悖的情况，从而产生内心痛苦与不安。从社会角度看，经济转型和教育转轨，对大学生的情绪有很大影响。在多种社会价值取向面前，大学生对自己以往的价值观产生怀疑，从而导致迷茫和消沉。加上青春期情绪丰富而不稳定的特点，因而，各种矛盾冲突都可能在情绪矛盾中得到淋漓尽致的反映。

总之，大学时期是心理“断乳”的关键期，所有这些矛盾并非偶然，而是发展过程中的正常现象，是迅速走向成熟与尚未完全真正成熟的集中表现。在这一过程中，诸多的矛盾冲突交织在一起，如果处理不当，就有可能产生心理问题。

1.1.3 当代大学生心理健康状况

在人们的传统观念中，所谓健康就是指身体健康或生理健康，心理学的发展使人们意识到健康应包括生理健康和心理健康两个方面。进入现代社会以来，社会生活的复杂性对人的心理提出了更高要求。早在 1948 年世界卫生组织就在其宣言中指出，健康应包括生理、心理和社会适应等几方面。1989 年，该组织又在健康的定义中增加了道德健康的内容，使其更加全面。因此，健康是一种身体上、精神上和社会适应上的完好状态以及道德的完美状态，而不仅仅是没有疾病和虚弱的表现。简言之，一个健康的人既要有健康的身体，又要有健康的心理，既然现代健康的观念不仅包括身体健康，还包括心理健康，那么关心大学生的全面成长，就必须兼顾他们身体、心理两方面的健康成长。大学生作为社会生活中一个高学历的群体，总体上看，是心理健康的群体之一，大多数大学生的心理是健康的。但任何事情都是一分为二的。正是由于大学生属于高智商和思维活跃的群体，他们争强好胜，追求完美，思想活跃，但其心理发展尚未成熟，心理素质比较脆弱，在学习竞争、择业竞争、恋爱苦恼、经济条件限制、人际关系难处、家长期望值过高以及因社会变革加快而带来的各方面信息冲击下，造成了大学生强烈的忧患意识，心理负荷过重，致使相当部分的大学生存在不同程度的心理问题。随着中国现代化的变革，以及互联网的冲击等新的变化，心理问题对于大学生的健康而言，已大大超过了生理疾病。大学生的心理健康现状使高校德育工作面临新的挑战。

近年来的一系列研究表明，大学生心理健康状况不容乐观，学校、家庭和社会必须给予充分的重视。一项研究结果显示：大学新生在强迫、抑郁、焦虑、恐怖、人际关系敏感、偏执、敌对、精神病性因子方面远远高于全国常模，但躯体化因子分值略低于全国常模，表明新入学的大学生整体上存在着一定程度的强迫观念、人际交往紧张、负性情绪强、交往不良、敌对等方面的问题。相关研究也证明，大学生中有抑郁、焦虑、社会恐惧、自卑、过分依赖、神经衰弱等心理疾病的人要高于一般的社会青年。这说明，大学生是心理障碍高发人群。

进入 20 世纪 80 年代以来，我国社会发生了两个重要变化。一个是我国实行改革开放引起社会生活的急剧变化，对人的心理的适应能力提出了严峻挑战；二是 1999 年开始的高校扩招，对社会而言大大增加了适龄青年的读大学的机会，但对家庭而言，孩子能上大学成了多数家长的普遍期待，无形中给青少年增加了巨大的心理压力。大学生处于思想不太成熟，思维活跃的时期，常常会有复杂的心理变化，导致心理出现矛盾。没有成熟的价值观和世界观，加之社会的复杂情况，通常会使学生心理出现巨大的压力。大学生社会经验缺乏，对自我没有准确的认知，没有明确的自我要求，自我控制能力较差，在生活和学习，以及初入社会时遇到的问题和烦恼无处宣泄，也没有合理的解决办法，从而引发心理上的疾病。就当前情况看，我国大学生中存在心理问题或人格障碍，需要得到心理上帮助的大约为 20%，这个数字远远高于生理上的患病数据，这些调查统计说明，大学生的心理健康问题已成为影响大学生健康成才以及高校稳定的突出因素，专家们认为，随着高校就业制度的改革和独生子女比例上升，大学生心理问题将呈较快上升趋势。①

性成熟是大学生的一大特点，由此带来了许多心理问题，比如性生理方面的不安、恐惧，对“性”的敏感和欲求产生的躁动和羞耻不安等，都是心理不适应的重要方面。相关研究结果显示，四年级的大学生性发育已经成熟，有恋爱欲望应属正常心理现象。但由于大学生尚未形成正确的性道德观和恋爱观，自控能力较弱，男生有手淫现象者 53 人占 93%，女生 28 人占 58.4%，这表明手淫现象在学生中相当普遍。如果不能正确对待，缺乏辨别是非能力和自我控制能力，就会导致行为越轨等种种异常表现。处于青春期的大学生其生理特点已较接近成年人，但心理发展却相对滞后，表现为缺乏有效的自我控制能力；

① 李文静.大学生心理抗压能力分析与干预研究[J].中国农村教育,2018（12）:24.

情绪动荡、偏激、容易激动、兴奋，也容易发怒绝望；有的理智感和道德感相对模糊，心理因素的不稳定也往往使他们中的一些人在不经意间走上犯罪之路。

有关资料表明，在我国有越轨行为的青年大学生中，大约有 68%以上的人存在着心理健康问题，大约有 27%的人的越轨行为是由心理健康原因引起的，在有性越轨行为和自杀行为的大学生中，心理有疾患的比例更高，达到 80%以上。近年来发现除一些人自杀是应激作用下轻生外，更多的是由于伴发的精神疾病或药物滥用而自杀，特别是抑郁症。自杀作为一个特殊的社会现象，已越来越明显地成为一个较严重的社会问题。国内外资料研究表明，在大学校园中，自杀或企图自杀已是常见事件，自杀已是大学生死亡的首要原因。

大学生虽是同龄人中的佼佼者。但身处我国经济转型和教育转型时期，剧变的社会环境，深入改革的高等教育，他们必然在学习和生活中，遇到种种矛盾、困难、挫折和烦恼，大学生心理尚未完全成熟，认识问题、自我调节和自我控制的能力还不强，在处理矛盾和冲突时，往往会因为遇到挫折和障碍，而产生忧虑和烦恼，造成心理压抑和心理紧张，出现种种心理问题。如：学习和生活上的不适应问题，人际关系紧张问题，学习上竞争激烈问题，经济问题，理想与现实矛盾的问题，专业与择业问题等。其实，大学生所碰到的问题，虽然是不可避免的，但并不是不可解决的。心理健康的大学生能正视这些冲突和挫折，面对冲突和挫折时能更多地表现出积极的适应倾向，及时地进行自我调节，逐步地克服心理障碍，去更好地适应大学的生活。

传统教育培养出来的某些典型人才，政治立场坚定、思想观点正确、道德品质高尚，但在心理方面没有达到健康标准。其中不少人不善于生活，工作效率很低，这种人看似完善，但又像缺少一些重要的东西。现代大学生是未来社会建设的主力军，是社会的栋梁，21 世纪的主人。作为社会的人，他们不仅需要有为社会做贡献的真才实学，更需要有健康的心理素质，具体表现为良好的社会适应能力和健全的人格。现代社会心理学的研究表明，人格是决定一个人对现实事物的积极态度和积极选择的诱因系统，它可以对人的各种心理活动起支配作用。人格完整，可以使人保持良好的社会适应状态；反之，社会适应性就差，就容易产生许多心理问题。人格特征与心理健康状态有着一定的内在联系，心理适应不良者的人格特征的主要特点是：情绪不稳定、紧张焦虑、抑郁消沉、悲观等。一个情绪开朗、乐观、热情大方、善于交际、诚恳忠实的人，往往比较容易获得群体和他人的接纳，也比较容易获得帮助，从而创造出一种和谐的环境，有利于自己心理愉悦，施展才华。另外，人格与一个人的思想品德不仅互相影响、互相制约，而且互相包容。一些良好的人格特征同样也是良好的思想品德，比如对现实的态度（对他人、集体、对工作的态度）既是大学生思想品质的重要内容，也是大学生人格素质的具体体现。塑造大学生健全人格的过程，也是培养思想品质的过程，两者相辅相成，互相促进。

1.2 大学生的身体自我及其特点

人的身体和心理有密切的关系，健康的心理寓于健康的身体，心理不健康则会导致身体异常甚至患病。因此，我们要通过实施必要的心理健康教育，及时发现问题解决问题，并针对问题进行合理的心理治疗，从而保障大学生能全面健康发展。大学生的身体发展已基本趋于成熟，第二性征的发育已非常明显，并接近成熟。同时，身体的发育仍具有发展的不平衡性与不稳定性的特点。

1.2.1 大学生身体机能的发育

大学生的大脑及神经系统已基本发育成熟，女生在 20 岁左右，男生在 20～24 岁脑重量最重，达到成人水平，约 1500g 左右。大学生脑细胞内部的结构与机能的复杂化程度迅速发展，大脑皮层的沟回组织已完善，神经纤维的髓鞘化、增长和分支已接近完成。脑细胞正处于建立联系的上升时期，皮层细胞活动增加，兴奋和抑制过程有较好的平衡，联络神经纤维活跃。

大学生的心脏无论是在形态还是机能上都日趋完善，接近成人水平。左心室壁厚而富有弹性，心肌纤维分裂增生能力较大，心脏的收缩力量增强，收缩压增高，血管的弹性较好，具有强盛的代偿能力和适应能力，血液供应能适应机体负荷增大的需要。根据 1985 年的中国学生的体质调研报告资料，我国大学生中男生的脉搏均值为 75.6 次/分，女生的均值为 73 次/分；男生的血压均值为 116.0/60.2mmHg，女生的均值为 105.8/57.8mmHg。健康的青年学生在安静时的脉搏频率随年龄的增长而逐渐下降，18 岁时下降的幅度最大，19 岁后男女学生的脉搏基本稳定，女生稍快于男生。

大学生的呼吸功能增强，呼吸系统发育日益完善。他们肺脏的横径和纵径都继续增加，肺泡体积也随之增加（其中男生尤为明显），呼吸肌增强，呼吸深度加大，因此肺活量增大，呼吸频率减慢。据体质测试资料显示，我国男大学生的肺活量一般为3800～4400mL，女大学生一般为2700～3100mL。男女学生肺活量的均值，都随年龄的增加而逐年增加，各年龄男生的肺活量均大于女生，在女生19岁和男生21岁后肺活量的增长趋于稳定。与1985年比，1995年大学生的肺活量显著下降。

大学生性器官的形态发育、功能发育和第二性征发育等都已基本成熟，生殖系统具备了生殖功能，但身体尚未完全发育成熟，如20岁时卵巢的重量才达顶点，睾丸则还要再晚几年才完全成熟，因此大学生仍处于性成熟时期。其具体表现为：（1）性腺分泌增多；（2）性器官的增长，主要是男性阴囊、阴茎、睾丸的增大，女性卵巢、子宫的增大；（3）第二性征的大量出现，男性表现为有体毛（胡须、腋毛、阴毛）、音变、喉结隆起、遗精等，女性表现为长出体毛（腋毛、阴毛）、乳房隆起、月经来潮等。

1.2.2 大学生的身体自我

相对于整体自我概念的其他成分，诸如能力、情感、学业的研究而言，国内外对身体自我的研究还显得十分薄弱。自我概念（self-concept）是近年来国外研究的热点问题。一般而言，自我概念是个人对自己多方面的知觉和评价的总和。目前一般认为整体自我概念包括身体、社会、能力、情感、学业和家庭等成分。身体自我是个体自我意识中最先萌发的成分，它涉及个体对自己的相貌、性格、身体能力等的看法，是整体自我概念中一个基础而重要的部分。但国内外目前的研究大多集中在学业、社会等方面，对最基础的身体自我概念涉及不多，系统研究很少。大学生时期也是人生命中一段躁动的时期。身体变化是造成矛盾与困惑的主要原因之一。随着体格的进一步逐渐成熟，大学生开始关心自己的相貌，但研究表明，大学生更关心体重、身高和体格。由于大学生对体质很看重，那么有利于增强体质的活动应该能发展起一个积极的身体自我。大学阶段是自我意识发展的新时期。大学生们在认识和评价自己的身体，并参照他人对身体的认识和评价的交互作用过程中逐渐形成身体自我观念。健康的身体自我观念会有助于大学生的发展，而不健康的身体自我观念则易引发心理疾病。

身体自我是指个体对自己身体状况的认识与评价，包括对自己的外表、容貌等以及自己的身体健康状况、身体素质、运动能力等方面的认识。身体自我可以分为以下 4 类：（1）现实的身体自我：指个人实际的身体形象，是一种客观的认识；（2）理想的身体自我：指个人想成为什么样的身体形象；（3）投射的身体自我：指个人认为他人是如何看待和评价自己的身体形象；（4）幻想的身体自我：指身体自我是一种神经症的自我意象，即个人相信自己确实已达到这种值得赞赏的状态。青年人都重视自己的身体自我。身体自我会影响一个人的自我观念。有研究发现，身体自我对一个人的整体自我观念有着重要作用，长相漂亮、富有魅力的人在交往中往往易受欢迎并得到认可。有健康身体自我的青年会显得自信，而对身体自我不满或否定的青年则易自卑乃至否定自我价值，走上自暴自弃甚至自毁的道路。

一个人身体自我的形成，受下列主要因素的影响：（1）身体现状：个人自身的身体条件是形成身体自我的物质基础。它受个人遗传基因的影响，这些身体条件通常是很难改变的；在一定条件下受遗传影响的身体条件也会受如营养、体育锻炼等因素的影响。（2）文化历史：社会文化不同的人们对身体自我的价值评判与认同也不同，西方人以丰满、厚实的大嘴为美，东方人赞美樱桃小嘴。我国唐朝的妇女以肥胖为美，而现在则以苗条为美。社会文化背景是个体形成理想身体自我的基础，人们总是参照该时代的社会文化要求并结合自身条件来追求理想的身体自我。(3)社会职业要求：社会职业也会影响个体的身体自我。如有研究（Bakker，1988）发现，从事舞蹈的女学生在体质与相貌两个维度上的自我评分比普通女学生在这两个维度上的自我评分低。因此，就读对身体形象要求高的专业或希望将来得到对身体形象要求高的职业的大学生，即使身体形象不差，也可能形成不良的身体自我。（4）性别定型：性别不同对自己身体自我的要求也不同。一个正常男性不可能喜欢自己像女人般的身材，同样一个正常女性不会希望自己长得像男性一样。（5）他人评价：个人对自己身体的赞许度与别人如何看待自己密切相关。他人对自己身体形象评价的高低对身体自我的形成起着重要作用。（6）自我价值感：自我价值感是指个体对自己赞赏、重视、喜欢和看重的体验。有研究（Watleings Dong ,1994；Mboya ,1995）表明，身体外貌是构成自我价值感的重要维度之一。个人的自我价值感不同对自己的身体也会有不同的要求。如果个体自我价值感的获得过于依赖于自己的身体自我形象或对身体自我形象的要求过高，就易对自己的身体自我不满。

1.2.3 大学生身体自我的特点

有人曾对国内 25 所大学的 769 名大学生作过调查，发现大学生对身体自我比较重视。一般而言，大学生看重自己的身体自我形象，随着年级的升高有更重视的趋势，大学四年级学生对身体自我最重视。随着就业的临近，大学生们都对身体自我更加重视了。特别是在高度变动性地区的大学生更充分地认识到个人外貌在寻找和保持工作以及晋升中的重要作用，并且女性更看重该因素。国外研究者（多萝西•罗吉斯，1988）认为大多数青年对身体外貌的满意度是恰当的，尽管几乎一半的人不喜欢他们的体型。我国当代大学生面临的身体自我满意度也大体如此。首先，大学生对身体自我的满意度有性别差异。女生对身体自我的满意度普遍比男生低；男生身体自我的满意度有随年级增加而上升的趋势。这可能是由于当代女大学生体型的匀称度低于男生，同时女生对自己的外貌更苛求有关。在整个大学期间相对于女生，男生的身高、体重还会有较大增加，故而他们会对身体自我更自信。其次，大学生对身体自我的满意度有年级差异。所有年级中大学一年级学生的身体自我满意度最低；在所有女生中大学四年级女生的身体自我满意度最低。这可能是由于大学一年级学生的身体状况本身不佳，刚从中学进入大学，对照其他年级的老生而自觉形秽。大四女生在求职中外貌是一个主要的因素，因而更担心和苛求自己的外貌，也就更易不满意身体自我。再次，在最看重的身体部位方面也有所不同。个人对身体的不同部位的看重程度是不同的，因此不同身体部位对一个人的身体自我的影响也是不同的。调查发现，对身体各部位重视程度的排序，男女生有一定的一致性又略有不同。男生最看重的前五项身体部位是：身高、体型、五官、眼睛、头发。女生最看重的前五项身体部位是：体型、身高、五官、眼睛、皮肤。调查还发现，男女生对自己身体最不满意的部位也集中在上述这些方面。总的说来，男生相对更看重身高，而女生则更看重体型；男生重视头发的作用，而女生则更重视皮肤质量。

相关调查表明，多数男生心目中的理想身体自我形象是：五官端正，搭配得当，鼻子高挺，眼睛大而有神，肩宽，体型匀称。多数女生心目中的理想身体自我形象是：五官匀称和谐、搭配得当，眼睛大而有神，小嘴，挺鼻，三围匀称。多数女生认为理想的男性身体形象是：五官端正，眼睛有神，鼻子高挺，脸有轮廓、棱角，肩宽，体型匀称，身高 170～180cm 之间。多数男生认为理想的女性身体形象是：大眼睛，小嘴，五官匀称和谐、搭配得当，眼睛有神，苗条，身材匀称，身高 160～170cm 之间。由此可见，男女生对异性的理想身体形象的描绘与异性自己的理想身体形象的描绘有一定差异。对男性身体形象的描绘方面，40%的女生认为英俊的男性应双目有神，此外还有 19%的女生提到男性应有一双大眼睛，只有 25%的男生提到应该有一双大而有神的眼睛；24%的女生认为理想男性形象的脸应棱角分明，但仅有 8%的男生提到这一点；63%的女生提到理想的男性应在 175cm 以上，77%的男生认为理想男性应在 175cm 以上。对女性身体形象的描绘方面，绝大多数的男生认为一双明亮的大眼睛是漂亮女性的特征，仅有 33%的女生提到这一点；有 25%的男生提到理想的女性应五官匀称、和谐、搭配得当，有 42%的女生认为漂亮女性的五官应和谐搭配；绝大多数男生认为漂亮的女性应具有苗条且匀称的身材，而女生则把身材匀称看得比苗条更重要。

1.3 大学生身体健康的自我管理

为了达到理想身体自我，大多数大学生都会采用各种方式来改变现实的身体形象。绝大多数大学生认同体育锻炼是改善身体自我的好办法，但实际坚持体育锻炼的不多。大部分大学生是有时参加体育锻炼，有体育锻炼习惯的较少，且存在随年级的升高不参加体育锻炼的人数增加的现象。有些学生很注意自己的服饰，女生比男生更注重服饰美容。部分男生把改善饮食结构、增肥和加强自我修养等作为增进身体形象的方法，更多女生则把减肥和节食作为增进身体形象的方法。同时，因身体状况某些不足而苦恼成为大学生负性生活事件之一，不健康的身体自我会带来许多负面影响，会使大学生有意识地减少与人交往，常常离群索居、郁郁寡欢，久而久之就易产生一种持续性的心境低落状态即抑郁情绪。他们也常伴有自卑和焦虑，还表现为睡眠不佳、易沮丧、对生活缺乏兴趣、对未来悲观失望、精神不振等。长期的抑郁还会引发严重的精神与行为问题，特别是易导致自杀。因此，加强身体健康的自我管理非常必要。

1.3.1 树立科学的健康观

世界卫生组织（WHO）的章程指出："健康不仅是没有疾病的表现，而且是一种个体在身体上、精神上、社会上完全安好的状态。"

1981 年世界卫生组织在对健康人群进行大量调查后，对"健康"的概念作了如下的阐述：健康就是能精力旺盛地、敏捷地、不感觉过分疲劳地从事日常活动，保持乐观蓬勃向上及有应激能力。美国学者杜巴认为："真正的健康并不是全无疾病的理想境界，而是在一个现成的环境中有效运作的能力。环境是在不断地变，所谓健康便是不断适应无数每日威胁人们的微生物、刺激物、压力和问题。"还有学者提出了现代人应有的健康观，健康就是能对抗紧张，经得住压抑和挫折，能积极安排自己的各种生活活动，使自己的智慧、情感融为一体，生活和精神充满生机，且富有文明意义。

关于死亡的定义，几千年来的传统观念都是把心脏停止跳动和停止呼吸作为死亡。近代随着心、肺、肾等器官可以靠机器维持，还可以进行移植，于是提出了脑死亡的概念，才最后在逻辑上统一了对人体生命中枢问题的认识，而脑死亡的新概念也更强调了人格生命中的心理因素。从这些有关健康的定义中可以看出，健康、疾病和死亡的概念中都含有价值观念，随着社会的进步，对心理健康也提出了更高的要求。

大学生们都很关心自己的身体变化，担心自己发育不正常、有疾病，担心自己身体形象不佳。一般来说，这是正常现象。但对自己的身体状况一定要有一个科学的态度，应依据科学的标准客观地评价自己的身体情况，特别是对一些不良的生理反应切忌跟着感觉走。科学书刊、有经验的教师都能为大学生提供生理方面的知识。科学地评价自己的身体情况，以避免不必要的焦虑。如果确有生理不适，应及早就医。每个人都想有一个理想的身体自我，但理想的身体自我应该建立在现实可能性的基础之上。不切实际地幻想会影响心理健康。大学生们应对自己的身体现实有所了解，逐步形成健康的理想身体自我。人们的身体状况都不可避免地会受到其他人的评价，但无论别人的评价怎样，都应保持一种平稳的心态。因为他人对自己的评价是他人观点，可能很不全面，更何况每个人的审美观点也不同，因此他人的意见仅供参考，个人应根据自我身体状况形成全面、正确的认识。只有这样，才不会为人言所左右，才能悦纳身体自我。

1.3.2 **培育健康的身体自我观**

一些大学生常因自己的身体状况不良而感到自卑，其实自卑并不可怕，关键在于你怎么认识它。应该说有适当的自卑对个人发展是有利的，因为有自卑才有危机感，才能“生于忧患”而做别人做不出的成就，但千万不要被自卑所压倒。阿德勒（AlfredAdler，1870—1937）认为，人人都有自卑感，不仅身体有缺陷、有残疾的人会自卑，而且所有的儿童都会由于自己的生存完全依赖于成年人而感到自己无能，产生自卑感，同时，古人也会因自己对大自然的无能为力而感到自卑。自卑感使人产生对优越感的渴望，激发儿童追求力量、追求卓越、成为推动人们争取成功的动力，从而推动人格的发展。

一个人的身体状况难免有不如意的地方，甚至还有生理的缺陷或残疾。但无论怎样，他与环境的交往能力并不会因此而完全丧失。所谓“残疾”是对那些比正常人的环境适应能力差的人而言的，如果你能在世上生活得比常人还好，那么对你而言就不存在什么“残疾”的问题。因此，合理的关注自我身体是正常的，但过分关注自我身体，则表明个人的自尊是建立在一个非常狭窄的基础之上的。一个人应该将他的自尊建立在一个广泛的基础之上，如个人成就、贡献、社会地位、道德水平、风度气质等。既然世上没有十全十美的身体，也没有永远美丽的容貌，那么我们就应该把眼光放得更宽，超越所谓的“残疾”，用自己的德行与成功来证明自己的美丽与价值。身体只是评价一个人的许多因素中的一条，一个人格健全的人是不会用外貌等身体条件来衡量人的价值的。大学生们应正确认识自己的自卑感，善于控制和利用这种自卑感，实现对所谓“残疾”的超越。

一个人的身体状况除了外表，还包括身体素质、身体健康、运动能力等因素。每个人都有自己身体方面的优势与不足，所以不必为自己有一些缺陷而过分苦恼，特别是不必为自己的身体形象不佳而自卑。因为一个人美不美并非只取决于外表，内在美与外在美再加上和谐的修饰的统一，才构成一个人的整体形象。因此，美是外在美和内在美的结合。世上并没有十全十美的外表，也没有永远美丽的容貌，而只有内在美才是真正伴人一生的，所以看一个人除了外在美还要看内在美。也许自己长得并不好看，甚至还有缺陷，但却不能阻止自己成为一个光芒四射、魅力无比的人。因此我们要悦纳自己的身体不足，对自己的身体要有信心。

世上没有完人，却有很多成功的人，他们中间有许多也是有身体缺陷的。因此，只要通过正确的补偿，每个人都是可以取得优势，获得成功的。心理学上的补偿就是指克服自卑感、发展优越感的过程。面对身体缺陷，正确的补偿有三种方式：（1）认识到自己身体（也可能有心理和社会）的不足或缺陷，集中力量在低劣的器官上发展其功能。例如体弱者可通过体育锻炼来增强体质，体型欠佳者可以通过健美运动来改善。（2）承认自己的某些身体缺陷，用自己的其他机能来弥补有缺陷的机能。如失明者可以发展其听觉或触觉来弥补，常见的盲人按摩就是失明者通过发展触觉来补偿失明以适应生活的例子。有一些失去双臂的人经过刻苦锻炼还可以用脚来写字，至于张海迪的故事就更是家喻户晓了。其实绝大多数的大学生是没有什么严重的身体缺陷的，只要努力，是可以通过其他身体条件的改善来提高自己的整体身体状况的。（3）用内在美来弥补身体的不足。提高修养，保持良好的精神面貌，使自己显得有风度气质，对改变自我形象是很有帮助的。这对大学生来说也非常重要和现实，因为大学阶段正是大学生们形成高雅的风度气质，获得内在美的大好时机。当你才华横溢地从大学毕业，在社会竞争中取得一席之地时，谁还会因你其貌不扬而不尊重你呢？你又怎么会不受大家的欢迎呢？

1.3.3 发展与完善自我体魄

大学生的身体还有一定的发展余地，只要方法得当是可以在原有水平上获得一定提高的。当代大学生采用的如锻炼、改善饮食等方法都是正确的。我们也十分提倡体育锻炼以增进体魄的方法，但在体育锻炼中也要注意体育锻炼的规律，特别是要坚持锻炼，否则效果不佳。另外，在减肥中要特别注意不能使用饥饿节食、药物减肥、不吃早饭、减少睡眠、只进行局部运动等方法，否则不仅效果不好，还不利于发育和身体健康。适当的修饰不仅可以掩盖自身的一些外貌问题，还可以突出自己的个性。因此，通过注意服饰等衣着打扮因素来提高自我形象是简便可行的。但大学生们在这方面的误区也应引起注意，如有的学生采用“修眉”“拔胡须”等破坏式的方法，还有的女生用“束胸”“束腰”等不利于发育的方法。问题最多的是化妆品的滥用。总之，大学生们的修饰一定要表现自己的青春、活力、风度与朝气，不能盲目模仿社会上的一般青年的打扮方式。

对于自身体魄，一些大学生很强调自我形象方面，而对身体素质、身体健康这些有关体魄的重要方面要么不重视，要么思想上重视、行动上不重视。他们忽视了一个重要问题，即健康是健全体魄的保障，健康才是美。现代社会的生活节奏越来越快，生活压力、工作强度也越来越大，因此更要求大学生有一个强健的身体。许多大学生也都认识到身体健康的重要作用，但由于种种原因在生活中对自己的身体不爱护，总以为自己年轻身体好。其实对仍处于发育阶段的大学生来说，加强体育锻炼，提高身体素质是非常重要的。只有现在打下一个良好的身体基础，才有可能将来为祖国更好地工作。

体魄中还有一项重要内容就是要有良好的精神风貌。一个成天无所事事、百般无聊的人，即使长相不俗、身体健康，人们也不会说他体魄健全，而会骂他浪费了一个好身子。大学生是祖国未来建设的栋梁之才，是青年中的佼佼者。大学生要保持良好的精神面貌最重要的是树雄心、立大志，为祖国的繁荣富强而努力学习。

第 2 章 大学生常见易发的心理障碍

当代大学生，无论在生理上还是在心理上都处于一个迅速变化的过程中，处于从不成熟到逐渐成熟，迅速向成人过渡的人生的转折时期，面临着许多机遇与挑战，心理上、情绪上会出现很大波动。大学生虽然生理上逐渐成熟，但由于阅历浅、社会经验不足、独立生活能力不强、对自己缺乏正确而全面的认识，而且又易受到社会上各种各样思潮的冲击，很容易产生各种各样的心理矛盾和冲突。这些问题如果解决不好，不仅影响学业，还可能会影响到将来走上社会以后的适应问题。同生理疾病一样，心理障碍和心理疾病可以是严重的，也可以是轻微的。据世界卫生组织的估计，在同一时期里，几乎会有 20%～30%的人有不同程度的心理异常或心理疾病。心理疾病（mental illness）是指个体在内在各种致病因素影响下，大脑机能活动发生紊乱，导致个体心理和行为障碍。心理疾病常导致患者的社会功能和生活能力等方面出现紊乱。心理疾病在大学生群体中具有较高的发病率。调查发现，安徽省合肥市高校中有 23.7%的大学生存在中等以上心理障碍。①

目前，常用的心理疾病分类标准有三种：世界卫生组织主持编写的《疾病及有关健康问题的国际分类》（International Classification of Diseases, ICD），将精神障碍分为 11 种；美国精神医学会编写的《精神疾病诊断与统计手册》（The Diagnostic and Statistical Manual of Mental Disorders，DSM），将精神障碍分为 17 种；我国制定《中国精神障碍分类与诊断标准》（Chinese Classicification and Diagnosticcriteris of Mental Disorders，CCMD），将精神障碍分为 10 种。本书依

① 冯宁.大学生心理疾病污名概述[J].天津职业院校联合学报,2018（10）:124.

据大学生实际情况，主要分析介绍大学生常见易发的神经型心理障碍、情感型心理障碍和心身型心理障碍三类。

2.1 神经型心理障碍

神经型心理障碍一般叫神经症（Neurosis），旧称为神经官能症，是一组精神障碍的总称。《中国精神障碍分类与诊断标准》对神经症的描述是：“神经症是一组主要表现为焦虑、抑郁、恐惧、强迫、疑病症状，或神经衰弱的精神障碍，本障碍有一定的人格基础，起病常受心理社会因素的影响。症状没有可证实的器质性病变作为基础，并与病人的现实处境不相称。但病人对存在的症状感到痛苦和无能为力。自知力完整或基本完整，病程多迁延。”神经型心理障碍的这些症状在不同类别的患者身上常常混合存在。患者没有精神病性表现，由于对疾病有相当的自知力，大多有求治要求。社会功能保持相对完整，行为一般保持在社会允许范围内。每个神经症患者不一定都有同样的人格表现或临床特征，对同样症状反应也可以很不相同。但神经症患者也有许多典型的或共同的表现，如自相矛盾的心理状态、焦虑情绪、防御性行为、人际交往的不协调和躯体不适感等。根据国家标准，神经型心理障碍主要有焦虑性神经症、强迫性神经症、恐怖性神经症、疑病性神经症和神经衰弱五大类型。以下对常见的几种神经症作个简单的介绍，以帮助大学生识别和防治。

2.1.1 焦虑性神经症

焦虑性神经症简称焦虑症，也是神经症中常见的一种，患者以焦虑情绪反应为主要症状，同时伴有明显的植物神经系统功能的紊乱。焦虑状态可以突然发生，也可以缓慢起病。患者常感到内心有一种说不出的紧张与恐惧或难以忍受的不适感，因此，总是整日地惶恐不安，心神不宁，似乎预感到可能会因失控患上不治之症、甚至死亡，害怕上级会与自己过不去，担心自己而精神错乱等。患者对自己的“无能”所招致的“挫败”，感到非常的自我责咎，或表现出严重的自卑感，有时会由于内心的过分期待和恐惧情绪而达到惊恐发作的程度，表现出惊叫、呼救，拉着别人的手或衣服而不肯松开。由于情绪的极度紧张，患者表现为双眉愁锁、面孔紧绷，似乎有无限的忧虑与哀伤。这时患者对任何事物都失去兴趣，注意力极度涣散，记忆力明显减退，日常工作不能正常地进行，但不会出现智力障碍。在行为方面，患者常常表现为不安地走来走去，两手做无意义的搓动或捶胸顿足，不能保持安静，不时地发出惊恐的叹息。焦虑症是一种常见病，在一般人群中的发病率为5%，占精神门诊的6%～26%。发病多为成年人，女性多于男性。

焦虑反应在正常人身上也会发生，这是人们在社会生活环境中对于可能造成心理上的冲突或挫折的某种特殊事物或情境进行反应时的一种反应状态，同时带有某种不愉快的情绪体验。这些事物或情境还包括一些即将来临的可能会造成危险或灾难、或需要付出特殊努力的东西，对此无法预计其结果，不能采取有效措施加以防止或予以解决，这时，心里的紧张和期待就会促发焦虑反应。例如面临考试、等待会见重要人物、即将登台表演、地震时期准备应付不测等都能引起这种反应。甚至在危险情境过后，这种反应还可以产生，例如在骑自行车或驾驶汽车时突然感到即将肇祸，又在顷刻之间化险为夷，这时可产生一种从危险情境解除出来的宽慰和放松感，但同时又可产生短暂的焦虑反应，即人们常说的“后怕”。然而，对于正常人来说，日常生活中可能引起焦虑反应的事物和情境很少反复地出现，即使反复出现，正常人通过不断的适应可以逐渐减少焦虑反应，并增强克服挫折情境的信心，从而摆脱这种反应状态。但是对于焦虑症患者来说，不仅可以对特殊的事物或情境产生焦虑情绪反应，而且在任何情况下都可能发生这种反应状态，并说不出原由也无法加以摆脱。

焦虑症有慢性焦虑症和急性焦虑症两种。慢性焦虑症表现出持续性精神紧张或发作性惊恐，在客观上并不存在某种威胁或危险和坏的结局，患者总是担心、不安和害怕，尽管也知道这是一种主观的过虑，然而常常不能控制，使患者颇为苦恼。同时还有易激惹，对声音过敏，注意力不集中，记忆力不好。焦虑症的躯体症状以植物神经功能亢进为主，如口干、上腹不适、恶心、胀气、腹泻、胸闷、吸气困难、呼吸急促、心悸、胸痛、心动过速、尿频尿急、阳痿、性感缺乏、月经时不适或痛经，还有昏晕、出汗、面色潮红等。焦虑症的运动症状与肌肉紧张有关，有紧张性头痛，在项颈区有一种紧压感。肌肉胀痛和僵直，特别在背部和肩部，手有轻微震颤，做精细动作更明显。急性焦虑症发作时常会伴随严重的心血管系统的症状，如患者感到“心跳得像要爆炸似的”，觉得“心脏快要跳出来了”，不时地出现心悸心慌，严重时甚至会出现昏厥。由于过度的呼吸导致血液中碱性成分增加而发生手足麻木、头部发胀，以至出现肌肉抽动。患者也可以有胃肠症状，如上腹部不适感、腹痛、大小便紧迫感、腹泻或便秘等。患者几乎总是或多或少地存在睡眠障碍，大多表现为不易入睡，入睡后易醒，醒时不安宁，常诉有噩梦，醒后很恐惧。

焦虑症的致病原因比较复杂，主要有五类因素。（1）人格因素。焦虑症患者多有某种独特的人格特征，如自卑，缺乏自信，患得患失，对困难的情境估计过分，对躯体的微小不适容易过分关注，对于发生的挫折和失败容易过分自我责备等，都是焦虑症发病的人格基础。（2）内心冲突。精神分析学派认为焦虑来源是精神内在冲突，包括本能冲动与现实原则、本能冲动和道德准则之间的冲突。因防御行为而使原始冲动得不到满足或发泄，本能冲动继续积累到某一程度时，自我的控制能力失效。由于致力于激烈的内部防御工作，神经症患者在本能冲动负荷过盛的情况下，防御无效则变为焦虑，表现出坐立不安、激动、浮躁、紧张与失眠。（3）遗传因素。有人认为焦虑症与患者的遗传素质和人格特征有一定的关系，可能由于遗传素质的不同而造成焦虑症患者与常人的差异。例如，早在婴儿时期有的人就表现出明显的轻松和安静，而有的则从生下来就表现出容易紧张和烦躁。斯来特（ Slater）等研究发现，同卵双生的焦虑症发病率为 41%，而异卵双生则只有 4%。焦虑症在患者的亲族中发病率为 14%左右，而一般人群为 5%左右。（4）生理因素。焦虑症的生理基础是神经系统活动的全面亢进，主要是植物神经系统（包括交感和副交感系统）的兴奋。研究表明，焦虑状态的患者休息状态的心理、生理自发反应（基础水平）普遍比常人高，以脑电图或皮肤电反应为指标的唤醒水平均高于常人，而唤醒水平高常常可以伴随动机和情结的内在变化，因此，高唤醒水平就成为对外部刺激的高水平反应的指标。同时，实验也证明焦虑状态的患者习惯化倾向即适应性水平都毫无例外地差。焦虑状态的这种心理、生理反应特点，可能是造成焦虑症患者的病理性期待状态，对环境刺激的过分敏感，对于某些情境变化的过度担忧与恐惧，情绪状态的起伏变化特别剧烈等的直接原因。由于在各种有害的心理—社会因素的作用下，在焦虑症患者的上述心理、生理特点的基础上，便激发和加剧了患者的异常心理尤其是异常情绪的发展。（5）心理—社会因素。大多数人认为焦虑症的发病原因主要与心理—社会因素有关。按照弗洛伊德的观点认为，儿童时期的一些特殊的精神创伤性体验有重要意义。新弗洛伊德主义者艾利克森（Eriksson）则提出，焦虑是由于儿童在社会生活中其心理的发展受到挫折和失败的结果。一个儿童如果没有细心关怀的父母来抚育，相反遭到忽视、抛弃甚至敌视而造成心理矛盾冲突，结果他们长大以后就会不信任别人，不信任周围的环境，尤其不信任自己的个性（人格），从而就会感受到持续不断的焦虑，并借助心理防御机制来应付所看待的世界，而这种应付往往是不适当的，因而又加重了焦虑。从社会和文化观点来看，在现代的工业化社会中，由于竞争加强，人口集中、居住和交通拥挤、生活节奏紧张给人们带来了许许多多的心理压力，尤其是在私有制和充满竞争的社会生活中，人们较少感受到由社会的支持和交往所体现的安全感，而更多地感受到由于难以主宰自己命运而产生的恐慌和不安。这是现代社会中造成大量的神经症包括焦虑症的根源。焦虑症患者往往女性比男性多，这可能是因为妇女更为经常地感到或陷于不满的婚姻、不堪应对工作与家务的双重压力和难以主宰自己命运的无助感等因素所造成的结果。有人用“失助感”来解释焦虑症，当人们感到对自己命运的掌握失去了主宰的能力，同时又不能有把握地从别人那里取得援助，即感到自己处在“孤立无援”的处境时，人就会出现焦虑。例如有人做实验探讨人处于被动地位并有“失助感”和相信自己能主宰命运这两种情况是否有不同的作用。对实验组给予明确告知电击的时间，而对照组则只简单地说持续多久，使其心中无数，同时告诉两组人员电击开始后就按电钮，如果反应足够快，那么可缩短电击的时间，而实际上两组的电击时间是一样的。但实验组的人认为他们能部分地参与控制，因无能为力而产生的精神压力相对地少些，因而表露出来的焦虑和激动情绪也较少。

对焦虑症的治疗一般以心理治疗为主，配合药物的综合治疗方法。心理治疗主要是进行一般性的解释和说理的支持性心理疗法，即通过安慰、鼓励、保证和支持等心理治疗，使患者消除对引起焦虑发作的思想负担和恐惧心理，使患者明了疾病的性质和原因，树立治愈疾病的信心，然后进一步帮助患者找出并消除引起疾病的各种因素。有人认为使用行为矫正疗法如操作条件法、交互抑制法等对治疗焦虑症有一定效果。对焦虑症来说，辅助药物治疗是一项十分重要的治疗措施。

2.1.2 强迫性神经症

强迫性神经症是指患者主观上感到有某种不可抗拒的和被迫无奈的观念、情绪、意向或行为的存在。患者认识到，强行进入的、自己并不愿意的思想，纠缠不断的观念或穷思竭虑的欲望，都是不恰当的或毫无意义的，患者也认识到那些强迫性欲望或观念是同他的人格不相容的，但又是被迫地出于自己内心的，为了排除这些令人不快的思想、观念或欲望会导致严重的内心斗争，并伴随强烈的焦虑和恐惧，做出一些近似于仪式性的动作，患者明知没有必要，但不能自我控制和克服，因而感到痛苦。患者多在一定的精神因素作用下发病或病前有躯体疾病、过度疲劳或身体衰弱等，从而造成神经系统功能减退而发病。

强迫性神经症一般表现为强迫观念、强迫意向和强迫行为。（1）强迫观念表现为强迫回忆：患者对刚做过的或早已过去的事、经历，哪怕是无关紧要的也要进行反复回忆，虽然明知无意义，却无法克制。强迫怀疑：患者对自己做过的事情经反复的考虑和检查以后仍不能放心，如写好信后老是怀疑自己写错或漏掉了字，投信后怀疑自己是否把信投进信箱去了，锁门后怀疑是否真把门锁好了，洗手后担心手没有洗干净等。强迫联想：这种患者听见或看见某一事物，就会出现与这种事物有关的联想。如有位学生曾在菜汤里吃到一只苍蝇，此后一见汤就想到苍蝇，恶心不已，六年没敢再喝汤。强迫性穷思竭虑：患者对自然现象或日常生活事件发生的原因进行反复无效的思考，患者本人虽感到荒谬，但却难以控制，如“人的眉毛为什么不与头发长在一起？”“永远有多长？”“地球爆炸了人类怎么办？”等。（2）强迫意向表现：患者常常被一些与正常心理状态相反的欲望和意向所纠缠，产生一些可能导致可怕后果的冲动。如走到河边或井旁时就出现要跳下去的冲动，看到刀就出现要拿起刀来砍人或砍自己的意向等。患者决不会真正做出这种行为，只是不能控制这些意向的出现。（3）强迫行为表现：强迫性洗涤：怕不清洁或罹患某种传染病，反复洗手或洗澡。有一女孩每天洗澡都要在三次以上，寒冬腊月也不例外，被同学视作有洁癖。原来她是被坏人强暴以后，总想通过洗澡来减少不洁，明知不合逻辑，仍然无法自控。强迫计数：患者不可克制地计数，与强迫性联想有关。例如上楼梯、见到电线杆要计数，见到窗子、桌子也要计数；不计数则感到烦躁难以克制。强迫性仪式动作：患者每次总是要按一定的程序重复一定的动作，才能安下心来做别的事。明知这毫无意义，但不做此动作，则焦虑不安。

强迫性神经症致病原因，主要与一定的人格特征有着密切关系。强迫人格的特征可以概括为“不完善感”“不安全感”“不确定感”，“三不”之中只要有一个非常突出，就是典型的强迫人格。这种人一般具有主观任性、急躁、好强、自制力差或胆小怕事、优柔寡断、遇事过于谨慎、缺乏自信心、墨守成规、生活习惯比较呆板、喜欢仔细地思考问题等特点。社会心理因素是一种诱发因素。正常人偶尔有强迫观念，并不持续；强迫症患者往往在社会心理因素影响下，其强迫观念被强化而持续存在。此种社会心理因素常见的有工作和生活环境的变换，加重了责任，或上司要求过分严格，或处境困难，担心意外，或由于人际关系不协调造成的紧张，或由于亲人的丧亡，突然惊吓，以及遭受政治上的冲击，经济破产等给患者带来的沉重打击。使患者谨小慎微：遇事犹豫不决，反复思考，忧心忡忡，容易促发强迫症状。巴甫洛夫学说认为，强迫性神经症是由于大脑皮层神经过程（即兴奋和抑制）的过度紧张或相互冲突形成病理惰性兴奋灶。同时，由于形成强迫状态的病理性条件联系固定下来而使强迫症状持续存在，不易消除，即使引起本病的精神刺激不复存在，但因为强烈的病态的情绪体验仍在起作用，强迫症状就仍然会反复地出现。

关于强迫性神经症的治疗方法，虽然在原则上仍应使用以心理治疗为主，辅助药物治疗的综合性疗法。但是像治疗癔病那样有特异性的效力良好的具体方法，目前尚在探索之中。一般性的心理治疗措施，如说理、安慰、鼓励、注意力转移等以及不良人格特征的调整与改造，能起一定的作用，但还需进一步提高疗效。国外和国内都有人试图使用行为矫正疗法，获得一定效果，但疗效仍不能使人满意。在进行心理治疗时，给以必要的抗焦虑药物，一般能取得较好的疗效。

2.1.3 恐怖性神经症

恐怖性神经症又称恐怖症，是指对于某些事物或特殊情境产生十分强烈的恐惧感。这种强烈的恐惧与引起恐惧的情境通常都很不相称、难以理解。患者常常明知自己的害怕是不切实际的，因为引起恐怖反应的事物或情境实际上对个人往往并无伤害或威胁，也知道别人并不会因这些事物或情境引起恐惧，因此，这种恐怖是不合理的，是一种异常的表现。恐怖症患者所体验到的情绪状态同以下几种情绪反应相类似而又有所区别。害怕是对真实危险或威胁的正常反应；胆怯是指一种易于发生害怕的持久的倾向；惊恐是一种突然爆发的急性恐惧；焦虑是一种同“迫在眉睫”而又不知所措的危险体验有关的不愉快情绪。一般地说，恐怖症常发生在青少年或成年早期，女性多于男性，且起病较急，往往在某一事物或情境面前引起一次焦虑和恐惧发作后，该物体或情境就成为恐惧对象。

恐怖性神经症一般表现出社交恐怖、空间恐怖、动物恐怖和疾病恐怖。（1）社交恐怖。害怕见人，害怕在众人面前出现，更害怕被人注意。与人接触或交谈时不敢正视别人。只要出现在公共场合就感到害羞而怕自己脸红，因而很不自然，内心很不安。有的患者为了避免看见人，不管什么时候出门都要戴上一副深色的墨镜。（2）空间恐怖。空间恐怖又具体表现为旷野恐怖：患者在经过空旷的地方时就引起恐怖发作，并伴有强烈的焦虑和不安，因此，患者害怕越过街道，害怕过桥，害怕穿过庭院和走廊等。闭室恐怖：患者表现出恐惧封闭的空间，如独自待在一间房子，怕乘电梯、怕乘地铁、怕进电影院、怕乘船乘车等。高空恐怖患者表现出害怕登高，如上楼、过天桥、坐飞机等。（3）动物恐怖。患者表现出害怕看见或接触某种常人可以接近的动物，如狗、猫、蝴蝶等。（4）疾病恐怖。表现为患者害怕得某种可怕的疾病，如麻风、结核、性病、癌症等，为了防止感染，以至于在与别人握手前都要戴上手套，或根本不与人接触。此外，恐怖症还有恐绒毛症、恐黑暗症、恐雷雨症等。

恐怖情绪的产生取决于与生俱来的先天素质的影响、个体的心理特点和后天的社会生活经验的影响。一个人如从早年时期开始对某些特定事物或情境所具有的先天性的（或说不出原因的）恐惧感，当长大以后，如果不再同其接触，恐惧就会消失或被隐蔽起来。但当人受到病的折磨而变得软弱时，或在受到新的严重精神创伤因素的袭击时，过去所经历过的恐惧就有可能再现出来。例如，有的患者的动物恐怖就可能是儿童时期的创伤体验造成的。所以，按照行为主义模式的观点，恐怖情绪的出现是由于形成了不良的条件反射（或称行为学习）的结果。或者说，成人时所产生的恐怖症是由于从儿童时期的早已消失了的恐怖经验中学习得来的。学习理论是比较有说服力，也是最受人重视和被人采纳的。对恐怖症的治疗，一般也是以心理治疗为主，以适当药物治疗为辅的治疗方法。心理治疗则以鼓励、疏导等帮助患者减轻或摆脱对某些事物或情境的恐惧情绪。总的来说，对恐怖症的治疗比对强迫症的治疗效果要好得多。国内一些精神科医生采用“领悟性心理疗法”，对某些恐怖症和强迫症有显著疗效。其方法是引导者对过去经历中（包括幼年时期）已经被遗忘了的精神创伤体验引入到意识或理智中来加以领悟，即“以成人的态度重新认识这些体验”，从而使恐怖症状得以减轻或消除。

国内外对恐怖症多采用行为疗法。主要是采用系统脱敏法（有人称为暴露疗法），即有计划、有目的、一步一步地鼓励和指导患者亲自去接触那些使他们发生恐怖情绪的事物或情境。即使患者暂时会产生恐惧或焦虑，也要鼓励他以最大的勇气和毅力去忍受、习惯和适应，直至把恐怖情绪全部消除为止。有研究发现，许多恐怖症患者使用自助手册，无需医生的指导而借助自我解脱的暴露法也能治疗好自己的疾病。此外，通过自我训练，教会患者采用自我催眠或松弛疗法来对抗紧张的恐怖情绪，也有一定的效果。使用系统脱敏疗法最好要及早进行，这样可以防止恐怖情结的发展和巩固。针对恐怖症多发生于严重精神创伤之后的这一情况，最好及时地让患者尽快去接触可能引起恐怖的事物或情境。例如：在汽车出事故之后，应建议有恐怖倾向的司机尽快恢复驾驶工作；一个人从马上摔下来，最好的办法是立即再去骑马。当恐怖症患者在遇到他所恐惧的事物或情境之前，重要的是使他们能恰当地对待将要面临的场合，必须有决心去控制自己的恐怖情绪，而不能回避它。患者一旦侥幸避开了恐怖指向的事物或情境，再次遇到时又往往会再绕过它，结果反而使恐怖情绪发展和加重起来。例如想帮助儿童克服学校恐怖症，为父母者就要有坚持性和耐心，准备忍受孩子在回到学校时可能发生的短暂和难免的哭闹，乃至头晕、头疼、腹泻等给自己带来的不安和苦恼。只要尚未威胁到孩子的健康，就要坚决而友善地（也多少带点强迫性地）帮助孩子习惯新的学校生活，消除恐怖情绪。

2.1.4 神经衰弱

神经衰弱（Neurasthenia）是一种最常见的神经症，可在一次传染病或消耗性衰竭以后或同时发生，也可在持续性情绪紊乱以后发生。此病为精神科和内科门诊的常见病，患者多为青壮年，绝大多数病例发病于 16～40 岁之间，男女两性无明显差别，脑力劳动者居多，在青年学生中更是常见。此病多是由于某些长期存在的精神因素引起脑机能活动过度紧张而产生的神经精神活动能力的减弱。本病大多缓慢开始，起初程度较轻，病情反复波动，以后症状逐渐增多、加重，且较固定而持久。有的患者病程可迁延很久，长达几年或数十年。如果经过积极、及时的治疗，消除病因，且患者又能正确对待疾病，合理安排工作和生活，疾病可以缓解或治愈，预后一般良好。

神经衰弱的症状表现是比较复杂的，归纳起来可有以下几方面：（1）兴奋性增高。在疾病早期，可表现为感情的控制能力降低，容易因一点小事而引起强烈的情绪反应。患者易激动、易激惹、好伤感，甚至易笑易哭、烦躁不安。感觉过敏，不仅表现为对机体内的感觉过敏，如感到头部的血管搏动、心脏跳动、胃肠蠕动或全身酸软等，而且表现为对外界刺激的过敏，如怕光、怕声、尤其怕嘈杂的环境，此外常有头部持续性钝痛及头晕脑胀等。睡眠障碍常表现为或入睡困难，或睡眠浅、多梦、易惊醒或早醒等。（2）衰竭性增强。注意力涣散，特别是随意注意减弱。由于注意力不能集中，记忆力也明显减退，对于刚记忆过的特别是数字、名字、地点以及刚放置的东西等转瞬即忘。脑力和体力均易疲劳，工作不能持久，学习和工作效率明显降低。精神萎靡、嗜睡但醒后仍不解乏。情绪容易波动，容易忧伤沮丧，情感反应强烈但不持久。（3）植物神经功能障碍。在心血管机能方面表现为心悸、心慌，心跳、皮肤潮热多汗或手脚发凉等；在呼吸机能方面表现为出气不舒畅、胸闷、气憋等；在胃肠机能方面表现为食欲不振、消化不良，腹胀、腹泻或便秘；在泌尿生殖功能方面表现为尿频、月经失调，遗精、早泄、阳痿等。（4）疑病。患者对疾病的性质往往缺乏认识而产生一些疑病症状，如因肠胃功能失调而疑有肠胃癌，因头疼头晕而怀疑脑里长瘤，因经常失眠、记忆力减退而害怕发展成傻子或精神失常等。上述症状并不是每个患者都有。有些人只表现出其中一部分症状，且在程度上亦有所不同。

神经衰弱病易发生在性格不开朗、心胸狭窄、敏感、多疑、急躁和过分主观的人中。长期持续过度紧张的脑力劳动，工作生活环境不良，精神创伤或负性情绪体验以及躯体性疾病等因素的相互影响和共同作用，成为本病的病因。凡是引起高级神经活动过度紧张的各种因素，均可成为本病的病因。大多数人认为精神因素是导致神经衰弱的最重要的因素。凡是能引起持续的紧张心情和长期的心理冲突的一些因素，如亲人亡故、学习负担过重、工作不顺心、人际交往关系不和谐等，使神经活动强烈而持久地处于紧张状态，超过了神经系统张力所能忍受的限度，即可发生神经衰弱。由于脑力劳动的过分紧张繁重并伴有情绪的持续紧张，或者工作组织安排不当，忙乱而无秩序，缺乏劳逸结合以及经常改变生活与睡眠规律，从而引起大脑机能活动的过度紧张，也可能导致神经衰弱。在疾病的发展过程当中，一方面原发性病因在持续地起作用；另一方面由于患者对疾病本质缺乏正确认识，而对疾病所引起的各种心理和生理的异常反应，存在着疑病倾向和紧张焦虑情绪。这两种因素的结合使患者忧心忡忡，思想负担沉重，进而更加重了原有的高级神经活动的过度紧张，这些加重疾病的继发因素就可能与原有的因素共同形成“恶性循环”，使症状持续下去，或反复波动而迁延不愈。但是，在同样的精神因素的影响下，有的人发病，有的人却不发病。这显然是与人的人格特点和心理认知有关。巴甫洛夫学派的观点认为本病的生理变化主要是内抑制过程的弱化。因为内抑制无论从种族发展来说，还是从个体发展来说，都是出现最晚、最脆弱而最易遭到破坏的。由于内抑制的弱化，兴奋过程受累而使大脑的兴奋与抑制过程产生不协调、不稳定，即易兴奋又易衰竭的状态。同时由于皮质机能弱化而对皮下植物神经中枢的控制相对削弱，从而引起植物神经系统机能的失调。

对神经衰弱的治疗，主要是采用各种形式的心理治疗方法，同时以药物或理疗作为辅助手段。一方面重新调整患者由于某种精神紧张因素所造成的大脑机能失调的状况；另一方面帮助患者消除病因和可能继续使疾病恶化的各种因素，树立治愈疾病的信心，解除对疾病的疑虑，打破由此而发生的“恶性循环”。我国在20世纪50年代末提出的“综合快速疗法”（又称慢病快治），便是以心理治疗为主结合药物和理疗的综合治疗方法。这对治疗神经衰弱有特别明显的效果。其基本方法是调动患者的主观能动性，帮助患者认识疾病的性质、疾病发生的原因和规律，解除患者对神经衰弱症状所造成的疑病心理、忧虑和痛苦体验以及与此有关的各种消极情绪。端正患者对疾病的不正确认识和错误态度，确立治愈疾病的信心和积极乐观的情绪状态。同时合理安排好自己的生活、学习和工作，并积极主动配合医务人员采取各种措施治疗。

2.1.5 癔病

癔病（Hysteria），也称歇斯底里或癔症，是常见的一种神经症。本病多发生于青壮年期，年龄以 16～35 岁为多，女性多见。患者多具有易受暗示性、喜欢夸张、感情用事和“自我中心”等性格特征。因此常在不良性格的基础上，由于明显的精神因素或不良暗示的作用引起大脑机能的失调而发病。起病急，可表现出各种不同的症状，如感觉和运动机能障碍、内脏器官的植物性神经机能失调以及心理异常等。一般没有发现与症状相应的器质性损伤。早在两千年前，在埃及和古希腊医书中对癔病就有记载。当时的医生认为癔病症状是由于女患者的子宫游走造成。到了中世纪则认为是由于魔法或妖魔作怪、精灵附体之故。从 18 世纪开始，认识到癔病起源于神经系统和大脑的异常。到了 19 世纪末，法国著名精神病学家夏柯认为是中枢神经系统生理障碍造成的，而弗洛伊德认为癔病是无意识的动机冲突的结果。1939 年英国有人给癔病定义为“是这样一种状态：其所呈现的精神和躯体并不源于器质性因素。产生和维持症状的动机不完全自觉，这些症状旨在获得某种实际的或幻想的利益。”1978 年《国际疾病分类》第九版中《精神障碍的分类》（ICD-9）对癔病的定义与此相似，认为癔病是一种“似乎未被患者觉察的动机造成了意识范围缩小、运动或感觉机能的障碍，患者因而似乎取得了心理上的利益或象征性价值”。

癔病的临床症状多种多样，颇为复杂。它既可有精神异常和类似神经病的各种症状，又可有内脏机能失调和植物神经机能障碍的症状，而且还可以由于模仿而产生新的症状。（1）身体障碍。痉挛发作（抽搐）是癔病发作最常见的形式。表现为类似于癫痫样的抽搐。发作以前可有头痛、胸闷，心烦、委屈等表现。发作时四肢抽动或挺直，两眼球上翻，但不会达到意识丧失，因而在发作过程中常常有各种有目的活动，如撕衣服、扯头发、捶胸、抓周围的人或发出怪声等；同时面部可有各种表情，显得夸张与做作。发作的持续时间也大大超过癫痫的发作时间。痉挛发作后往往哭泣或不语，患者感到全身酸痛、疲乏无力，而且伴有肢体震颤、肌肉痉挛、运动麻痹（瘫痪）、言语运动抑制即“沉默症”和“失音症”、感觉过敏、感觉缺失（麻木）等症状。（2）情感障碍。情感爆发是本病常见的发作形式。患者在精神因素作用下，突然精神失常，如表现为哭笑、狂怒、叫喊、吵骂、打人、打自己、毁物等。有时表现为委屈、悲伤、痛哭流涕或又突然兴高采烈，又唱又舞，且常伴随幼稚、做作、撒娇或演戏样的动作表情。其说唱谩骂的内容多与精神创伤有关。发作呈阵发性，在人多时，发作更为频繁。一般发作时间较短，发作过程中患者心里大致明白，但自觉控制不住。同时，还常伴有意识障碍、假性痴呆、童样痴呆和癔病性遗忘等症状。

癔病患者一般都具有不同程度的癔病性人格特征，这种人格特征构成了癔病的发病基础。只是具有明显癔病性人格的患者，在不太强烈的精神因素作用下就能发生癔病，而对于表现不大明显的患者则要在较强烈或持久的精神因素作用下才能发生癔病。癔病患者的人格特征主要有：富于情感性，富于暗示性、富于幻想性和自我中心症状。同时，凡是能引起患者气愤、委屈、窘迫、恐惧、忧虑和痛苦等较深的创伤体验和持久的精神刺激，如亲人亡故、家庭不和、婚姻不美满、邻里纠纷、与领导有矛盾、工作不顺心，以及各种事故等均可成为致病的心理——社会因素。由于癔病患者具有富于暗示性的人格特征，因此患者极容易受到暗示和自我暗示的影响。暗示作用就成为癔病发病的重要心理因素。有一位瘫痪者，在高空作业摔下来以后，本来自己已走回宿舍，当时并没有发病，只是过了几天，感到双膝关节不适。但是在“我的腿一定是摔坏了，无法走路了”这样的强烈自我暗示下，不久果然致瘫住院；入院后，听到有的医生认为可能是摔伤引起了器质性损伤，并听说这种病变会引起尿失禁，结果又出现尿失禁。因他不懂尿失禁的表现，以为就像小孩子尿床那样，结果，他也是每天尿床一次，把病床褥子都尿湿了。神经系统检查并没有发现任何阳性体征，故诊断为由于暗示和自我暗示而发生的癔瘫。

巴甫洛夫的高级神经活动病理生理学观点对癔病机理的解释认为，癔病患者由于大脑皮层和第二信号系统机能相对减弱，致使受其控制和调节的第一信号系统和皮层下部位的机能相对增强。皮层下系统机能的增强，患者就表现为本能欲望的活跃，情感表现强烈而鲜明。第一信号系统增强，患者就表现为形象思维突出，富于幻想性。由于第二信号系统相对减弱，患者的理智活动能力，如判断和批判能力也相对减弱，就表现为暗示性增强。这是对癔病型人格特点机理的解释。癔病患者在强烈的心理一社会因素的作用下，大脑皮层进入保护性抑制状态。如果皮层下由于正诱导的作用而处于脱抑制状态，就会出现情感爆发和痉挛发作，如果大脑皮层的抑制过程向皮层下部位扩散，则会产生深度的抑制状态，以致出现癔病性瘫痪或木僵等。除了巴甫洛夫之外，其他许多学者也曾从不同的角度、以不同的观点作过解释。例如法国精神病学家夏柯认为，癔病的发生类似于催眠状态，是中枢神经系统生理障碍所致，是暗示和自我暗示引起的异常表现。让内则认为这是由于患者心理综合能力削弱而引起了“心理分离”所致，并把癔病性感觉缺失、癔瘫和癔病性遗忘都解释为是由于相应的心理功能从意识中分离出去的结果。弗洛伊德认为，癔病的发生是由于患者内心的矛盾冲突，或者说是人格结构中的“伊特”和“超我”之间的矛盾冲突被压抑到无意识领域里去，这些心理矛盾冲突表现为某种本能的欲望和冲动，虽然是无意识的，但却是实际存在的，虽然被压抑了，但却并没被消灭。这些欲望和冲动仍然不时在活动着，有时采取伪装的形式，转化成为某种心理的或躯体的症状。而且症状的性质和发生的部位有着象征性的意义，使受压抑的欲望获得某种意义的满足，这对患者来说是有利的（或称为获益的），至少能对“伊特”和“超我”的矛盾冲突起到缓和的作用，但这个过程的进行是无意识的。这就是所谓的“转换性癔病”的含义。

对癔病的治疗，有效的方法仍然是以心理治疗为中心的综合疗法。在治疗过程中，第一，是要帮助患者端正对疾病的认识，使患者了解癔病是高级神经系统机能失调的表现，发作时的状态都不过是大脑机能暂时的障碍，完全能够治好而不会留下残疾，以此解除患者的思想顾虑，树立治愈疾病的信心。第二，是要帮助患者了解自己人格特征中的弱点，有针对性地做出努力进行适当的矫正。第三，是要帮助患者合理安排生活、学习和工作的时间，注意劳逸结合，保证大脑皮层得到充分的休息，增强其对精神刺激的耐受力。第四，是要指导患者以正确态度对待现实，注意改善与周围人之间的关系，尽量减少人际关系的冲突，正确处理各种不愉快的问题，这对于癔病的治疗和预防均有重要意义。

此外，还要做好患者亲属等周围人的工作。一是要向他们说明癔病的实质和特点，解除他们不必要的顾虑，改变其不正确的态度；既同情和关心患者，在发病时又不要过于紧张或过分关心，以免造成不良的暗示性影响。二是要他们协助医生做好工作，促使患者能配合治疗。

2.2 情感型心理障碍

情感型心理障碍主要有躁狂抑郁症和反应性抑郁症两种，病情特征比较复杂，两者既有共同点，又有显著的不同，甚至有极化的表现。

2.2.1 躁狂抑郁症

躁狂抑郁症（Manic-Depressive Psychosis）是以情感活动过分高涨或低落为基本症状的精神疾病，故又名情感性精神病。其临床特征为单相或双相发作性的躁狂状态或抑郁状态反复出现，两次发病之间有明显的间歇期。在间歇期精神状态可以完全正常，虽多次发病，精神活动并不发生衰退，一般预后较好。发病多在青壮年。躁狂和忧郁正好是相反的情绪障碍。很早以前曾被认为是两种彼此无关的疾病：躁狂症和抑郁症，到了 19 世纪中期，法国医生法尔列特（False）观察到躁狂状态和抑郁状态可在同一患者身上反复交替出现，从而提出循环性精神病的概念。德国精神病学家克雷丕林总结了本病的特点，第一个明确提出躁狂和抑郁是同一种精神病的两个不同位相，作为一个独立的疾病单位，命名为躁狂抑郁症。

躁狂状态的突出表现为强烈而持久的喜悦和兴奋。患者往往眉飞色舞，谈笑风生，洋溢着欢乐之情。由于患者的愉快情绪和他的整个行为相协调，因而具有感染力。但是，由于自制力减弱，对接触到的事物往往做出过分的情绪反应，可以因一点小事不称心而勃然大怒，暴跳如雷。但随后很快又为原先愉快、高涨的情绪所代替。同时，躁狂状态还表现为思想奔逸。患者的联想过程明显加快，说话口若悬河，滔滔不绝，但见解多肤浅片面，内容重复，自以为是。较轻的患者注意力还可以集中，言语前后连贯，意义完整。病情稍重时则注意力随境迁移，指导思想进程的观念可随着周围事物，尤其是新出现的事物而时时改变，一个话题未完，便又转到另一个话题；更严重时可出现语不成句，片断的言语之间只剩下音联、意联以及对周围事物的偶然联系，而缺乏意思上的逻辑联系。比外，躁狂状态出现后行为活动明显增多。患者半夜就醒，天不亮起床，开始他那极为忙碌的一天。常常不加考虑地去做一些不着边际的事情，结果总是见异思迁，有头无尾。严重的患者往往日夜不停，又叫又唱又跳，甚至无法坐定进食，行为无明确目的。患者强烈而高涨的情绪可影响其判断力，常见的有自我评价过高，有时甚至出现片断的夸大妄想。患者自认有着过人的体力、才干或学问，因而态度傲慢，盛气凌人。

抑郁状态的显著表现是情绪低落。患者起初表现为疲乏无力、无精打采、失眠早醒、工作能力下降等，以后逐渐出现情绪消沉，忧郁沮丧。以往的过失和眼前的不如意的事件纷纷涌上心头，萦回不去。常感前途渺茫，因而悲观厌世。常静坐一隅，独自伤心，回避亲友和同事，别人的欢笑只是增加其痛苦，严重的自卑感可使之羞于见人。同时，抑郁状态常伴有自罪妄想。患者感到自己思想迟钝脑子变笨。严重的抑郁情绪使患者总是自责自罪，认为自己成了废物或社会的寄生虫，甚至把过去的一般缺点或错误夸大成不可饶恕的罪行而要求处理自己。患者可能因为自罪妄想而拒绝进食，或采取其他的自我惩罚手段，甚至于用自杀来了结自己“罪恶”的一生。在自罪妄想的基础上还可能产生关系妄想和被害妄想，认为人人都向他投以厌恶的眼光，议论他的罪恶，要判他的罪等。此外患者还会根据便秘、食欲不振和腹部不适等而自疑生了某种不治之症。抑郁状态下多数时间动作迟钝。由于运动机能受到不同程度的抑制，患者动作迟缓，严重时还会呈现木僵状态。临床上通常也把抑郁症分为四种类型：轻性抑郁、急性抑郁、木僵性抑郁和慢性抑郁。轻性抑郁和急性抑郁只是程度上的不同，可以互相过渡。急性抑郁常在精神或躯体因素作用下急性起病。木僵性抑郁常由急性抑郁发展而来，以木僵状态为特征。慢性抑郁与轻性抑郁症状相仿，但病程迁延。有些患者还可能是一种混合状态。德国精神病学家克雷丕林以情绪高涨、思想奔逸和动作增多作为躁狂症的三大基本症状（即所谓三高），以情绪低落、思维迟缓和动作迟钝作为抑郁症的三大基本症状（即所谓三低）。以躁狂状态的“三高”和抑郁状态的“三低”相互转化，交错出现甚至部分躁狂症状和部分抑郁症状在患者身上同时混合存在，即称为混合型。但这种类型临床上很少见。较常见的是焦虑或激动性抑郁，这也是混合型的一种，它表现为情绪低落的同时伴有焦虑不安。

情感型心理障碍病因较多，影响因素相对复杂。(1)遗传因素。根据资料，一般人群中本病的患病率不超过 0.4%，而患者的家属中这种疾病的患病率比一般居民高出 10～30 倍，而且与患者血缘关系愈近则患病率也愈高。例如，患者的同胞父母或子女的患病率可达 12%～24%，而患者的堂表兄弟姐妹的患病率却只有 2.5%。孪生子的研究资料也表明，单卵双生的同病率可高达 69%～95%，而异卵双生却只有 12%～38%。据上海第一医学院精神科统计：一组躁郁症患者，有家族精神病史者占 29%。可见遗传因素起一定作用，但如何起作用，根据现有的遗传学理论还不能确切地加以解释。(2)精神和躯体因素。躁狂抑郁症在首次发病之前约有半数以上患者存在精神因素，少数患者存在躯体因素。这些因素对于发病可能存在一定的意义，是躁狂抑郁症的诱发因素。(3)间脑功能紊乱。许多脑器质性病变诸如外伤、血管病变和肿瘤等都可能引起类似于躁狂抑郁症的精神障碍。尽管与情绪活动有关的脑部结构范围很广，包括间脑、边缘系统新皮质和中脑网状结构等，但大多数人仍认为间脑，特别是下丘脑的功能紊乱可能与躁狂抑郁症有更为密切的关系。因为间脑的病变可以引起周期性的形式上相反的精神或躯体症状，例如忧郁和欣快、肥胖和消瘦、多尿和少尿等。文献还曾报道过，手术时刺激第三室附近或下丘脑可诱发情绪欣快和意念飘忽。所以尽管病理解剖还不能证明躁狂抑郁症有任何间脑的形态学改变，但一般都相信该部功能上的失调和本病的发生有关。(4)单胺类物质的代谢紊乱。据研究，在哺乳动物中发挥重要生理作用的已知单胺物质有儿茶酚胺（如去甲肾上腺素和多巴胺）和吲哚烷基胺（如 5-羟色胺）。这两类单胺在脑内浓度高低变化与躁狂抑郁症有一定的关系。如去甲肾上腺素浓度过低因而不能兴奋脑内肾上腺素能受纳器时，就会出现抑郁，反之便出现躁狂。5-羟色胺据说也有同样的影响。(5)药物作用所致。有临床发现，服用扑尔敏等抗组织胺类药物，在药物作用期，有致人抑郁的作用。

2.2.2 反应性抑郁症

反应性抑郁症（Reactive depression）是在长期持续的精神刺激作用下而产

生的一种以情绪低沉、忧郁沮丧焦虑和自责自罪为主要表现的精神疾病，也是一种较常见的心因性精神病。其特点是情绪异常的体验及表现与精神刺激的性质和内容密切相关，而且随着精神刺激因素的消失，心理异常也得以消除或缓解。经过适当的治疗措施，精神状态即可恢复正常，因此，愈后良好。

反应性抑郁症的心理异常主要表现为患者特别的多愁善感，情绪极端消沉、沮丧、忧郁，有时也可有焦虑、紧张情绪，对人、对事都缺乏应有的兴趣，患者既不愿主动去接近别人或主动地去做事，也不愿意听从别人的劝告，终日沉缅于自己的创伤性体验之中而不能自拔，凡是与精神刺激因素有联系的情境，都能引起患者的情绪反应，即使时过境迁，仍然会“触景生情”。患者总是消极悲观，严重时有自责、自罪以及厌世观念，因此，常常企图自杀。患者在抑郁情绪的影响下，常伴有躯体不适感，自觉头疼头晕、食欲不振、动作迟钝、全身乏力等，而且常有睡眠障碍，如入睡困难或多梦易醒等。

反应性抑郁症是由于强烈的或长期的持续性挫折或其他心理冲突因素造成的。常见的因素有意外的严重灾难或沉重的意外事件（如至亲至爱的人突然亡故等）、事业失败、受到委屈、被人诬陷、夫妻不和、失恋或陷于难以排解的纠纷等，均可成为直接的原因。上述各种事件，对一般常人来说，其心理状态自然也会受到影响以致产生郁郁不快的情绪体验，不过时过境迁，一般人在心情上能很快恢复平衡。但是，当有些人，其忧伤愁闷、沮丧甚至绝望的心情持续较长的时间而不易平复过来时，就可能出现反应性抑郁症。因此，反应性抑郁症是否发生，除了精神创伤这个必要条件之外，还要有其他的条件，诸如躯体素质、神经类型、性格特点以及当前的心理与躯体状态等。同样是不幸的亲人亡故，对于神经类型较为平稳、均衡，性格较为开朗、沉着的人来说，其情绪反应就可能不致达到精神失常的程度，而对于神经类型较弱，具有易感素质以及胆怯、敏感的人来说，就易引起大脑机能失调，导致情绪错乱。

2.3 心身型心理障碍

心身型心理障碍一般称为心身疾病，主要或完全由心理社会因素引起、与情绪有关而主要呈现生理症状的躯体疾病。简单地说就是心理因素引起的生理上的疾病。任何躯体疾病都有其心理根源，人是一个生理和心理紧密结合的有机整体，精神和躯体在同一个生命系统中共同起着作用，因而，生理和心理两方面的因素与人体的疾病问题都有密切的关系。

2.3.1 心身型心理障碍的症状

心身疾病又称心理生理疾病，是一组发病、发展、转化和防治均与心理因素密切相关的，并伴有病理生理和病理形态学变化的躯体疾病。它不同于生物、物理、化学因素引起的躯体疾病，例如肺炎、骨折、烧伤等，也不同于心理因素引起的功能性疾病，如神经衰弱、焦虑症等。心身疾病是心理因素在疾病起因中占较大成分的那些疾病。例如，高血压症可能有明显的家族病史，即遗传相关因素，也可能就是由于生理上动脉病变而造成的，但是人们的生活状况，特别是紧张刺激和饮食习惯也会对高血压症有明显的影响。随着科学技术的发展、社会竞争的加剧、人际关系的复杂、生活节奏的加快和社会心理应激增强，疾病谱和死亡谱的结构发生了改变，心身疾病“异军突起”，几乎占人类疾病总数的50%～80%。一般来说，人体的各个器官系统都能患心身疾病，但是那些与情绪的联系特别密切，由植物神经系统支配的器官系统如心血管、胃肠和泌尿生殖等几个器官系统更易于患这种疾病。

属于心身疾病类的疾病有三千余种，常见的有心血管系统的原发性高血压，其发病与愤怒、严重的焦虑紧张等情绪及过分好动、好斗、易激动等性格特点有关。冠心病、心肌梗塞的发病虽与多种因素有关，但其中社会心理应激、紧张、受挫都具有临床意义。消化系统的消化性溃疡与精神紧张有关早已为人所知，生理试验也得到证实。又如内分泌系统的肥胖症、神经性厌食、糖尿病，泌尿生殖系统的阳痿、早泄，神经系统的偏头痛，皮肤科的荨麻疹、神经性皮炎等均属心身疾病，皆不可忽视社会心理因素对疾病的影响。

2.3.2 心身型心理障碍的成因

人们在生活过程中所遭遇到的生活事件，以及不同的社会结构、不同的经济条件、不同的职业分工等对人的血压都会有明显的影响。例如，发达国家比发展中国家的发病率高，这是由于不同的社会结构造成的；城市比农村高，是由于经济条件的差别造成的；脑力劳动者比体力劳动者高，以及在工作上要求紧张度比较高的职业如汽车司机、中小学教师等发病率也高，这是职业分工不同造成的；在失业和待业人员中高血压发病率特别地高，在美国黑人比白人发病率高，同样是黑人，生活在西方社会比生活在非洲本土发病率明显地高，这些差别是由于社会、经济地位不同造成的。动物实验表明，把一群棕鼠放在一个处于持续性相互争斗和争夺食物的笼子里，即制造所谓紧张心理社群环境，这样使大多数棕鼠发生高血压症。把一只猫放在一个特别的笼子里，里面有一个压杆，每当猫压一下杆就可得到喜受的食物，但同时又受一次电击。猫每一次都只好提心吊胆地压杆，又想得到食物，但又怕电击，始终处在矛盾的紧张的心理状态下，常常是干瞪眼不敢压杆，时间一长，就发生高血压症。

社会—文化因素对于人的心身健康之所以能产生影响，主要是因为它作为一种信息刺激，能激发人们的某种情绪体验。我们已经知道，在情绪活动的同时将会伴随系列复杂的体内生理、生化的变化，特别是植物神经系统功能改变。如果是正性的力量，能充分发挥机体的潜能。但如果是负性的、消极的情绪活动，虽然这种情绪活动在短暂的时间内可以动员机体内部的潜能，激发机体对恶劣环境刺激的适应性反应，但总的来说则会对机体产生有害的作用。例如在威胁性的危险情境下，会产生焦虑和愤怒的情绪，造成肾上腺素和肾上腺皮质激素分泌的增加，从而使心率加快、血管收缩、血压升高、呼吸加深、胃肠蠕动减慢等。如果这种情绪反应是短暂的，情绪状态能很快恢复正常，这种体内的生理、生化变化也会随之复原，身体不会受到影响。反之，如果这种情绪反应受到压抑，得不到必要的宣泄，或持续时间过长，就会使人的整个心理状态失去平衡，受到影响的体内生理、生化变化不能恢复正常，结果就会造成神经系统活动尤其是植物神经功能的失调，持续下去还会导致身体器官的组织或机能的病变。各种心身疾病正是在这种情况下发生的。以心血管系统为例，心理社会因素影响着人们的情绪，情绪变化又促使心血管疾病的产生。实验观察发现，甚至在并无真实事件出现的情况下，凡是能引起患者情绪波动的有关心理社会因素的谈话，如涉及工作中、婚姻上、家庭以及经济上的困难问题时，也都会引起患者心电图不同程度的改变。对一个心脏病患者来说，特别忌讳情绪活动的大起大落，否则可能引起突然的心律失常，甚至突然死亡。心脏病患者由于严重的情绪打击而突然死亡的病例是屡见不鲜的。恩格尔（Engel）对170例猝死资料的分析研究发现，猝死的诱因与情绪活动有关，其中不仅有由于悲伤或失败，也有由于得胜、亲友重聚、高兴过度而致死的。

心理医学家沃尔夫（Wolf）等人经过三十多年的研究，认为有一类躯体疾病，情绪因素在其中起着主要的作用。这些疾病的主要症状往往局限在由植物神经系统的某一器官或系统内。他们采用精细的科学实验的设计，用数量来表示研究的变量，强调有意识的心理因素对躯体生理过程的影响，并注意到中介机制的研究。沃尔夫曾对胃造瘘伴有胃粘膜疝症的患者进行观察，发现情绪愉快时，粘膜分泌和充血增加，胃壁蠕动增强；悲伤、自负和沮丧时，粘膜分泌和血管充盈都大为增加，运动亦有增强。因此，他们认为，心身症状正是伴随情绪状态的生理功能混乱的表现。在愤怒情绪状态下，血压升高本来是正常的生理过程，但如果这种愤怒受到压抑，长期不能发泄出来，变成了慢性的愤怒，患者情绪上的紧张不能平息，血压也降不下来，从而就可导致高血压症，而如果这种慢性的情绪紧张通过植物神经系统而刺激胃肠的平滑肌活动和胃液分泌活动，则这个系统也会出现相应的生理障碍。沃尔夫还认为情绪对器官的影响不仅取决于心理社会因素，而且也取决于遗传倾向，即所谓易感性素质和人格特征等。

人的行为类型或人格特征，之所以能对人体疾病，尤其是心身疾病有明显的影响，是因为患者的人格特征既可作为许多疾病的发病基础，又能改变许多疾病的过程，甚至往往比引起该病的病原学性质更能决定疾病的表现。这也是因为患者常常是依其人格来体验疾病并建立对紧张应激的反应形式。所以，同样的疾病发生在不同行为类型或人格特征的人身上，其病情表现、病程长短和转归的结果都可能非常不同。我们在研究各种心身疾病的病因、病程转归以及治疗、预防的时候，都不应忽视人格因素的作用。当疾病发生时，患者除了积极接受躯体治疗外，人们还应调整、平衡其心理—社会功能和行为对疾病的影响，以增强个体适应能力，方能防患于未然。

2.3.3 心身型心理障碍的诊治

心身型心理障碍类型很多，常见易发的是冠心病、原发性高血压病、消化性溃疡、支气管哮喘、头痛等。

（1）冠心病

冠心病（冠状动脉硬化性心脏病）是现代社会中死亡率最高的一种疾病。1975 年 Rosenman 报告，在美国 50～59 岁的男性人群中，每 1000 个大学毕业的人中发病率为 9.1%；从每 10 万人口中前 10 位疾病死亡统计来看，美国从 1940 年起已经是第一位（292.5/10 万）。近半个多世纪来发病率逐年上升，到 1980 年已增加到 369.0/10 万，继续保持第 1 位。中国的疾病结构正在发生变化：1957 年冠心病占第 5 位（47.2/10 万），1975 年上升到第 2 位（115.34/10 万），1984 年已经上升到第 1 位（124.64/10 万）。因此，多学科研究冠心病的发病因素和防治方法，对保证人们的健康有重要意义。

关于急剧的情绪波动或痛苦与猝死之间的相关性，在古代医学文献中就有记载，猝死者多数为急性心肌梗死所致。许多突然的生活事件可以产生焦虑、恐惧、愤怒、内疚和沮丧等负性情绪。大量证据表明，丧亲与健康恶化或很快死亡之间存在着密切关系。过分悲痛的亲属会出现食欲不振、头痛和睡眠障碍。职业的变动和职业的性质往往产生不同程度的心理紧张。据观察，成年以后换过几个工作岗位，比多年来从事同一工作的人，患冠心病的机会更多。工作紧张、压力大，其发病率要比那些不大紧张的高。

冠心病是威胁人们健康和生命的心身疾病。近年来国内外除重视心理社会病因的研究外，对于行为疗法的研究也非常重视。总结国内外临床经验，对于冠心病的处理，最好在药物治疗的同时配合生理心理治疗，方可提高治愈率，巩固治疗效果。

（2）原发性高血压病

原发性高血压是世界上发病率很高的心血管疾病，世界各国现代化大城市中成年人的患病率均在 10%或更高。不同地区，不同生活方式，不同文化背景的人群发病率有所不同，城市比农村发病率高，美国黑人比白种人发病率高。

高血压的病因目前尚不十分清楚，多种因素可以导致持续高血压。遗传因素的影响很明显，约有 36%～67%的动脉血压升高的病人可以追查出家族高血压史。病人早年出现高血压症状，即一时性的高血压，以后发生高血压的机会比其他人高约 3.5 倍，如果有一时性高血压伴有心动过速，则患病率高达 7.5

倍。与原发性高血压的发生有关的另外两个因素是饮食中钠盐含量和体重。以大量食盐喂大白鼠会导致血压升高。流行病学调查材料可以看出饮食中含食盐过量的群体，血压偏高。体重与高血压有关系，高血压患者几乎都是肥胖的，早年就过度肥胖，无疑是高血压的先兆。许多研究资料证明，环境和心理社会因素也是原发性高血压的发病因素，高血压的发生，既涉及到心理素质方面，也涉及到环境方面。

目前抗高血压的药物已经有几十种，但是单纯用药物治疗常常只有一时性效果。近年来主张配合行为疗法，这方面的研究已经取得了经验和成果。在行为治疗研究工作中，有心血管反应性的控制和血压的随意性控制。近年来发展比较快的是以生物反馈和松弛随意控制为基础的治疗方法。研究工作证实心理的或行为的方法确实能使血压下降。Patel 和 North 把高血压病人分为观察组和对照组，观察组进行 12 次松弛和入静训练，每天 1～2 次，每次 30 分钟。在这段研究的时间里，医生逐个指导病人，按规定程序，把他们的身体每一个部分尽量放松，对照组只让他们自己松弛，而不给他们特殊的辅导。实验结果表明，两组血压都下降。但是经过松弛训练指导后，收缩和舒张压下降幅度显著增大，两个月之后，把对照组转为治疗组进行治疗，他们的血压也明显下降，从前的治疗组的疗效仍然能够保持。

（3）消化性溃疡

消化性溃疡是指肠道与胃液接触部位发生的慢性溃疡。主要发生于胃和十二指肠球部，是消化系统疾病中与心理因素关系密切的代表性疾病。

100 年前，人们就发现紧张的环境会影响胃的功能。20 世纪 20 年代，著名生理学家坎农观察到，动物的胃液分泌，会因受惊而被抑制。以后，沃尔夫对胃造瘘伴有胃黏膜疝的病人进行观察，发现情绪愉快时，黏膜分泌和血管充盈增加，胃壁运动增强；悲伤、自责、沮丧时，黏膜苍白、分泌减少；焦虑时，分泌增加、运动增强；攻击性情感（怨恨、敌意等）时，胃的分泌和血管充盈大为增加，运动也有所增强。人们还通过各种方法研究特殊刺激引起的情绪对胃功能的影响。结果发现被试者在进行紧张的谈话或在焦虑、痛苦、愤怒、羞辱、罪恶感时，可能由于这些情绪而增强迷走神经的兴奋性，使胃液分泌量增加，酸度增高和胃部运动变化。在胃、十二指肠溃疡发病上，体质、饮食等的因素也是重要的，而精神紧张可以加重这些因素。另外，个性的偏移在症状恶化逐渐演变为慢性病程上起一定的作用，十二指肠溃疡病人比胃溃疡病人更容易受心理紧张因素的影响。

关于胃、十二指肠溃疡病的治疗，首先要对胃酸过多给予抑酸剂和抗胃蛋白酶剂；其次要给予自主神经阻断剂；对情绪不安定的患者给予精神安定剂；有抑郁症者给予抗抑郁剂。同时要进行包括饮食疗法在内的避免生活紧张等一系列综合性精神疗法。

（4）支气管哮喘

支气管哮喘的发病特点是阵发性的肺脏的气体交换阻塞。由于支气管黏膜上皮水肿和过量的黏膜上皮分泌物，支气管平滑肌持续性痉挛，导致支气管管腔狭窄，临床症状有突发性呼吸困难、喘鸣、咳嗽、大量黏稠痰、窒息感，发绀及一系列由于缺氧出现的症状。听诊可发现干性或湿性罗音。

支气管哮喘的病因可以是外源性的过敏原和内源性感染等，通常是混合性的。心理因素在支气管哮喘发病上起作用的报告很多，但报告结果不一致，一般认为是复合因素之一。因单纯的心理因素发生支气管哮喘极为少见，而诱发因素发病的病例比较多见。约有 5%～20%的病人发病与情绪有关。多数病人是在具有明显的过敏或感染基础上，当发生强烈的情绪或其他精神刺激时引起发作。哮喘病人极易受暗示，这可以解释为什么有些原先不引起发作的生理和心理刺激会变成诱发因素。关于支气管哮喘的心理因素的作用，诸多研究表明，支气管哮喘与家庭因素和人格因素相关。一般而言，过敏、感染和心理因素可能都参与哮喘的发作，但因人而异，因病程不同所占的比重也不同。需要指出的是，所谓心因性支气管喘息，并不是全无过敏与感染等其他因素，纯粹心理性的因素几乎是不存在的。大部分情况是多因素发病，但其中有一个主要因素，心理性因素就是其中之一。以心理为主要因素的支气管喘息，针对其心理因素予以治疗，较易达到预期效果。

支气管哮喘的治疗应根据不同病因、病情和病程采用不同的治疗方法。对于过敏和感染的病例重点在于药物治疗，对于那些由于心理因素发病为主的病例和反复发作伴有焦虑、恐惧情绪的病例，应配合心理治疗和行为治疗。应用行为治疗有三个明确的目的：或多或少地改变肺功能；改变不利的情绪；改变与哮喘有关的行为和家庭模式。当病人在发作状态时，也应给予支气管扩张剂、抗组胺等药物治疗，但应更加注意研究应用暗示和放松训练的治疗技术。

（5）头痛

头痛是神经系统最常见的临床症状之一。在头痛中作为心身疾病的主要以偏头痛和肌紧张性头痛为代表。

偏头痛起初由颈内动脉收缩，以后是由反应性颈外动脉扩张引起，是一种血管性头痛。46%～55%病人有家族史。头痛的性质有偏一侧的，也有两侧的，是跳动性的。其前驱症状常常伴有闪光性的暗点和视野异常。有时恶心呕吐，青春期容易发病，女性多，有遗传因素。患者的个性特征常具有攻击性、自尊心强、任性、固执的倾向。治疗方面，增加血管运动中枢的稳定性，纠正血管（尤其是头颅血管）不适当的收缩或扩张对治疗本病很关键。酒石酸麦角胺效果好，也可作为诊断性治疗药物，精神药物安定剂和抗抑郁剂可以并用。心理治疗主要采用自我控制训练法，最近也用皮肤温度的生物反馈仪进行治疗，用生物反馈技术训练病人增加手温，即进行手温训练，对于偏头痛有较好的治疗效果。

肌紧张性头痛是头颈部乃至肩部的肌肉异常紧张引起的头痛。其发病与心理的紧张有密切关系，乃是由于心身的紧张引起局部的肌肉紧张所致。其个性倾向是紧张性性格，即对人和事的应激性增高。对自己有较高的要求，过分谨慎，对人们的一般议论过度敏感，这就使他们易于较长期地处于情绪紧张、恐惧和焦虑之中。在治疗方面，可给予肌肉松弛作用强的药物及弱神经安定剂。自我控制训练法有效，催眠办法也可以试用。

第 3 章　大学生自我管理的理论与现实

21 世纪是知识经济时代，科技发展日新月异、信息呈爆炸式膨胀趋势。在这一时代中，教育的功能不单单是传递知识，更重要的是培养学习知识的能力，正如中国古训中所说："授之于鱼，不如授之于渔"。在实现"中国梦"的高速路上，我国的高等教育亦面临着新的机遇与挑战。在《中共中央国务院关于进一步加强和改进大学生思想政治教育的意见》（中发〔2004〕16 号文）中明确指出：加强和改进大学生思想政治教育的基本原则要坚持教育与自我教育相结合、坚持教育与管理相结合。可见，在高等教育的改革中，如何转变学生的学习方式，使学生由"学会"转变为真正的"会学"，培养出具有创新精神和实践能力的高素质人才，学会有效的自我管理非常重要。

3.1 德鲁克的自我管理理论

被尊为："大师中的大师""现代管理学之父"的彼得·德鲁克（Peter F. Drucker）是现代"管理丛林"中经验主义管理思想流派的创立者和代表人物，他的论著被译成 30 多种文字，传播影响了 130 多个国家。德鲁克曾经说过："在知识经济时代，成功属于那些善于自我管理的人。"自我管理是 21 世纪的管理挑战之一，然而，面对当今大学生在自我管理方面匮乏的现状，探究德鲁克自我管理的哲学思想在大学生管理中的应用，无论是理论层面还是实践角度都意义重大。因此，本书主要介绍德鲁克的自我管理理论。

3.1.1 德鲁克及其自我管理思想的缘起①

在管理思想史中，德鲁克是一个伟大、不朽的名字，要提及“组织的社会”和管理，德鲁克这几个字就不会黯淡无光。德鲁克在现代管理学研究方面所达到的高度令人惊叹不已，他的一生就是自我管理的成功典范。

彼得·德鲁克于1909年出生于前奥匈帝国首都维也纳的一个贵族家庭，先后在奥地利和德国接受教育，1931年获法兰克福大学国际法博士学位。1937年与多丽丝结婚并移居美国，2005年11月11日在加州克莱蒙特的家中溘然长逝，享年95岁。德鲁克终身以教书、著书和咨询为业。在美国，德鲁克曾担任由美国银行和保险公司组成的财团的经济学者，以及美国通用汽车公司、克莱斯勒公司、IBM公司等大企业的顾问，美国佛蒙特州本宁顿学院的政治和哲学教授，纽约大学商学院管理学教授，加利福尼亚州克莱蒙特研究生大学的社会科学克拉克讲座教授。1945年，德鲁克创办了德鲁克管理咨询公司，自任董事长。

德鲁克的一生为世人留下了颇为的财富。他曾连续 20 年每月为《华尔街日报》撰写专栏文章，一生在《哈佛商业评论》发表 38 篇文章，其中有 7 篇获得了“麦肯锡奖”。他一生出版了 39 部著作，其中包括《公司的概念》（1946年）、《管理的实践》（1954 年）、《卓有成效的管理者》（1966 年）、《管理：使命、责任、实务》（1973 年）、《21 世纪的管理挑战》（1999 年）等。这些著作和论文被翻译成 37 种语言，在世界各地广为传播，对现代企业的组织及管理产生了重要的影响，被称为“现代管理学之父”。②

德鲁克特殊的家庭背景、传奇式的经历、渊博的学识以及睿智的才思，使其在政治、法律、社会、管理、历史等多个学科领域都留下了精辟的见解和耐人寻味的启示。英国《经济学人》杂志评论道：“在一个充斥着自大狂和江湖骗子的行业中，他是一个真正的具有原创性的思想家。假如世界上果真有所谓的大师中的大师，那个人必定是彼得·德鲁克。”美国《哈佛商业评论》评论说：“只要一提到彼得·德鲁克的名字，在企业的丛林中就会有无数双耳朵竖起来倾听！”

---

① 李宁.德鲁克自我管理哲学思想及其对大学生自我管理的启迪[D].秦皇岛：燕山大学,2015.

② 赵曙明,杜鹏程.德鲁克管理思想评价与研究：一个会议综述[J].经济管理, 2010（2）:174-180.

曾经看过这样一句话“管理从自己开始”。德鲁克童年的经历以及他所处的社会背景也是成就他事业的重要因素，德鲁克提出了自我管理的哲学思想，他本人亦是自我管理的杰出实践者。从一定意义上说，正是由于战争和童年的记忆，使德鲁克逐渐认识到了组织与自我管理的价值。“一战”结束后的 1919—1920 年的那个寒冬，正是整个世界处于饥饿死亡边缘挣扎的时代，德鲁克第一次发现了组织的力量。当时，美国总统胡佛推动成立的救济组织每天都为欧洲许多学校免费提供午餐，在整个欧洲大陆，包括德鲁克在内的数百万饥饿儿童的性命，都是被这个组织拯救的。通过这一组织发挥出来的巨大作用，让幼儿的他认识到人类创造力发挥的真正根源。在那段日子里，德鲁克也从小学四年级老师艾尔莎小姐那里学会了对自己学习过程的绩效管理。艾尔莎小姐发给他一本笔记簿，要求他把一周内自己想要学会的东西都记录下来，到周末时再与实际学习成果作对比。这个从自己的学习开始的自我管理的过程，最后成为德鲁克终身倡导的自我管理。

德鲁克认为，每个人都是管理者，管理的本质就是自我管理。在德鲁克早期的著作中，提高到目标管理和自我控制，他所倡导的目标管理方法事实上也反映了自我管理的思想。目标管理指的是在组织中，高层领导者与基层员工共同参与企业目标的建立，然后组织成员按照目标体系要求自觉完成目标并接受考评的方法。目标管理的精髓就是有员工参与制定目标体系，通过自我控制和自我管理达成目标。德鲁克早期的生活环境以及他的目标管理理论成为了他自我管理的哲学思想的实践和理论来源。

3.1.2 国内外德鲁克自我管理思想研究①

20 世纪 50 年代以来，国外开始致力于自我管理的研究，研究多从自我认识和自我控制角度提升自我管理能力。纵观国外现有研究成果，有关自我管理的研究主要分为两个维度、涉及三大领域，其中两大维度主要是精神分析维度与非精神分析维度，三大领域是临床治疗领域、教育领域和工业领域。其中，郎恩（Long）与齐默尔曼（Zimmerman）给自我管理下的定义相对经典。Long 认为“自我管理为个体通过目标设定以及对时间和相关资源的调控以实现既定

① 李宁.德鲁克自我管理哲学思想及其对大学生自我管理的启迪[D].秦皇岛：燕山大学,2015.

目标的过程。”①Zimmerman 将自我管理定义为“个体发挥自己的主观能动性对自身的状况、学习行为进行良好认知，并对各种环境对自身的影响进行积极的调节，最终实现自己的学习目标的过程。”②

在国外的众多学者之中，被誉为管理学大师的德鲁克先生成果最为卓越，他认为在知识经济时代成功属于那些善于自我管理的人，1954 年德鲁克第一次提出了“自我管理”的管理理论。德鲁克的自我管理思想集中体现在他的三部著作中：《卓有成效的管理者》（1966 年）、《21 世纪的管理挑战》（1999 年）、《个人的管理》（2003 年）。在《卓有成效的管理者》一书中，德鲁克从“卓有成效是可以学会的”“掌握自己的时间”“我能贡献什么”“如何发挥人的长处”“要事优先”“决策的要素”“有效的决策”七个方面明确地指出了卓有成效管理者的自我管理，书中用朴实的语言、真实的案例诠释了全新的理念、鲜活的思想。《21 世纪的管理挑战》一书是德鲁克在他 90 岁高龄之际献给读者的著作，书中在第六章系统阐述了自我管理思想，内容包括我的优势是什么、我如何做事、我属于哪里、我能做出什么样的贡献、维系人际关系的责任、你的下半生、并行不悖的事业七个方面，这是一本关于自我管理的变革与挑战的书。在《个人的管理》一书中德鲁克重点向我们阐述知识工作者的自我管理。这三部涉及自我管理的经典之作时间跨度近半个世纪，充分见证了德鲁克自我管理思想的发展成熟。

英特尔公司的创始人安迪·格鲁夫、微软公司的董事长比尔·盖茨、通用电气公司 CEO 杰克·韦尔奇等，很多国际知名管理者在管理理念与实践方面深受德鲁克的启示和影响。著名英国管理学家、人称“商业哲学家”和“欧洲的德鲁克”的查尔斯·汉迪在《管理大师指南》（The Handy guide to the gurus of management）一书中这样说道：“凡是现在当红的管理概念，彼得·德鲁克大都早就讨论过了，随你任选一个例子，很可能早在你出生之前德鲁克就已经写过有关那个观念的文章。如果要列出一些管理思想家的名字，也就是我们所

① Long, James D, Gaynor P, Erwin A, et al. The relationship of self-management to academic motivation, study efficiency, academic satisfaction, and grade point average among prospective education majors [J]. Psychology: A Journal of Human Behavior, 1994（1）:22-30.

② Barry J. Zimmerman. Self-Regulating academic learning and achievement: The emergence of a social cognitive perspective[J]. Educational Psychology Review, 1990（2）:173-201.

谓的‘管理大师’，德鲁克必定高居首位。”①

在国外，针对大学生自我管理这一课题的研究成果相对匮乏，尚处于起步阶段，但对于高等教育相关研究已相当普遍并具有很强实用性。1978 年，美国学者布鲁贝克在其著作《高等教育哲学》中指出大学生应具备一定的自我学习与自我管理的能力，通过自我管理实现自身能力的提高。1983 年前剑桥大学的副校长阿什比所著《科技发达时代的大学教育》、2001 年教育学家奥尔特加·加塞特编著的《大学的使命》等研究专著，结合时代发展与大学生自我管理的特点突出大学生进行自我管理的必要性。

在国内，有关自我管理的研究从 20 世纪 80 年代后期开始，在 21 世纪研究达到了前所未有的高度。但整体而言有关自我管理的研究时间相对较短，内容主要涉及社会行为学、心理学、教育学、哲学等领域。国内关于自我管理的第一本著作是 1987 年马金海等主编的《自我管理初探》，除此之外，杨永杰的《自我管理思想的演进》、王益民等的《自我管理的哲学审视》、杨永杰的《自我管理思想的演进》、郭海龙的《现代化与自我管理问题研究》等著作都对自我管理进行了探讨。

国内有不少的专家、学者、组织致力于德鲁克的管理思想的研究。1999 年，北京光华管理研修中心——一家致力于德鲁克管理思想研究与传播的社会企业由光华控股有限公司董事长邵明路创办；2006 年，彼得·德鲁克高层管理论坛开坛，这为更多研究德鲁克理念的研究者、企业家、社会组织领导者提供了交流的平台。此外，国内还有众多学者致力于德鲁克的著作与论文的研究。2005 年陈荣平的著作《管理大师中的大师——彼得·德鲁克》讲述了德鲁克的管理学思想，指出中国发展的核心问题是要培养一批卓有成效的管理者。2009 年赵曙明、杜鹏程所著的《德鲁克管理思想解读》，对德鲁克的管理思想进行了比较全面的解读和较为深入的探讨。2010 年，德鲁克的学生、也是德鲁克思想在中国研究和传播人之一的那国毅教授，出版了《百年德鲁克》一书，书中与中国读者共同分享了德鲁克的管理思想，并涵盖了自己对德鲁克思想的诠释与解读。除此之外，有关德鲁克管理思想与实践的研究论

① Charles B Handy. The Handy guide to the gurus of management [M].London: Penguin Business,1996:42-46.

文亦有很多，例如《德鲁克自我管理四大维度及实施的五行环》《德鲁克自我管理的六项守则》等。总体而言，在国内，关于大学生自我管理的研究大致分为三类：自我管理概念的研究、自我管理模式的研究、自我管理其他层面的研究。不少学者主要把研究精力放在大学生自我管理的必要性和作用方面，还有一些学者从自我管理现存的问题出发提出需要加强大学生自我管理能力的建设。比较有代表性的著作有韩凤娟、戴建兵主编的《大学生自组织管理》（中国农业出版社，2012年），朱合理编著的《大学生个体自我管理研究》（武汉大学出版社，2013年）。

通过对自我管理、德鲁克自我管理思想、大学生自我管理的文献进行分类和梳理，不难发现，自我管理这一课题的研究日趋发展和完善。有关自我管理的研究，国外大多是从具体学科角度切入，特别是医学领域，有一定的适用性与针对性，但是将此局限于某门学科框架内难免会缺乏理论的高度与深度；国内关于自我管理的研究涉及内容虽宽泛，但大都是从实践角度来探讨如何加强自我管理，研究缺乏整体性与系统性，仅局限于经验层面的探讨，学者一般只关注单一学科领域，没有综合运用社会学、心理学、行为学等学科方法，特别是缺乏哲学的高度。虽然国外在自我管理的研究方面已比较深入，但专门针对大学生自我管理的研究还十分匮乏。通过对国内学界关于大学生自我管理研究的追溯，不难发现在大学生自我管理研究方面才刚刚起步，研究大多局限于个别的几个学科，且总体水平偏低，研究方向一般是概念、模式、自我管理其他层面的研究。关于“德鲁克自我管理的哲学思想及其对大学生自我管理的影响”方面的研究国内甚少发现，因此在这样的研究现状基础上，本书侧重从管理哲学视角研究关于微观个人特别是大学生群体的自我管理，这具有重大的理论与实践意义。

3.1.3 德鲁克自我管理思想的主要内容①

研究德鲁克的管理哲学的思想体系，就要从他的愿景破题，因为他是从社会的全局观和人类的整体观切入的。德鲁克一生怀有“对人类终极的关怀”以实现“自由而有功能的社会”的愿景，他投入毕生的心血坚持做“对的事情”。

① 李宁.德鲁克自我管理哲学思想及其对大学生自我管理的启迪[D].秦皇岛：燕山大学,2015.

德鲁克以冷静而孤僻的旁观者身份，加上开明而务实的保守性格，通过他“管理的哲学思想”，提出一套“简单、清晰、具体、可操作的经营理论”，德鲁克的思想理念既务实又充分重视人的诉求，系统且有条理地来贯彻落实“自由而有功能的社会”目标。通过仔细研读德鲁克的作品，耐心品味其中的思想，现将德鲁克管理哲学思想分三部分阐述。

第一，以人为本的管理本体论。德鲁克的人本管理思想贯穿于他多部著作中，重视人的作用、关注人的发展充分体现了他以人为本的管理本体论思想。德鲁克人本管理思想的确立，主要归功于两个人的历史贡献：一位是现代组织理论的奠基人切斯特·巴纳德，另一位是人本主义心理学之父亚伯拉罕·马斯洛。德鲁克分析在西方工业革命后，工作和劳动力自身都发生了很大变化，“对人的管理”不应当成一个“成本中心”和“问题”来看待，“你雇佣的不是一个人的手，而是整个人。”这是德鲁克引用的一句经典老话，足以证明他对人的能力的肯定。德鲁克说“人是我们最大的资产”，“管理人员必须把同他一起工作的人员看成是他自己的资源。他必须从这些人员中寻求有关他自己的职务的指导。他必须要求这些人员把下述事件看成是自己的责任，就是帮助他们的管理人员能更好地、更有效地做好自己的工作。”①从德鲁克思想发展脉络看，他不是“只见树木不见森林”，也不是“只见森林不见树木”的学究式研究。从早期关注工人阶层的实际问题，希望组织不要把工人视为机器的延伸，并赋予其身份和地位，到后来他关注企业中的知识劳动价值和知识劳动者的特性，并最终发展了巴纳德和马斯洛的人本思想，将以人为本的思想渗透到组织的方方面面。

第二，以自我控制为主的目标管理论。目标管理概念是德鲁克最早明确提出来的，也是他管理哲学思想中非常重要的内容之一。德鲁克的目标管理内容是使管理者和职工在有效的自我控制下达到更高的绩效目标。“目标管理与自我控制”可以称为一种管理的哲学，使得劳动者以公众为目标，以更严格、更准确、更有效的内在控制取代外部强制；同时还激励每一位劳动者，不是因为某人要求或劝说他做什么，而是为了自己的目标、自我价值的实现而努力。德鲁克的目标管理使得员工在工作中逐渐发现个人的兴趣，并不断实现自我的价值，而

① [美]彼得•德鲁克.创新与企业家精神[M].蔡文燕,译.北京:机械工业出版社,2007:23,17.

且在员工自我实现的同时也实现了组织的目标。2002 年美国总统乔治 •W. 布什在授予彼得 • 德鲁克年度“总统自由勋章”时曾说过，目标管理是德鲁克的三大贡献之一。

第三，以创新为核心的管理实践论。德鲁克管理学思想的核心在于“实践”，他的研究目的、思想话语和研究方法论都带有强烈的实践性。德鲁克说过“管理是一种实践，其本质不在于‘知’而在于‘行’；其验证不在于逻辑，而在于成果；其唯一的权威就是成就。”①在德鲁克看来，管理从实践中产生，又以实践为归宿，但实践不是一成不变的，实践过程需要不断地创新。在德鲁克看来，创新就是赋予资源以新的创造财富的能力。他强调指出，创新不是一个单纯的技术概念，而是一个经济和社会术语，是当社会、经济及技术方面发生变化时，对于这种变化所带来的机会的系统运用。②创新是一种精神，同时也是一种行动。创新如果仅局限于观念和制度层面，没有转化为具体的行动和结果，那创新就没有任何价值和意义可谈。创新的目的就是为了更好地指导实践，这也是德鲁克管理哲学中重要的思想之一。

在《21 世纪的管理挑战》一书中，德鲁克系统阐述了自我管理的思想，其中包括以下方面：我的优势是什么——我如何做事——我属于哪里——我能做出什么样的贡献——维系人际关系的责任——你的下半生——并行不悖的事业。③笔者总计归纳将自我管理思想主要分为以下三方面，即有效的自我管理与有效地完成任务；有效的自我管理与责任；有效的自我管理与管理实践。

（1）有效的自我管理与有效地完成任务

从德鲁克的角度而言，管理者是否可以管理好别人无法确切地验证，但管理者是完全可以做到自我管理的。做到有效的自我管理，首先需要认清个人优势、明确个人表现方式、了解自己的价值观念、清楚自己的归属，这样在工作之中，才能扬长避短、做适合自己的选择，这四点是有效地完成任务的先决条件。

认清个人优势。要管理好自己的先决条件就是认识自己，认识自己的长处和强项。工作之中，人们往往关注自己的缺点而忽视个人优势，事实上创造绩

---

① 周菲.德鲁克管理哲学思想述评[J].辽宁大学学报，1997（4）：95.

② [美]彼得•德鲁克.创新与企业家精神[M].蔡文燕,译.北京:机械工业出版社,2007:23.

③ [美]彼得•德鲁克.21 世纪的管理挑战（珍藏版）[M].朱雁斌,译.北京:机械工业出版社,2009:142.

效的正是靠优势取胜。德鲁克建议使用反馈分析法来认清自己的强项。无论做出什么样的关键决策，采取什么关键措施，我们都要写下我们希望看到的结果。9～12 个月以后，我们就可以将实际的结果与预期的结果进行对比。①在反馈分析持之以恒地坚持一段时间，也许是两三个月，也可能是两三年，人们会逐渐明晰自身的优点与缺点。

我如何表现。理解自己表现的方式方法也是获得成功的关键。每个人在表现方面都不尽相同，因此理解自己表现的独特方式和方法亦至关重要。简而言之，我是一个善于倾听的人，还是一个照本宣科的人。了解自己的表现方式的第二个要点是如何学习，选择擅长的方式进行学习。

了解自己的价值观念。管理好自己还需要知道“我的价值观是什么”这一问题，这是一个“镜像检验”问题。当早晨照镜子的时候，我希望看到一个什么样的人？要在组织中发挥应有的作用，我们的价值观必须与组织的价值观保持一致；如果不完全一致，我们设法与组织的价值观接近，这样才可以与组织和谐共处。否则，不仅仅是个人会遭受严重挫折，想要创造优异的成绩也会非常困难。

了解自己的归属。在回答“我究竟归属哪里”这一问题前，需要先弄清自己的强项、表现和价值观，这实质上是对自我人生目标的管理。工作中需要有合理的计划，当机会来临时，事业的成功也悄然走近，因为个人的优势强项、工作方法以及价值观念是可以尽早发现并不断完善的。知道自己的归属，会更大程度发挥个人的潜能，并使事业逐步走向成功。

（2）有效的自我管理与责任

责任可以理解为个人应尽的义务、应承担的过失。德鲁克在《自我管理》一书中说道“责任是关键。个人发展的最大责任人是个人自己，而不是其上司。”②工作之中，每个人都要为自己负责，同时也要有维系人际关系的责任。对自己负责，就要学会尊重、包容、善待周围的人与物，做好自己该做的每一件事，承担自己应付的责任，只有现在对自己负责，才有可能对他人、对社会、

① [美]彼得•德鲁克.21 世纪的管理挑战（珍藏版）[M].朱雁斌,译.北京:机械工业出版社,2009:144.

② [美]彼得•德鲁克.个人的管理[M].沈国华,译.上海:上海财经大学出版社,2003:281.

为国家负责。

在工作之中，大多数人都需要与他人共事，只有通过与他人合作才能发挥出效率，因此，维系人际关系的责任是有效地自我管理的又一关键所在。德鲁克所说的维系人际关系的责任主要有两层含义。其一，我们要发挥出我们应有的效率，我们需要了解与我们共事的人的优势、做事方式和价值观。①深入了解同事的优点、表现和价值观，这对于提高工作效率至关重要。在工作之中，我们应清楚地知道和我们共事的人，将上述各个要素都思考透彻。其二，要自己管理自己和发挥效率，我们要做的第二件事是承担沟通的责任。②在我们清楚自身优点、表现、价值观和所能做出的贡献后，我们必须将这些信息传递给工作中我们需要依赖的人以及需要依赖我们的人。在公司里，无论是下属还是上司，每个人都需要面对各种各样的关系、承担相应的责任，在对绩效评估时，也应该考虑对这种责任进行有效评估。

有效的管理者在做决策时，需要对决策的所有相关者承担责任，责任感的产生与其人生观、社会意识以及社会价值观都有着必然的联系，这些都与管理者的自我管理能力分不开。有效的自我管理会促使管理者主动承担责任，无效的自我管理则很有可能使其推卸责任。

（3）有效的自我管理理论与实践

实践是德鲁克管理学思想的核心，他的研究目的、思想话语和研究方法论都带有强烈的实践性，关于自我管理思想也不例外。在自我管理思想中，管理实践主要从时间管理、创新管理和职业生涯三方面体现。

时间管理。德鲁克认为，讲究效能的知识劳动者并不是从任务着手，而是把安排自己的时间作为切入点；也不是从制定计划开始，而是着手查明自己的时间的实际去处。时间是一种独特的资源，没有人能够借贷、买卖时间，也没有人可以通过其他途径获得时间，时间的供给完全缺乏弹性，无论对时间的需求多大，时间的供给是不会增加的，因此，要善于使用和管理有限的时间。德鲁克说过，

---

① [美]彼得•德鲁克.21 世纪的管理挑战（珍藏版）[M].朱雁斌,译.北京:机械工业出版社,2009:162.

② [美]彼得•德鲁克.21 世纪的管理挑战（珍藏版）[M].朱雁斌,译.北京:机械工业出版社,2009:164.

时间的使用要通过实践来改善。德鲁克指导我们对时间的管理主要分以下三个流程：对时间的去处进行记录；对时间进行管理；对时间进行整合。①

创新管理。创新的本质是能带来新价值的实践，德鲁克认为“创新行动赋予资源一种新的能力，使它能够创造财富。事实上，创新本身创造了资源。”②创新是能带来新价值的实践，德鲁克论述了创新的三个前提条件和五“要”、三“不要”原则。③三个条件是：（1）创新需要知识、劳动者和独创性三者结合；（2）创新要依靠自己的长处；（3）创新必须紧贴市场和瞄准市场。五“要”原则为：（1）系统、明确的创新要从分析机会开始，找寻“创新机会来源”；（2）走出去多看、多问、多听；（3）创新要简单，用途单一，才能富有成效；（4）开始规模要小，盯住一个特定目标，不要声势浩大；（5）成功的创新其目标就是要取得领先，不求大。④三“不要”原则是：（1）不要自作聪明；（2）不要四面出击，一心多用；（3）不要为未来而创新，而要为现在创新。⑤

职业生涯。在《管理的实践》一书中，德鲁克提出了三个经典问题：我们的事业是什么？我们的事业将是什么？我们的事业究竟应该是什么？⑥这是一个有关职业生涯的话题。德鲁克告诉我们，在现代社会，个人的工作寿命可以超过组织的寿命。⑦当一个人已经连续工作了 20 或 25 年的时候，对现在的职业状况可能会感到厌倦，这将面临中年危机。但事实上还需面对另外 15～25 年的工作，这一时间段是我们开创第二事业的绝好时机，这可能是我们成为领导者、受人尊敬和获得成功的机会。自我管理越来越意味着知识劳动者必须及早发展第二事业。在知识社会里，人人都渴望成功，但对于很多人而言，最多是免于失败，因为有成功，就会有失败，因此，找到一个能使自己有所作为、与众不同的第二事业是职业生涯中至关重要的大事。

---

① [美]彼得•德鲁克.个人的管理[M].沈国华,译.上海:上海财经大学出版社,2003:155-165.

② [美]彼得•德鲁克.创新与企业家精神[M].蔡文燕,译.北京:机械工业出版社,2007:17.

③ [美]彼得•德鲁克.个人的管理[M].沈国华,译.上海:上海财经大学出版社,2003:247-254.

④ [美]彼得•德鲁克.创新与创业精神:管理大师谈创新实务与策略[M].张炜译.上海:上海人民出版社,2002:164.

⑤ [美]彼得•德鲁克.个人的管理[M].沈国华,译.上海:上海财经大学出版社,2003:251.

⑥ [美]彼得•德鲁克.管理的实践[M].齐若兰译.北京:机械工业出版社, 2009:目录.

⑦ [美]彼得•德鲁克.21 世纪的管理挑战（珍藏版）[M].朱雁斌,译.北京:机械工业出版社,2009:166.

3.2 当代大学生自我管理的现实状况

德鲁克的自我管理思想几乎涉及他所有的著作之中，这是他对“人的研究”近半个世纪的思想成果，也是他晚年最关注的问题。德鲁克自我管理的成功之处在于他准确定位、持续探索、自律一生，他不仅仅是从思想和理论上倡导自我管理，也是自我管理的成功实践者。作为高校思想政治工作者，是否可以将德鲁克自我管理的哲学思想应用于大学生管理中，使他们更清晰真实地了解自我，提高自我管理水平。基于此，笔者在河北省秦皇岛市部分高校开展了关于大学生自我管理现状的调查，借此以点带面来了解国内大学生的自我管理现状，以便对提高大学生自我管理的思路和途径提供参考依据。

3.2.1 大学生自我管理的有机构成①

构成大学生自我管理能力的各要素之间并不是相互独立、相互排斥的，而是一个密不可分的有机体系。“自我管理是一个多维度结构，它由复杂行为的几个独特范围构成。要鼓励和促进自我管理，最重要的是要研究和理解自我管理的构成要素及其对行为干预的修复特征。”②本文根据德鲁克自我管理哲学思想，将自我管理的要素分为显性要素和隐性要素两部分，并运用德鲁克自我管理理论系统分析显性、隐性要素对大学生自我管理的作用机理。

（1）大学生自我管理的显性要素

将影响大学生自我管理的相关要素汇总分类后发现，构成大学生自我管理能力的各要素包括目标管理、职业生涯管理、时间管理、学习创新、优势与效能、沟通管理、人际关系、健康管理等八项要素，影响和涉及大学生的学习、生活、工作的有形方面，本文将其归类为大学生自我管理的显性要素。大学生自我管理的最终目标是成就辉煌的事业，演绎成功的人生。在通向成功的道路上，以上各显性要素密切结合、缺一不可。

目标管理的概念是由德鲁克最早明确提出来的。德鲁克在 1954 年《管理

---

① 李宁.德鲁克自我管理哲学思想及其对大学生自我管理的启迪[D].秦皇岛:燕山大学,2015.

② Malachy Bishop, Michael P. Frain, Molly K.Tschopp. Self- management,perceived control, and subjective quality of life in multiple sclerosis[J].Rehabilitation Counseling Bulletin, 2008（1）:45-56.

的实践》中说“所谓目标管理，就是管理目标，也是依据目标进行的管理。”目标管理中最重要的就是要了解自我归属和人生目标，同时对其进行管理。目标不仅仅界定最终的结果，在大学生追求成功的人生旅途中，可以说目标起着里程碑的作用。

职业生涯管理被德鲁克称之为“管理自己的下半生”，这是人生目标管理的核心内容。对职业生涯进行管理是当今时代的要求，大学生作为祖国明天的储备力量，其职业生涯管理更是意义重大。大学生的职业生涯管理按时间长短可以分为人生规划、长期规划、中期规划与短期规划四种类型，从过程来看可分为以下八个步骤：确立志向、自我评估、环境评估、职业选择、路线选择、确定目标、计划实施、评估反馈。①职业生涯规划作为大学生前进的路标和指南，它并不是一成不变的，也需要随着时空环境和条件的变化，顺应自我感性与理性的追问，做出适当的调整。

时间管理可以说既是一门科学、又是一门艺术。德鲁克说过：“有效的管理者与其他人最大的区别，就是他们非常珍惜自己的时间。”②时间是一项特殊资源，人们租不到、借不到，也买不到，昨天过去的时间，永远不会回来，时间是最稀有的资源；另一方面，时间又是可以被精确测定，是可以被管理的。青年大学生在大学期间更应该合理分配管理自己宝贵的时间资源，做时间的主人。

学习创新管理可以分为学习管理与创新管理。宋振杰在《自我管理》一书中提到 21 世纪的忠告，如今世界上分三种人：第一种是不肯学习的人，很快会被淘汰；第二种是肯学习而不善于学习的人，也一样会被淘汰；最后成功的只有一种人，是既肯学习又善于学习的人。③创新是人们在认识世界、改造世界过程中对原有理论、观点的突破以及对过去实践的超越，江泽民同志曾说过“创新是一个民族进步的灵魂，是一个国家兴旺发达的不竭动力。”知识经济时代，资讯瞬息万变，竞争日益激烈，大学生能否在激烈的竞争中紧跟时代发展步伐，善于学习、终身学习必不可少，此外还要在学习中不断培养创新能力。

优势与效能管理也是一对相互作用、不可分割的整体，在自我管理的要素

① 宋振杰.自我管理[M].北京:北京大学出版社, 2006:146-152.

② [美]彼得•德鲁克.卓有成效管理者（珍藏版）[M].许是祥,译.北京:机械工业出版社,2009:25.

③ 宋振杰.自我管理[M].北京:北京大学出版社, 2006:19.

分析中，德鲁克通常将优势与效能结合起来进行分析论述。优势一般泛指某些方面超越同类的形势，效能可理解为达到系统目标的程度。优势与效能被结合为自我管理的一项要素，主要是因为在工作中两者不可分离。效能的出现是建立在优势基础之上的，只有充分发挥个人优势，才能具备一定的工作效能。

沟通就是感知，沟通就是期望，沟通需要一定的条件。自从有了人类群居的生活就有了管理，有了管理就需要沟通。人际沟通作为一种人与人进行交流的方式，发挥着交流态度情感、沟通观念想法以及传递信息的重要作用。正如有的专家研究的那样：70%的工作是在沟通中完成的，70%的工作障碍是由于沟通不畅造成的。大学生在以后的工作岗位上若想崭露头角，必须重视沟通的作用，掌握沟通的方法和技巧，养成良好的沟通习惯，这也是大学生自我管理的基本功之一。

人是社会的人，生活在社会中的人每天都要与人交往。人际关系管理就是以恰当的原则去处理自我与他人的关系，它不仅是对有害人缘的防范，更是把无意义和有害的人际关系改变为有意义和有利于自我进步和发展的人际关系。人的存在是各种社会关系发生作用的结果，人正是通过与他人发生作用而发展自己和实现自己。大学生也不例外，譬如生存、肯定、尊重等很多要求都是在人与人之间的交往中得到满足的。大学生人际关系处理不顺利，就意味着诸如上述需要不能被满足或是不完全满足，就会使其产生孤立无助或被社会抛弃的感觉；反之，良好的人际关系就非常有利于这些需要的满足。

健康的管理很容易理解，身体乃革命的本钱。大学生要想在激烈的竞争中立于不败之地，身心健康是生命的基础元素，是一切行动开始的前提，是理想的动力和生命之本，是人生的第一笔财富。因此，大学生讲自我管理，欲成就一番事业梦想成真，对健康的管理既是前提又是基础。

（2）大学生自我管理的隐性要素

大学生在实现成功的人生的征程中，不单单只有显性要素发挥作用，自我管理的隐性要素在大学生走向成功的路途中也发挥着至关重要的作用，隐性要素虽然不通过大学生学习、生活、工作等具体方面来表现，却影响并渗透在各显性要素中。在大学生自我管理的要素体系中，隐性要素分为情绪管理和价值观，其中，情绪管理又细分为自我认知、自我调控、自我激励和认知他人四个方面。

自我认知是行为主体对作为具有客体属性的主体的认知和评价等多方面的活动。简言之，自我认知可以理解为自我认识、自我意识。自我认知主要包括认知个人的性格特征，认知自己的人生方向和目标，觉察自我情绪的变化及原因等。

自我调控可以理解为对自己的思维、情绪、行为进行监察、评价、控制和调节。它还可以表述成不同的名称，如行为调控（response modulation）、抑制控制（inhibition control）、反应调节（response modulation）、情绪调控（emotion control）等。[①]在日常生活中，包括青年大学生在内，似乎情绪很难觉察或是控制，可能因为一件很小的事情就会激起很强烈的情绪反应，也可能在不知不觉中这种情绪就悄然无存。思维、行为也如同情绪一般需要自我调控，有效的自我调控能够提高人的理性行为。

所谓自我激励，就是通过激发人的行为动机，使人处于一种兴奋状态。这种状态不仅能够使我们充满激情地面对工作、迎接挑战，而且可以让我们在平凡的工作中做出不平凡的业绩来，因为成功总是属于不懈努力和不断自我激励的人。拉伯雷说过："生活是一面镜子，你对它笑，它就对你笑；你对它哭，它也对你哭。"其实成功也是如此，大学生经历几年的大学历练之后若能逐渐走向成功，自我激励必不可少，因为只有你认为你行，你就一定能行；你认为你不行，那就真的不行。

认知他人需要用客观、全面的眼光审视对方，看到他人的优势与特长。一个人要获得别人的赞美、肯定、尊重、帮助等，清晰地认知他人的需求必不可少。作为祖国未来的青年大学生，应当学会洞察家长、老师、同学等不同对象的真实情感，设身处地地为他人着想，营造和谐的事业与和谐的人生。

价值观管理会让很多人感觉很抽象，其实，价值观是一个很简单的哲学概念，就是基于你周围的人和事来发表看法或观点。换句话可以理解为你认为什么是有意义、有价值的，是值得你去努力和追求的；什么又是没有意义、没有价值的，不能也不值得去追求的。正确的价值观对于大学生的成长、成功意义

---

① Kreman AM, Block J. The roots of ego control in young adulthood: links with parenting in early childhood [J]. Journal of Personally and Social Psychology, 1998（4）:1062-1067.

重大，不同的价值取向决定了不同的人生选择，不同的价值观形成了不同的人生，大学生对价值观的管理有助于其实现有意义、负责任的人生。

（3）显性与隐性要素作用的内在机理

大学生自我管理的要素体系中，隐性要素与显性要素同时存在并发挥着各自的作用，自我管理的最终目标便是走向成功。自我管理的要素体系揭示了人生走向成功所不可或缺的过程与途径，它们是一个有机的整体，互相关联并相互促进，是大学生有效自我管理、走向成功必经的步骤与环节。

目标管理和职业生涯管理可以统称为目标优化要素，是大学生迈向成功的导向标。作为 21 世纪社会发展的领衔力量，对个人的职业生涯进行合理的规划与管理、确定和谐平衡的人生目标，这是大学生进步途中有形的射击靶，也是时代发展的要求。凡事预则立，不预则废，大学生在自我管理的过程中抓住自己的每一天，做好每日的计划，才能按着职业规划方向前进，不断实现人生中的目标计划，每一个目标的实现都是人生的一个新台阶、新起点。

时间管理、学习创新、优势与效能可以统称为自我优化要素，这是大学生从“我”的角度进行有效自我管理的内因要素。不懂得时间管理，一切事情便无从谈起；懂得学习、善于创新，才能享有出彩人生；发挥优势、实现效能，人生的每一步才能夯实有力。大学生谈自我管理首先需要从自我角度提升个人素质能力，要善于管理自己的时间，做时间的主人；发现学习的乐趣、提升个人精神境界，勤学慎思笃行，点燃创新的火种；善于发现个人优势、不断肯定自我、发挥个人效能，在不断被肯定中实现良性循环。

沟通管理与人际关系管理可以统称为环境优化要素，是大学生在处理人与人之间关系中不可忽视的外因要素。有效沟通、善于表达，这是处理好人际关系的关键；学会处理人际关系，掌握并拥有丰富的人脉资源，这是事业成功的助推器。大学生进行自我管理，学会沟通、把握人际关系至关重要。学会沟通，要从用心倾听开始，在合适的时间、合适的地点做到有效表达，最后予以积极的反馈，这才是一个良好的沟通过程。处理好人际关系，真诚守信表里如一，甘于付出乐于奉献，这样成功之路才能越走越远。

情绪管理和价值观作为大学生自我管理的隐性要素影响并渗透在各显性要素之中，大学生的自我管理不能忽视隐性要素的作用。全面清晰地自我认知，给自己合适的自我定位；学会并善于进行自我调控，降低负面情绪的不良影响；在情绪低谷时、在挫折失败时、在信心不足时、在自卑失落时有效地进行自我激励，发挥个人价值的最高境界；认知他人，懂得他人也需要尊重、需要关怀、需要理解、需要帮助……拉近人与人、心与心之间的距离。价值观作为大学生行为的基准和指南决定着努力追求的方向，大学生应该经常审视自己的价值观，去除糟粕，留其精华，活出精彩、快乐、有意义的自我。

通过对大学生自我管理显性要素与隐性要素的分析，我们不难发现，大学生实施自我管理，首先要处理好目标优化要素，确立正确的人生目标，并且制定每一步的职业规划；在此基础上不断实现自我优化，善于管理时间、掌握学习能力与创新技巧、发挥优势与效能，使职业素质和职业能力在持之以恒的自我管理修炼中不断提升；同时关注环境优化要素，从容应对各类沟通，不断扩大人际关系网络，增加意想不到的成功与机遇；在此过程中领悟情绪管理、追寻正确价值观、树立科学的人生理想，实现事业与人生的辉煌。

3.2.2 大学生自我管理的现实状况①

笔者的研究是以问卷调查为主，同时辅助开放式访谈。问卷的发放是基于笔者近些年来工作经验的积累自编而成，问卷附于书末。开放式访谈主要围绕提前预设的十个问题展开，通过访谈结果比对问卷调查结果，以此印证问卷结果的科学性与合理性。

（1）大学生自我管理能力的现状调查

笔者将问卷划分为五个维度，分别为目标优化维度、自我优化维度、环境优化维度、情绪管理维度及价值观维度。其中 1～8 题属目标优化维度，9-16 题属自我优化维度，17～24 题属环境优化维度，25～32 题属情绪管理维度，其余 8 题属价值观维度，问卷共计 40 题。每个题目有五个选项，即“非常符合”“比较符合”“基本符合”“较不符合”“完全不符”，五个选项以“5、4、3、2、1”依次计分，汇总得分可知，得分越高表示自我管理能力越强。通过有针对性地在河北省秦皇岛市的燕山大学、河北科技师范学院、秦皇岛职业技术学院、河北外国语职业学院、河北建材职业技术学院等 5 所高校展开问卷调研，以电子

① 李宁.德鲁克自我管理哲学思想及其对大学生自我管理的启迪[D].秦皇岛:燕山大学,2015.

和纸质相结合的方式发放《大学生自我管理状况调查问卷》共计550份，回收531份，其中有效问卷520份，回收率96.5%，有效率94.5%，调查对象兼顾性别比例、年级专业分布比例以及是否独生子女，确保调查数据真实有效。

课题调研中所选择的样本总数为520人，其中男生249人，占样本总数47.89%，女生271人，占样本总数52.11%，男女比例接近平衡。专业分布上，理工类学生共有330人，占样本总数63.46%，文史类学生有153人，占样本总数29.42%，其他类学生包括体育、艺术类专业共有37人，占样本总数7.12%，可见在专业分布上，理工类学生人数明显多于文史类学生。在年级的分布上，笔者有意选择各个年级的学生，因此年级分布一项接近平均。统计基本信息后发现，被调查样本中，独生子女331人，占样本总数的63.65%，非独生子女189人，占样本总数的36.35%，此结果与我国现状相符，90后的大学生多出自独生子女家庭。问卷涉及五个维度，分别为目标优化维度、自我优化维度、环境优化维度、情绪管理维度及价值观维度，每个维度包括8个题目，各题目从5分至1分，分五档赋分，各个维度满分40分，最小分8分，汇总各维度得分平均可得大学生自我管理的总体状况。目标优化、自我优化、情绪管理三个维度得分平均仅有22.88分、26.91分、23.76分，三项得分平均都小于30分。可见，当今大学生在自我优化方面还有很大的进步空间，具体表现在虽能按部就班地上课、自习，但面对较多的闲暇时间，其管理能力不强；有以往学习经验的积累，具备一定的学习创新精神，但具体学习创新能力不足，优势与效能发挥不明显；在情绪管理方面也显得低下，自我认知、自我调控、自我激励及认知他人方面均有待于进一步提高；目标优化得分低下可看出当今大学生理想信念薄弱，发展目标不明确，没有合理的职业规划。环境优化得分32.17分，可以看出90后大学生比较善于沟通和人际交往，为人处事方面显现出更多优势。价值观一项平均得分为30.12分，可知目前大学生的整体价值取向积极向上。

（2）显性要素影响下大学生自我管理的表现

大学生自我管理的外在表现可以从显性要素角度进行分析，如前所述，显性要素主要分为目标优化要素、自我优化要素、环境优化要素三大方面，而目标优化要素又可细分为目标管理和职业生涯管理；自我优化要素可分为时间管理、学习创新、优势与效能；环境优化要素包括沟通管理和人际关系管理。下面将结合问卷调查数据依次分析各显性要素，以此呈现当代大学生自我管理的外在表现。

目标管理实际上就是要了解自己的归属和人生目标，同时对其进行管理。在《大学生自我管理状况调查问卷》中，目标管理涉及如下题目：2、6、7、8。“进入大学，明确自己的学习目标并在逐步实现”一题中，只有 58.71%的学生选择“比较符合”或“非常符合”，剩余学生多处于无目标或目标不清晰状态。仅有 33.49%的学生选择“如果当天的计划没有实施会非常懊恼”符合个人情况，68.5%的学生认为“有合理的英语学习安排并已通过英语四级考试”不符合个人现状，38.65%的学生认为“一旦发现目标无法完成，会迅速调整”与个人实际符合。由此可见，大学生在目标管理方面仍然欠缺，没有切合自身发展的目标是阻碍大学生进步的重要因素。

大学生职业规划包括学习规划、职业规划、生活规划、爱情规划等，规划的目的是让自己有目标地学习、工作和生活，使自己每一天都过得充实有意义。在调查问卷中，涉及职业规划的题目有 1、3、4、5。73.7%的大学生认为“上大学前就已经有一个比较清晰的职业定位”非常符合或比较符合个人实际，可见绝大多数大学生明确自己的专业选择和发展方向。在“上大学后逐渐明晰自己毕业后的去向，比如考研、就业、出国留学、考公务员等”一题中，仅有 32.91%的学生清楚自己大学毕业后的选择，且大多为大三、大四的学生。在题目“每个学期都有不同的计划和安排”的选项中仅有 45.12%的学生表示能提前规划本学期的任务，58.15%的学生认为做不到“每天醒来就能想到当天要做的事情”。由此可见，大学生虽有职业发展的目标，但缺乏具体实施阶段的规划，而且执行力较差。

时间管理是大学生为了合理利用时间而进行的自我管理。青年大学生应合理分配利用自己的宝贵时间，做时间的主人，涉及时间管理的有 12、13、15 题。“除上课以外的空闲时间可以合理支配，有效利用”一题仅有 23.15%的学生选择非常符合个人情况。63.4%的学生认为“考试前有合理的复习计划和安排”非常符合或比较符合个人情况，访谈中发现绝大多数学生多为平时涣散、考前突击的状态。“能有效利用网络，每日上网时间有明确限制且不超过 3 小时”的选择上，仅有 20.19%的学生选择非常符合个人情况，很多大学生陷于网络的自娱中无法自拔，甚至课堂上、吃饭时、如厕时……时刻手机不离视线。

学习创新能力包括学习能力与创新能力，9、11、16 三题属于这一范畴。72.11%的学生选择“会经常对自己的学习进度和学习效果进行反思”符合个人情况。50.25%的学生能做到“经常与同学们交流学习心得，取长补短”。35.21%的学生选择“喜欢学习新知识，有一定的创新思维与能力”非常符合个人情况。可见，在学习创新方面，绝大多数大学生能明确作为学生的本职所在，并着力提高个人学习能力与创新思维。

优势与效能管理是一对相互作用、不可分割的整体，效能的出现建立在优势基础之上，大学生想要达到一定的工作效能，前提是充分发挥个人优势，此内容包括 10 和 14 题。50.35%的学生选择“对自己的专业知识很感兴趣，并了解专业发展方向”比较符合个人情况。56.25%的学生认为可以做到“了解个人优势与特长，能准确定位、客观评价自我”。结合访谈结果，不难发现，大多数学生可以客观评价自己的优势与效能，但整体而言优势与效能不明显，这会导致他们从内心角度自信心不足，发展受到一定限制。

沟通管理和人际关系管理二者关系密切，共同存在于人际交往中，良好的沟通能力与和谐的人际关系是大学生走向成功的重要环境因素，涵盖问卷中 17～24 题。77.39%的学生认为自己“善于在他人面前表达个人情感，合理提出个人想法”。90.76%的大学生选择“通过网络或手机经常与同学、朋友、亲戚联系交流”。汇总问卷得分不难发现，当今大学生在人际交往方面表现不错，这与其经常利用 QQ、微信、飞信等即时通软件相互联系，密不可分。

分析当今大学生自我管理的外在表现可以发现，大学生在学习创新能力的积累方面有一定的优势，大多数学生可以客观评价自身的优势与效能，合理处理人际关系并具有较强的沟通能力。然而，在目标管理和职业规划方面却极为模糊，部分学生能明确未来发展方向，树立合理的发展目标，但大多数学生属于“做一天和尚撞一天钟”的状态，缺乏居安思危的意识，对于自己的闲暇时间没有合理的规划与利用，大学生活多在乏味无趣、无所事事的状态中度过。

（3）隐性要素影响下大学生自我管理的表现

大学生自我管理的内在表现要从影响大学生自我管理的隐性要素入手来

分析，隐性要素包括情绪管理和价值观两方面，这是不容易被人察觉发现的。在调查问卷的设计中笔者着重从自我认知、自我调控、自我激励、认知他人四方面选择题目，以反馈大学生在情绪管理方面的具体表现。下文将根据问卷调研数据着重从情绪管理和价值观角度分析大学生自我管理的内在表现。

情绪是一个人的内心活动，情绪管理是培养一个人驾驭情绪的能力，笔者从四方面分析大学生的情绪管理现状。其中，情绪管理的自我认知部分包括题目 25～26，自我调控部分包括题目 27～28，自我激励部分包括题目 29～30，题目 31～32 属认知他人范畴。通过调查数据统计分析可知，79.32%的大学生认为“对自己的性格、兴趣爱好、适合从事的职业有客观的认识”符合个人实际；“你经常和老师、同学交流，寻求他们对你的评价”一题中，仅有 23.13%的学生选择与自己的情况不符。可见，90 后的大学生有较好的自我认知能力，大多数学生能客观、公正地评价自己。在自我调控方面，仅有 20.1%的大学生认为“在班级或学生会公开竞选中失利，你能很快调整好心态并继续努力”符合个人实际，78.05%的大学生表示做不到“遭同学言语攻击，你会平复心情后以理服人”，可见当今大学生群体，特别是独生子女人数居多的情况下，很多学生不能很好地控制自己的情绪，大多数学生面对语言攻击或行动失利都不能做到坦然应对。在自我激励方面，“当完成有困难的学习任务时会给自己一些奖励”一题中，只有 43.17%的学生选择“非常符合”或“比较符合”或“基本符合”；“身处挫败中总会暗暗告诉自己：‘莫找理由失败，只找理由成功’”一题中，63.07%的学生选择“较不符合”“完全不符”。在自我激励方面，很多大学生不重视甚至忽略激励的作用，导致大学生的发展进步缺乏动力源泉。在认知他人方面，“你能看到别人身上的优势与特长，对别人取得的成绩能予以肯定”一题，67.22%的大学生选择符合个人实际；题目“遇事不盲目下决定，能做到听其言而观其行”中，有 70.12%的大学生表示与自身不符。由此可知，90 后大学生率真、单纯的性格导致他们在认知他人方面较为欠缺，遇事往往固执己见、一意孤行，缺乏敏锐的甄别力和团队协作精神。综上分析，当今大学生虽具有一定的自我认知能力，但在自我调控和自我激励方面比较欠缺，对于他人亦缺乏客观的认知与评价。

价值观管理是使大学生去追求有意义、有价值的人生。在价值观管理方面，问卷涉及 33～40 共 8 道题目。“和谐校园的建立，需要从自身做起弘扬社会主义核心价值观”一题的选择上，88.17%的学生认为符合自身情况，“对于党中央的‘八项规定’、反对‘四风’等一系列反腐倡廉的举措，你坚决拥护”一题 90.09%的学生支持拥护。可见，90 后大学生在宏观价值观导向上积极且正确，普遍具有大局意识和较强的爱国主义情感。在“听到雅安地震或看到贫困儿童捐助仪式，你会慷慨解囊，尽自己绵薄之力”的问题中，78.04%的大学生选择符合个人实际，可知当今大学生普遍乐于助人、善良有爱、有责任担当。在“网络中的不正当言论，你敢于揭示问题还原本相”一题里，仅有 13.75%的大学生选择符合个人情况；在“你认为在大学里，争取加入中国共产党，就是为了更好地为人民服务”一题的选择上，60.68%的大学生选择“比较不符”“完全不符”。由此可知，当今大学生虽主流价值取向积极向上，但具体到细节方面大多数学生的价值观偏于显浅层面，缺乏真正的高度，认知与行为有脱节现象。

3.2.3 大学生自我管理问题的成因①

根据问卷调研结果的数据分析，不难发现当内外渗透作用下大学生自我管理的现状与问题暴露无遗。如今，我国大学生群体多为 90 后青年，他们具有一定的学习创新能力，能客观评价自己的优势与效能，具有较强的沟通能力，比较重视人际关系的管理，有较浓厚的爱国主义情感、乐于助人、有一定的责任担当。与此同时，他们在自我管理方面的问题亦非常突出，虽有一定的自我认知能力，但在自我调控与自我激励方面明显不足；常常以自我为中心，缺乏认知他人的能力；主流价值取向虽积极向上，但具体价值标准偏于浅显层面，认知与行为脱节；目标与职业规划模糊，缺乏目标管理意识；不能合理利用、有效管理时间，特别是新媒体时代，大学生对于网络缺乏应有的自控力。造成大学生自我管理能力相对低下的原因来自多方面，在此从社会、学校、家庭、大学生自身四个角度来分析当今大学生自我管理欠缺的原因。

（1）社会多元化的影响

随着经济全球化的迅猛发展，我国对外开放的程度也在不断加深，西方文

① 李宁.德鲁克自我管理哲学思想及其对大学生自我管理的启迪[D].秦皇岛:燕山大学,2015.

化以锐不可挡之势进入我国。文化冲突的尖锐，价值观念的变化，道德失范的加剧，使青年大学生在心理上产生一系列难以化解的矛盾，不知所措甚至无所适从。在这一系列社会因素的影响下，大学生的价值取向、价值判断、价值选择以及行为规范产生了不同程度的扭曲，面对个人主义和集体主义矛盾、经济价值和道义价值矛盾、现实生存和未来发展矛盾等选择时，他们往往会只在意当下、着眼于现实利益，出现个人利益至上、拜金主义严重等价值倾向。

另一方面，随着科技的进步，网络信息时代的到来，也加速了西方文化对大学生思想的渗透。据中国互联网信息中心的统计数字表明，我国上网用户中 21～35 岁的占 80%，其中大专以上学历的占 83%。这就是说，我国目前网民绝大多数是大学生，他们是网络中一个最活跃的群体。①在中国传统文化与西方外来文化的交锋中，不少青年大学生盲目追捧西方文化、学习西方思想观念、欢度西方民俗节日，致使不少学生以奢侈浪费、攀比炫富、崇尚空谈为炫耀的资本；在新媒体环境下，作为新媒体主力军的青年大学生，也不断受网络中的色情、暴力等因素的影响，出现诸如盗窃、抢劫、强奸等严重犯罪行为。社会环境的复杂、多元文化的冲击、新媒体的虚拟不可控是当今大学生自我管理能力欠缺的重要外部因素。

（2）学校自我管理教育的滞后

首先，学生在进入大学前，长期处于家庭、学校两点一线的教育模式，他们已经习惯了老师的谆谆教导、亲力亲为，凡事习惯听命于老师的调遣，对于老师的话视为金科玉律，缺乏独立思考的能力，这种保姆式的管理让学生们极少思考行为的对错真伪，使得他们缺乏基本的自我管理能力；进入大学后，摆脱了以前管理的束缚，面对相对自由的环境，缺少了教师的严格监管，不少学生放任自由，自我管理更是无从谈起。

其次，中国传统的教育一直以应试为主，以升学为目标，对于学生的自我管理教育重视不够，近些年虽提倡由应试教育向素质教育改革，但现实依然是维持“升学率高则一俊遮百丑”的状况，从进入校园起，便进入了“重分数、升学，轻能力、素质”的怪圈。

---

① 李宁.浅谈以网络为载体的大学生思想政治教育工作[J].科技创新导报,2010（14）:175.

再次，学校给学生提供的锻炼平台少。受传统应试教育的束缚，学生缺乏足够的实践空间。学生们的重点仅在于知识的学习、考试的成绩，而往往忽视对于个人素质的提升，学生大多认为参与实践活动、担任班级干部就是浪费时间，影响学习，殊不知人的能力特别是自我管理能力的提升恰恰需要这些实践锻炼、责任担当。

（3）家庭自我管理教育的缺失

如果说家庭教育是孩子终身教育的主题，那么父母便是家庭教育的核心，家庭教育决定着孩子的性格养成、行为习惯。良好的家庭教育是让孩子更好地学会求知、学会做事、学会相处、学会做人。然而在我们现在的家庭教育中，父母往往忽略了培养孩子“四会”的能力。当今大学生的家庭多为独生子女家庭，父母对于子女的宠爱更是有过之而无不及，凡是能帮子女做的父母均一一代劳，殊不知孩子自我能力的培养在父母的娇生惯养下全然泯灭，对于父母的过分依赖使得孩子无法真正独立。

另一方面，父母的教育观念落后也是导致当今大学生缺乏自我管理的重要原因。不少父母把自己未达成的心愿强加于子女身上，希望在子女身上能够实现，因此家庭教育中父母力求孩子达到“驯服听话、考试高分”的标准，无情地剥夺孩子爱玩的天性、交友的空间，在这样的高压管理态势下孩子往往逆反心理严重，或者急功近利倾向显著，如此的管理导致的结果就是孩子不愿意和父母沟通，为了躲避父母的监视，便出现了一种称为“火星文”的网络语言，以此来保护个人隐私。由此可见，干涉型、溺爱型、过分保护型的家庭教育均不利于孩子的成长，在这样的家庭教育下，孩子的自我管理能力将日渐低下。

（4）大学生自我管理能动性不足

进入大学后，不少学生由于失去了高考的指挥棒，缺少了老师家长的束缚，瞬间失去了前进的动力，大学生活变得无目标无方向，一系列问题接踵而至。面对大学高速的学习进度，不少学生缺乏努力的动力；面对大学的集体生活，不少学生过分自我而被大家孤立；面对大量的闲暇时间，不懂得合理利用任时间流逝；面对网络的巨大吸引力，深陷其中无法自拔。大学里对于学习、生活、工作等方面缺乏能动性的学生，将会由于新环境的不适应、理想与现实差距悬殊而感到孤独抑郁；对于集体生活的同学不接纳、自己的威慑力不如想象中那般大而倍感失落沮丧；缺乏生活的独立性、总担心自己不如别人而处于紧张焦虑之中；对自己缺乏信心、对周围人与事又不太满意而感到空虚倦怠。这一系列负面情绪导致的结果就是学习成绩一落千丈，生活陷入盲目之中，大学四年碌碌无为，究其原因，仍然是缺乏有效的自我管理。

3.3 德鲁克自我管理思想的评价与启迪[①]

德鲁克的自我管理思想是在一定历史条件下产生并不断发展完善的，它符合马克思主义哲学的基本要求，并具有很强的应用价值，也一定能够接受历史的考验，成为管理的新范式。

3.3.1 德鲁克自我管理思想的合理性

德鲁克自我管理哲学思想体现了马克思主义的自由观。自由——人类发展的最高追求，渴望自由构成了人类孜孜以求的梦想。在克服旧唯物论和唯心主义片面性的基础上，马克思主义哲学提出了科学的自由观。

首先，自由是人的主动性与被动性的统一。“人不是由于有逃避某种事物的消极力量，而是由于有表现本身的真正个性的积极力量才得到自由。”[②]人作为自然、社会的存在物，其生命活动无疑要受到自然、社会等条件的制约和限制，但同时人又是有主观能动性的，是二者的统一体。

其次，自由体现了必然性与偶然性的统一。必然性是事物发展过程中不可避免的趋势，偶然性则是事物发展过程中的一种可能趋势。必然性实现的具体形式与途径是各种各样的，它要通过大量的偶然性表现出来，人只有在必然性提供的范围内进行选择才有自由。正如恩格斯所说：“只有本身包含着必然性的那种自由才是真正的自由；而且，这种自由是真理，是必然性的合乎理性。”[③]

最后，自由体现了个人与社会的统一。“人们每次都不是在他们关于人的理想所决定和所容许的范围之内，而是在现有的生产力所决定和所容许的范围

① 李宁.德鲁克自我管理哲学思想及其对大学生自我管理的启迪[D].秦皇岛:燕山大学,2015.
② 马克思,恩格斯.马克思恩格斯全集：第 2 卷[M]. 北京：人民出版社,1957:167.
③ 马克思,恩格斯.马克思恩格斯全集：第 41 卷[M]. 北京:人民出版社,1982:264.

之内取得自由的。”[①]因此，自由并不是随心所欲，是特定社会历史条件下的产物，是历史的、具体的。社会是人的社会，人是社会的人，个人要在社会中获得自由，必须坚持个人与社会、个人与国家的统一，这是人获得自由的必要条件。自我管理作为一种主体性的实践活动，体现了人追求自由所具有的自觉和自愿的主体价值，实现了人的权利意识。人的自我管理需要一定的自由空间，这样才能在自己的岗位上学会自我选择、自我控制、自我调节，发挥主体性，实现主体价值。

德鲁克自我管理的思想体现了人的主体价值的实现。管理从根本上说是人的管理和对人的管理，它体现了人类在认识世界、改造世界过程中的一种价值追求。“管理活动作为人类社会生活中最基本的实践活动之一，不仅涉及实现组织目标的方法、手段、途径等科学问题，而且是一个关涉人的价值、价值观念、人生意义、对人的认识与理解和如何实现人生价值的哲学问题，更是关涉每个人在有限的生命过程中生存、发展与实现自我价值的问题。”[②]自我管理以人的主体性为基础，既是人的主体性发展的内在要求，亦是人的主体价值的实现形式。通过自我管理，每个人都可以积极主动地完成工作，并在工作中发挥个人的聪明才智和创造性，自我管理的过程是最大限度发挥自身潜能的过程，也是全面实现人的主体价值的过程。

3.3.2 德鲁克自我管理思想的价值性

德鲁克认为，每一家企业都拥有各类掌握不同技能和知识的员工，他们从事着各种互不相同的工作，这些不同的工作需要员工互相交流和各自承担责任才能得以完成。这种责任感与自我管理相辅相成，互相促进发展，有效的自我管理会促进管理者主动承担责任，无效的自我管理则很有可能使其推卸责任。由此可知，自由选择与责任担当是密切联系的，知识经济时代人的自我管理一方面表现为人发挥自由性和创造性的潜能，同时也要承担相应的社会责任，这样人之为人的主体价值才能得以最大程度的发挥。

第一，有效的自我管理是时代发展的需要。在知识经济时代，人的主体性

① 马克思，恩格斯.马克思恩格斯全集：第 3 卷[M]. 北京：人民出版社,1960:507.
② 冯军.管理价值研究[M].北京:中国社会科学出版社,2006:2.

获得了前所未有的发展，主体精神得以弘扬，主体价值得到实现，自我管理是这一时代主体的根本存在方式。知识经济时代的自我管理，彰显了人的主体性，人们享有自我管理、自我完善、自我发展的自主性和能动性，这一自主性使我们可以在工作岗位上实现自主选择、自我控制以及自我调节，从而更好地成为自然、社会与自身的主人，更好地发挥个人自主性。然而，真正的自由并不是随心所欲、为所欲为，在享受自由与权利的同时也需要承担相应的责任与义务。“人的社会性超越了低等动物趋利避害的本能，使得人有责任感、情义和使命。”① 因此，在社会生活中，人必须为自己的行为承担相应的责任。

第二，有效的自我管理是人的全面发展的需要。人的全面发展是马克思主义哲学的终极关怀，这是建立在人的需要得以满足，人的个性自由发展，人的社会关系和谐进步基础之上的。从马克思有关人的全面发展的思想中，我们认识到，人的全面发展事实上就是每个人在活动、能力、社会关系等方面全面、自由而充分地发展。西方马克思主义者弗罗姆说：“人只有充分表现了自己，当他充分利用了他自己的能量时，人才会生存。如果他不这样做，如果他的生活只是由占有和使用而不是由生存构成，那么，他就是退化的；他变成了一件东西；他的生命就无意义了。”② 没有个人的自我管理与自我实现，个人被封闭在一定的条条框框里，就永远是自在的存在物，而不可能成为自为的存在物。只有自为的存在物才能在不断的创造性的过程中，总结过去、立足现实、展望未来，才能实现人的全面发展。人类生存和发展的过程，事实上就是每个人通过有效的自我管理来改造自然界、人类社会以及个人能力的过程，最终满足自己发展的需要的主体性实践活动。

第三，有效的自我管理是构建和谐社会的需要。从社会学角度看，所谓和谐社会就是良性运行的社会。实现和谐社会需要四个条件：一是社会的管理控制体系能够发挥作用，二是文化中的核心价值观念有凝聚力，三是不同利益群体的需要能够得到满足，四是社会成员具有流动的途径。从上可知，社会学对和谐社会的探讨主要从宏观领域展开，这是必要的，但不是全部。和谐社会的实现除宏观领域外，也离不开微观机制的研究，或者说，和谐社会就存在于个人自我管理与

① 齐善鸿. 精神管理[M].北京:中国经济出版社,2002:67-68.
② [美]埃里希•弗罗姆.生命之歌[M].王大鹏,译.北京:国际文化出版公司,2001:18.

社会管理的有机统一中。这两种管理缺少任一个，和谐社会都无法实现。有效的自我管理对社会的物质文明、政治文明以及精神文明都有积极的意义，自我管理的社会价值不只体现在对各领域的促进上，还体现在对整个社会的整合上。

3.3.3 德鲁克自我管理思想的启迪性

德鲁克自我管理的哲学思想与大学生思想政治教育理念可以说有一脉相通之处，都是期冀从人生观、价值观角度管理与发展自我；从充分地了解自我、发现自我优势出发培养有责任担当、有历史使命的社会主义接班人；以衡量个人贡献大小作为评价其社会价值的标准。德鲁克的自我管理思想更是给思想政治教育提供了新的方法与借鉴经验，可以弥补现有思想政治教育工作中的很多不足。本章将重点探讨德鲁克自我管理哲学思想给大学生自我管理提供的新视角、新方法。

（1）充分了解自我

唯物辩证法认为，事物的发展是内外因共同作用的结果。内因是事物变化发展的根据，外因是事物变化发展的条件，外因通过内因而起作用。这告诉我们观察事物、分析问题不能忽略内因的重要作用。大学生通过对自我的充分了解，才能逐渐完善自我意识，并通过自我意识建树主体意识。“大学生的主体意识包括主动性、自主性、理智性、创造性，只有大学生的主体意识得到了有效激发，大学生才更加能够、愿意并乐于投入自我管理之中。”① 扬长避短，自我优化。德鲁克在自我管理思想中首先提出的就是弄清“我是谁”“我的优势是什么”的问题。大学生提高自我管理能力，也要从充分地了解自我入手，了解自我要做到了解自身的长处、了解自我的归属、了解自我的目标。

德鲁克在《21 世纪的管理挑战》中告诉我们：“人们只能在工作中发挥自己的长处，而不能靠短处创造绩效，更不用说靠根本就不存在的能力创造绩效了。”② 这说明德鲁克非常重视“我的优势是什么”这一问题。对于大学生而言，想要实现自己的梦想，做好自我的管理是相当重要的一环，其中就包括认识自己的优缺点，特别是发现自身优点和长处，因为只有从自己的优势和长处

---

① 陈大勇.思想政治教育中大学生自我管理策略[J].沈阳师范大学学报（社会科学版），2013（6）:53.

② [美]彼得•德鲁克.21 世纪的管理挑战（珍藏版）[M].朱雁斌，译.北京:机械工业出版社，2009:164.

出发，扬长避短，才能够把工作做好。换句话说，只去做自己最擅长的事，一个人如果不能按照自己最擅长的方式去做自己最擅长的事情，就注定了此生业绩平庸。德鲁克提出反馈分析法让我们了解自身长处，这一方法前文中已具体阐述，在我们做决策、采取措施前，先把希望看到的结果写下来，在之后的一年中，将实际结果与预期进行对比，这种简单的方法持之以恒地坚持两三年时间，就能显示出个人的优点与缺点。大学生在学习、工作、生活中可以采用反馈分析法，逐渐发现自己不具有的优势和不能涉足的领域，集中精力发挥个人的优势所在，并通过学习和实践不断增强个人优势，同时明确什么是不要做的事情，在改进弱点上，可以尽可能少地浪费精力。

归属可以理解为归附从属，了解自己的归属实际上就是德鲁克所谓的“我属于哪里”的问题。德鲁克认为，大多数人无法在职业生涯的初期做出自己属于哪里的决定，但随着对自己优势的了解，知道自己的做事方式，认识自己的价值观，此时便可以决定自己所属的位置，更确切地说，应该能够决定不属于哪里。①大学生提高自我管理能力，在事业发展的道路上平步青云，明确自己的归属亦非常重要。德鲁克曾经是伦敦一家国际银行的经济学家，这是令很多人都艳羡的职位，但他清楚这不是他的归属，于是毅然决然地辞去了银行的工作，找寻自己的真正归属——管理学领域，这也是德鲁克成就卓越人生的法宝。大学生在步入社会前也要明确个人归属，如果清楚自己进入大型组织无法发挥个人作用，那即便有机会进入，也要勇于说“不”。

拿破仑曾经说过：“凡事都要有统一和决断，因此成功不站在自信的一方，而站在有计划的一方。”②目标是进行自我管理的动力，目标是激发个人潜能的助推器。大学生要想在今后的工作中取得成就，预先设立目标必不可少。一个平衡和谐的人生目标系统，包括个人发展、事业经济、兴趣爱好、和谐关系。大学生在人生道路上，要围绕以上四个方面制定长远目标和近期目标。长远目标是自己日后整个人生努力的方向，也就是梦想。近期目标是每年、每月、每周甚至每天应达到的目标。大学生树立人生目标，可以从实现小目标开始，为

---

① [美]彼得•德鲁克.21 世纪的管理挑战（珍藏版）[M].朱雁斌,译.北京:机械工业出版社,2009:157.

② 宋振杰.自我管理[M].北京:北京大学出版社, 2006: 36.

自己每天制定一个日计划。每天，在清晨或是夜晚写下自己的日计划，并且检查前一天所完成的情况，对比与周计划的吻合程度。累计一个月后，检查已做的事情是否与月计划相吻合，以此类推，检查季度计划完成情况，每年又将所做的事情与人生目标比对看是否相吻合。在每一个目标达成后，给予自己应有的奖励，同时并不满足现状，相信下一次目标的实现会更好。

（2）要对自己负责

“对自己负责”与其说是一个管理哲学观念，不如说更是一个伦理学观念，是自我道德、自我伦理在自我管理上的体现。德鲁克说过“重视自己的责任，我们就能够更加看重自己。这既不是虚荣也不是骄傲，而是自尊和自信。”[①]大学生在走向成功的路上，不要为自己找任何理由，一定要学会有效的自我管理。因为，能对我们职业发展负责任的，也只有我们自己！大学生要对自己负责，就要确立合理的价值观念、懂得自己应该贡献什么、为自己的成长负起责任。

自我管理是“通过自我设计、自我学习、自我协调与自我控制等过程，实现个体自我价值和全面发展的行为，包括自我学习管理、自我时间管理、自我行为管理和自我心理管理”。[②]价值观是一个人的人生追求，是选择有意义、有价值的人生的导航。价值观是人生理想和经验的过滤器，它决定了什么对我们而言是最重要的，什么又是不重要的；什么是我们最看重和最珍惜的，什么是不屑一顾的。当我们知晓自己的价值观念，那就要让自己的价值观念尽量与组织匹配，共命运才有希望同发展。德鲁克说，“组织必须有自己的价值观，而组织的成员也是如此。为了能够在组织中发挥效能，组织成员的价值观必须与组织的价值观相容，但不必相同。两者的价值观必须紧密相关，从而能够共存。否则，组织的成员就会有挫折感，而且会缺乏成效。”[③]要树立合理的价值观，德鲁克教授我们使用“镜像检验法”，当我们每天早晨照镜子时，希望看到镜子里是什么类型的人。人生快乐的源泉是按照自己的价值标准过日子，我们的幸福指数取决于所作所为是否偏离了自己的信念。大学生选择工作是为了有更

① [美]彼得•德鲁克.个人的管理[M].沈国华,译.上海:上海财经大学出版社,2003:282.

② 王玉生.德鲁克对人性的洞察及其对社会管理的启示[J]. 广西社会主义学院学报,2011（2）:78.

③ [美]彼得•德鲁克.个人的管理[M].沈国华,译.上海:上海财经大学出版社,2003:152.

多的学习发展空间，还是为了获得更多的报酬与金钱，抑或是为了面对挑战、发挥个人潜能，也许还是为了享有更多闲暇时间、娱乐身心等，价值取向不同人生选择就会各异，不同的价值观造就了不同的人生道路。大学生确立合理的价值观念，首先要明确自己以什么为重心，明确人生的真正追求。

德鲁克曾经说过，“讲究效能的人必然注重贡献。”“注重贡献的人会把自己的注意力从自己的专业、涉及面狭窄的技能和本部门转向整体业绩和外部世界——产生成果的唯一场合。”① 简言之，一个人的发展不能仅局限于个人领域，而要着眼于整个企业的发展，立足长远；能放眼于贡献的人也在潜移默化中影响与其共事的其他人的视野，从侧面让他们也提高对自身的要求。大学生在今后的工作中也要不断自问：“我所做的贡献能否对我任职组织的业绩和成果产生意义深远的影响？”② 能注重个人贡献、对结果负责的人，才能够为组织的整体发展肩负责任，即便入职时职位很低，终究一日会跻身于高级管理者的行列；而只注重过程、过分强调自己对下属的权利的人，终有被他人取代的一天。大学生若能自问“我能贡献什么”，就说明他们有意识挖掘在工作中尚未利用的潜能；若做不到自问“我能贡献什么”，那工作中势必会将目标定位很低，甚至出现定错目标的情况。注重贡献本身就是催人上进的强大力量，大学生想拥有美好前程，必须懂得自己应该贡献什么，并尽心尽职有效地工作。

德鲁克在《个人的管理》一书中不止一次提到对自己负责任，“个人，尤其是有知识的人，倘若想要保持自己的效能，并且不断成长、进取，那么就应该对自己的发展和职业定位负责。”③ “个人发展的责任应该成为自我发展的责任。个人职业定位的责任应该成为自我职业定位的责任。”④ “你只能使自己富有成效，而无法使别人富有成效。你对自己供职的非营利性组织的首要责任，就是保证为组织——也为你自己——做出最大的贡献。”⑤德鲁克强调对自己负责的理念对当今大学生有重要的启示作用。大学生有且只能由自己定位自我发展和职业定位的责

① [美]彼得•德鲁克.个人的管理[M].沈国华,译.上海:上海财经大学出版社,2003:109-110.

② 罗仕国.德鲁克关于知识劳动者的个人管理思想述评[J].科技管理研究,2013（3）:142.

③ [美]彼得•德鲁克.个人的管理[M].沈国华,译.上海:上海财经大学出版社,2003:139-140.

④ 王玉生.德鲁克对人性的洞察及其对社会管理的启示[J]. 广西社会主义学院学报,2011（2）:78.

⑤ [美]彼得•德鲁克.个人的管理[M].沈国华,译.上海:上海财经大学出版社,2003:280-281.

任，任何人无法替代之。大学生要对自己的成长负起责任，首先要回答以下问题：我目前需要承担哪些责任？我现在能胜任哪些工作？我又需要积累哪些经验，掌握哪些知识与本领？[①]在个人基本明晰了以上问题之后，便可以根据个人长处、能力和绩效的外部评价做出决策。对于大学生而言，自我发展意味着既增长才干又增长个人价值；重视自己的责任，就预示着能够更加重视自己。当大学生具备了强烈的责任感，并懂得对自己的成长负起责任，那离成功就更近了一步。

（3）提高自我管理效能

依据唯物史观基本原理，提高自我管理效能，是人类自我认知、自我调控、自我改造的过程，也是人类获得自身解放的过程。对当代大学生而言，自我管理是一项艰巨的任务。大学生无论是当下处于学校中还是将来步入社会里，他们成长过程中最困难、最重要的就是要学会有效地管理自己，真正地学会管理自己，还需要切实提高自我管理效能。根据德鲁克自我管理的哲学思想，提高大学生自我管理效能，要从学习如何学习、进行卓有成效的沟通和做人生有效的决策三个方面努力。

第一，学习如何学习。要帮助大学生“学习如何学习”，首先需要明确应该“如何学习”。德鲁克说过“学习有开始的时候，但却永无止境。”“学习的最大好处不在于学到新的东西，而是把我们已经会做的事做得更好。”[②] 知识经济时代，要想成为强者，更需要不断的学习，那应该如何学习呢？汇总德鲁克自我管理的思想，笔者将如何学习的途径分为：发现适合自己的学习方式、有效管理时间、培养学习创新精神、正确利用网络资源。德鲁克在《21 世纪的管理挑战》中提到“学习的方式多种多样，有人通过记大量笔记学习，有人通过让别人倾听自己说话进行学习，有人通过写作学习，有人边做事边学习。”[③] 可见，学习的方式多种多样，那究竟哪一种学习方式适合自己，这需要大学生在漫长的学习生涯中总结发现并继承下去。找寻适合自己的学习方式，才能使学习效率不断提高，才能提升职业竞争力。德鲁克说过“所有讲究效能的人士都

① 罗仕国.德鲁克关于知识劳动者的个人管理思想述评[J].科技管理研究,2013（3）:144.

② [美]彼得•德鲁克.个人的管理[M].沈国华,译.上海:上海财经大学出版社,2003:84.

③ [美]彼得•德鲁克.21 世纪的管理挑战（珍藏版）[M].朱雁斌,译.北京:机械工业出版社,2009:152.

会对时间管理常抓不懈。他们不但会坚持做不间断的记录，定期对自己的日程安排进行分析，而且会根据自己对可酌情支配时间的判断，自己规定重要工作的最后完成期限。”① 德鲁克的理念启示我们，要有效地管理时间，首先需要知道我们的时间都去哪了，这通过对时间的记录可实现；对记录的时间去向定期分析，消除浪费时间的因素；对时间进行整合，把有限的时间用在最有意义、最有贡献的重要任务上。大学生现阶段进行时间管理，可以重点采用“日清管理法”，属于当天的目标和计划，决不允许拖到第二天完成，日事日毕、日清日高。大学生学会学习，要从有效的管理时间做起，珍惜时间就是珍惜生命。在《个人的管理》中，德鲁克告诉我们“创新是无法复制的，也不能传授和学习。”② 没有学习力就没有生命力，没有学习力就没有竞争力，所以大学生想要使自己永葆才华、富有竞争力，那必然要学会学习；学会学习，也是为了创新。不少学生受思维定势的局限，习惯于按照书上的框框、别人的模式、过去的套路行事，平日里不敢想、害怕做、不敢为，这在很大程度上限制了青年大学生的发展。“坚持理论学习、创新思维与社会实践相统一，坚持向实践学习、向人民群众学习，是大学生成长成才的必由之路”。③ 大学生要想卓越、成就出彩人生，创新思维的培养必不可少。创新源于生活中的细致观察、点滴发现，大学生培养创新思维可以经常多问自己几个“为什么”，大声说出自己的想法，随时记录创新的灵感，换一种角度看问题。当今社会处于信息爆炸的时代，互联网以其无与伦比的优势影响着人们的学习、工作、生活，处于时代前沿的大学生也难以抵御网络的强大诱惑。德鲁克的《下一个社会的管理》一书在 10 多年前就预见了网络信息时代的到来，同时精准而深刻地提出了互联网给人类社会所带来的冲击。互联网凭借其虚拟性、即时性、交互性等优点契合了大学生的需求，并潜移默化地影响着大学生的思想认知、道德情感、行为习惯。大学生面对互联网要发挥其优势，善于从网上学习，同时增强自护意识。

① [美]彼得•德鲁克.21 世纪的管理挑战（珍藏版）[M].朱雁斌,译.北京:机械工业出版社,2009:175.

② [美]彼得•德鲁克.21 世纪的管理挑战（珍藏版）[M].朱雁斌,译.北京:机械工业出版社,2009:248.

③ 孙建伟，贾慧灵.对独立学院大学生自我管理与自我教育的思考和探索[J].湖北经济学院学报（人文社会科学版）,2014（1）:119.

第二，卓有成效的沟通。德鲁克在《个人的管理》一书中告诉我们卓有成效的沟通的重要性，以及有效沟通的 4 个基本原理。他说：“如今，我们更加关心沟通，也就是说，更加希望与别人交流，并且大量使用沟通手段。”他告诉我们有效沟通要遵循以下 4 个原理：沟通就是感知；沟通就是期望；沟通需要一定的条件；沟通不同于信息传递。① 沟通是人生活在这个社会上所应具备的基本能力，沟通并不仅仅靠语言来表达，还需要表情、手势、眼神等肢体语言的辅助。新东方创始人俞敏洪曾说过：“一个会交流沟通的人，你会发现他在语言上没有太多的话语，但他的几句话就能说到人的心里去，让人感觉很舒服。”可见，良好的沟通是表达自己思想和情感的合理渠道、是获得别人理解与支持的有效方式、是建立良好人际关系的关键所在，大学生提高自我管理的效能，也要重视沟通的作用和方式。大学生如何做到有效沟通？有效沟通的关键一是有效表达，有效的表达就是在合适的时间、适宜的场合通过有效的信息发送方式，将准确的沟通内容传递给沟通的对象，以上五方面因素都必须兼顾到。有效沟通的关键二是用心倾听，用心倾听要做到换位思考、理解对方的思想与感受；用心倾听要给予对方足够的尊重，全神贯注地听，并保持视线接触；用心倾听要让对方知道你在听，同时给予适当的回应。有效沟通的关键三是积极反馈，反馈要针对对方的需求，可以是正面反馈，抑或是建设性反馈，反馈要就事论事，不伤害对方的人格尊严。大学生谨记以上三点法宝，才能在领导、同事、下属间游刃有余，建立良好的人际关系。

第三，有效的人生决策。在《个人的管理》中，德鲁克详细讲述了有效决策，“讲究效能的人士不会同时进行多项决策，而是集中精力于重要的决策。”“讲究效能的人心里明白什么时候决策应该基于原则，什么时候决策要讲究实际价值和实用效果。”② 德鲁克关于有效决策的理论对青年大学生很是受用，大学生应该养成善于思考、理性选择的习惯。古人推崇“凡事谋定而后动”说的也是这个道理，“谋”就是我们说的科学的决策。大学生若要提高决策的精

① [美]彼得•德鲁克.21 世纪的管理挑战（珍藏版）[M].朱雁斌,译.北京:机械工业出版社,2009:216-217.

② [美]彼得•德鲁克.21 世纪的管理挑战（珍藏版）[M].朱雁斌,译.北京:机械工业出版社,2009:191.

准性，需要做到以下几点：首先，充分了解情况，要有一种“我能行”的自信；其次，要反复检查即将要做的决定，尽可能发现不合理的情况；再次，研究前人的行动以及吸取他们成功或失败的教训；从次，要勇于承担全部的责任；最后，要敢于挑战自己的智慧，做自己以前不敢做的事情。大学生通过潜心学习、悉心积累，在机会出现时果断地做出决策，相信会有一鸣惊人之时。

在此，我们不单单讨论大学生如何在工作中做出有效的决策，更想探讨大学生如何做出适合自己的人生决策。人生决策事实上是为了达到人生目标，从两个或多个可行方案中选择最合适方案的判断过程，也可以理解成确立自己的职业生涯。职业生涯的成功是大学生人生目标的实现，大学生做有效的人生决策，规划个人的职业生涯，要厘清以下问题：一是我的兴趣爱好是什么，这是大学生获得动力的源泉；二是，我最擅长的是什么，这是最大程度发挥个人空间的优势领域；三是环境允许我做什么，这是抓住职场机会必须考虑的外部条件；四是社会需要什么，这是与时俱进、不被社会淘汰的必要抉择；五是我需要什么，这是实现内心深处职业锚的真实需求；六是结果如何，人需要不断审视、适时调整职业规划。大学生做出有效的人生决策，选择适合自己的职业规划，才能够在问题出现时不会感到迷惘和困惑，才能够做出属于自己心灵的决策。

第 4 章　大学生自我意识发展与自我管理

自我意识是对自己身心活动的觉察，即自己对自己的认识，具体包括认识自己的生理状况（如身高、体重、体态等）、心理特征（如兴趣、能力、气质、性格等）以及自己与他人的关系（如自己与周围人们相处的关系，自己在集体中的位置与作用等）。自我意识具有精神性、社会性、能动性、同一性等特点。自我意识的结构包括三个层次，即知、情、意三方面，由自我认知、自我体验和自我调节（或自我控制）三个子系统构成。自我意识是大学生个性心理的重要组成部分，它在人的自我评价和自身发展中起着重要作用；了解大学生自我意识的发生、主要表现和发展的规律与矛盾，对于塑造大学生健全的自我意识，使他们积极主动地认识自我，提高自我管理能力，不断完善自我，具有十分重要的意义。

4.1 大学生自我意识结构与发展

自我意识是人对自己以及自己与周围环境关系的认识，包括对自己存在的认识以及对个体身体、心理、社会特征等方面的认识。这种认识是个体通过自我观察、分析外部活动及情境、社会比较等多种途径获得的，自我意识不是个别的心理机能，而是一个完整的多维度、多层次的心理系统自我和非我相对，有主体我和客体我之分，英语中的 I 和 Me 能很好地区分这一含义，前者主体我，用来表示我是什么，我做什么；作为宾语使用的 Me，表示怎样看待我，给我什么，则为客体我。

4.1.1 自我意识的心理结构

人不仅能认识自己以外的周围环境，而且也能认识自己。在这种情形下，自我被作为一个社会客体，像所有的客体一样，被社会定义。自我产生于相互作用中，在相互作用中得到定义，并不断地被重新定义。因此，自我像其他客体一样，有一个不断变化过程。如果说“客体我”是社会的我、客观的我，“主体我”便是自然的我、主观的我。“主体我”是一个人对社会情景做出的反应，是自我中积极主动的一面。把自己与自然界和其他社会成员区别开来，这是自我意识的最基本的特征，也是人和动物的最大区别。主体我和客体我的统一，个人对客体的认识与个人愿望的统一，个人和社会的统一，即“自我同一性”的形成，是良好自我意识的标志。

自我意识不是与生俱来的，是人所特有的一种复杂的心理现象，具有相对独立性，有其自身的发生、发展过程。由于自我是一个多因素、多层次的整体结构，它既包含生物的生理的因素，又包含社会的、心理的因素，因此，自我意识的内容和形式也必然是多种多样的。从结构上看，自我意识表现为自我认识、自我体验、自我控制三个方面。[①] “我是一个什么样的人?”“我为什么是这样一个人?”等问题属“自我认识”的范畴；以体验的形式表现出人对自己的态度，在同他人比较中评价自己，如“我是否满意自己”“我能否悦纳自己”等，统称为自我体验；“自我控制”则涉及个人对自己的行为活动的调节，自己对待他人和自己态度的调节等，如“我如何控制自己”，“我怎样成为那样一个人”等。这三方面的有机组合，便构成了一个人的自我意识。

从内容上看，自我意识又可分为生理自我、社会自我和心理自我三个层次。所谓生理自我，是指个人对自己身体的认识，包括占有感、支配感和爱护感，它是自我意识的最初形态。随着社会化的发展，个体习得社会经验和社会角色，意识到自己在社会关系、人际关系中的作用和地位以及自己所承担的社会义务和权利。这种个人对自己在社会中角色的意识，就是社会自我。与社会自我出现的同时，心理自我也形成和发展起来。所谓心理自我，就是个人对自己心理的意识。包括个人对自己的智力、性格、理想和行为等的意识，个人对自己的

① 黄希庭,徐风妹.大学生心理学[M].上海:上海人民出版社,1989:162.

生理的、社会的、心理的种种意识，也密切相连着，每一层次又都包含着不同的自我认识、自我体验、自我控制，比例和搭配的不同，构成了个体与个体自我意识之间的差异。也使得每个人都有自己的对人、对己、对社会的独特的看法和体验。

从形式上看，自我意识还可分为描述的自我意识和估价的自我意识两种，如“我是时代骄子”，“ 我很幸福”，“我在学校里学得很好”。估价的自我意识作为测量个体自我意识中情感方面的因素，对更加准确地描述个体的自我意识非常有意义，另外自我意识还有现实自我、镜中自我和理想自我三种类型之分。现实自我是个人从自己的立场出发，对自己目前的实际状况的看法；镜中自我是个人想象中他人对自己的看法；理想自我则是指个人想要达到完善的形象。三者之间可能会有距离和冲突，个体的某些心理问题也会因此而产生。

4.1.2 大学生自我意识的发展过程

几乎所有的心理学研究都在证明，在人生长的早期阶段自我认知能力就开始有所表现，但它不是与生俱来的，而是在后天的社会生活中通过学习而获得的，自我认知的发生和发展本身也是一个社会化过程。初生婴儿只有一些天生的固定的神经联系，他们的动作和周围环境刺激直接相联系，还不能把自己从环境中分离出来，他们完全在成人照料下生活和成长。随着年龄的增长，在与周围人们的交往中，观察别人的态度，关注别人对自己的评价和判断，并把这些印象内化、整合为自己的心理模式。

儿童把自己作为主体从客体中区分出来是个体自我认知发生的标志。在生理的自我意识阶段开始以前的婴儿还不能把自己从环境中区分开来，不知道自己身体各部位是属于自己的。他们对待自己的手指和脚如同玩具，举起手或脚自己观看，吸吮自己的手指就像吸吮自己身体以外的任何东西一样，真所谓“猪八戒啃猪蹄——不知自觉（脚）”。自我认知的形成和发展，是从能够感觉到自己身体和外界事物有区别开始的，是最初的主我与客我的分化。这时，婴儿接触玩具时能觉得它是身外之物，接触手和脚时能觉得是自身的，体会到自己的存在，这只是自我认知的萌芽。

有关研究发现，人对父母的镜中影像比对自己镜中的影像认识要早。8 个月的婴儿能关心镜中自己的形象，10 个月时能够自己转向自己在镜中的影像，但仍然不认识这是自己的影像。到了 1 岁 7 个月看照片时能确认自己，1 岁 8 个月时能区分同伴的照片，2 岁在看同伴照片的同时能够说出他的名字。根据这些研究说明，“你”的意识比“我”的意识发生得要早，“我”的意识从出生后的第二年才开始发生。此后，儿童逐渐明显地感到自己和父母或他人的不同，能把自己的东西和其他人相区别，意识到自己独立的空间。在与成人交往过程中，开始模仿父母或年长者的行为和作风，对周围环境对他们的限制或干涉有反抗意识。虽然此时自我认知还处于萌发阶段，但这已经是个体发展过程一个重大的飞跃，这种能力为他们接受环境影响和受教育提供了更大的可能性。

进入幼儿时期，儿童的自我评价能力开始发展。随着知识的增长和对周围事物的关心，母子关系进一步分化，能够把自己的行动对象化，自主性明显提高。在和同伴的交往和比较中，自我概念开始建立起来。个人在认识别人的品质时，就开始形成了对自己评价的能力，从依从性的评价发展到带有独立性的自己评价。最重要的是，这一时期，儿童习得了各种各样的行为准则，如果自己的行为不符合行为准则，就会感到不安。

儿童入学以后，随着交往的扩大和知识的学习，自我认知快速发展。儿童与同伴交往的比重增加了，与教师的关系成为他们生活中最关注的内容。在与同伴的比较和竞争中形成着自己的评价标准，萌发在幼儿身上的自我意识独立性继续增强。到小学三、四年级独立的自我评价有明显的发展，高年级的学生已能通过自我观察进行自我评价。低年级的学生是以具体行为和外部表现评价人，二、三年级的学生虽然仍以具体行为为主，但评价所涉及的内容和范围都有所扩大，在四年级以后开始从外部表现和内心品质来评价自己和他人。当然，小学低年级学生的评价能力很肤浅，也不全面，对别人的评价更多地是看别人的缺点。

青春期是人的自我意识发展的最关键的时期，这一时期自我认知发展速度是惊人的，是依据自我反思发现自我的时期。特别是随着第二性征出现和快速成熟，自我意识也在急剧变化。这个时期最明显的特点是关心自己身体特征和容貌，强烈关注周围的人对自己如何评价。对自己的信赖度随着年龄的增长而上升，对教师的信赖度则随年龄增长而下降。儿童逐渐从对父母的依赖关系中脱离开，开始形成独立的思想和价值判断标准，进入“心理断乳期”，开始“第二反抗期”。在心理上的急于独立倾向，使他们陷入新的欲求的产生而又不能得到满足的冲突中。一方面他们急于想把自主、独立变成志向，总觉得对父母的依从是一种压力和束缚，常有反抗的表示。但这一时期的青年，无论在经济上，还是在精神上或情绪上，都不能摆脱对父母的依赖。由于青年身心各种能力的显著发展，父母又不能完全满足他们内心世界的欲求，因此在同代人中选择知心朋友作为精神上的依托。当他们和父母发生意见分歧时，他们往往觉得同龄人或朋友更了解自己，更愿意听取他们的意见。

青年期是一个发展过程，在初中、高中、大学阶段，随着年龄发展，自我认知水平显著提高。进入高中后期和大学阶段，生活和学习等方面更富有独立性和计划性，自我认知的内容越来越丰富。能够从理性出发，进行自我分析，自我批判，自我否定，做任何事都有明确的目的性和计划性，有自己规定的行为准则，有强烈的讨论自己思想和确定自己理念的欲望。但是，青年情绪情感发展迅速，常常情绪冲动，自我认知活动容易情绪化。应该说，大学毕业阶段，青年的自我认知水平已经成熟起来，但缺乏实际生活经验，理想和现实的关系还存在很多冲突，很难给自己做出合理的职业生涯规划和人生定位。他们缺乏的是社会生活的历练，一旦他们走入社会，社会经验丰富起来，角色意识健全并贴近自己的实际，他们的自我认知可以说真正成熟起来了。

奥尔波特（G. Allport）把统一的自我称为“统我”（Proprium），认为“统我”是人格发展最高阶段的产物，是健康人格的内在组织者和所有内部特性的体现者。他根据“统我”的特征，把自我认知发展划分了八个阶段：0～1 岁对躯体的自我认识，1～2 岁自我同一感产生，2～3 岁自尊感的出现，3～4 岁自我扩展意识，4～6 岁自我意象形成，6～12 岁成为理性的应付者，12～22 岁追求统我，成年期实现自我认识和整合。此时，个体实现了自我认识，将前七个阶段的发展统一并综合于一体，从而使自己超越了前七个阶段。①

上述研究表明，在个体意识发展过程中，即从幼儿自我意识的萌发到青年的自我意识的确立，一般要经历以下几个转变：从依靠别人（父母、教师等）

① 李景春,李玉杰.社会心理学概论[M].北京:人民日报出版社,2006:56-58.

的评价向独立评价的发展；从评价别人向自觉评价自己发展；从具体行动的评价向对个性品德进行评价的发展；从单纯依靠表面现象或行为的效果向动机与效果相统一进行评价的发展。相关研究结果显示，多数大学生的自我意识是积极的，但也有不少学生需要相关的引导或支持，从而能够更好地完善自我，超越自我，塑造出有利于个人和社会的自我。

伴随着身心的迅速发展，以及社会对其态度和期望的改变，大学生的意识开始由对外部世界的关注转向了自己。“我是谁?”除了姓名这个符号以外，我的内心世界是怎样的，我的能力如何，我在集体中处在一个什么样的地位，我到底能为祖国做些什么，成了他们最愿探究的问题，此期的自我意识经历了多次的分化—矛盾—统一，达到了高一层次的自我同一，可见，在大学时代是自我意识迅猛发展的时代，也是自我意识的初步确立的时代。

4.1.3 影响大学生自我意识发展的因素

首先，大学校园的竞争对自我意识的影响。由于我国教育事业发展现状是能升入高校的青年必然是成绩优异者，应该说大学生都是青年中的佼佼者。大家都有值得骄傲的过去，但是，经过激烈的竞争，必然要再分优劣，重排座次。这必然深刻地影响到每位大学生的强烈的自我意识。

其次，成绩分数高低对自我意识的影响。进入大学以后，每一学期或每一学年，学生的成绩都要排一次队，而评选三好、先进、优秀学生干部、奖学金等常常由分数决定，大学生就在这些被赋予特定意义的阿拉伯数字下寻找着自我的位置。因此，分数作为优劣标准具有无情的压力，对大学生的自我意识有着重要的影响。

再次，大学生的社会角色对自我意识的影响。在大学校园里，一个大学生究竟扮演什么角色，是众人瞩目的班、团干部、学生会社团干部，还是各种活动积极分子还是普通一员，这一问题极大地决定着大学生的自信心、自主性和自我意识。

由于心理尚未成熟，大学生自我意识的发展也不是一帆风顺。如果说儿童期的依赖成人所形成的自我意识是“初认同”的话，那么，随着年龄的增长和所处环境的变化，大学生开始重新估价世界，重新塑造自己，这个过程可称为

“再认同”。两者一致，自我意识会得到顺利发展；如果两者存在矛盾冲突，再认同不能以初认同为基础，个人又缺乏自我塑造的能力，就难免陷入困难，甚至会在前进中丧失了自我。自我意识的矛盾冲突在大学生中比较常见。

4.2 关于自我意识的主要理论

人类自我意识的产生经历了长期的缓慢发展，人类对自我意识的研究也同样经历了复杂而艰辛的历史过程。但是，自从人类意识到自身的存在、特别是自我意识的存在，便对自我意识问题产生了极大的兴趣，促使人类急切地破解“斯芬克斯之谜”。为此，心理学家和哲学家从不同的角度研究和论述了自我意识的本质和发展规律。

4.2.1 哲学的自我意识理论

经历了自我意识的早期探索之后，哲学家们纷纷对自我意识问题提出了各自的看法，比较有代表性的理论是笛卡尔、康德、胡塞尔和海德格尔的自我意识学说。①

（1）笛卡尔的自我意识论

笛卡尔（René Descartes）第一次以严格的哲学方法提出自我概念，并将自我置于哲学体系基石的重要位置上，这才引起了近代哲学家对自我问题孜孜不倦的研究，引出了一次又一次的哲学革命，自我之谜的探索步步深入。“我思故我在”是哲学史上一个著名的命题，这是笛卡尔的天才发现，他称之为“作为我所寻求的那种哲学的第一条原理”，②也是他提出自强概念的根据。从“我”的存在毋庸置疑，“我”这一概念就这样确证（为真）了。“我”就是与物质有分别的东西，即“我”不是物质，“是一个在思维的东西”，③从“我在”的直接性和认识物质的间接性（可怀疑性）论证了物我有别的理由。进而，笛卡尔又指出“我”不是肉体，他把“我”推想为一个不依赖于身体而存在的“心灵实体”，即知、情、意的统一体，从而进一步论证自我的本质是思想。

① 孙瑜.当代大学生自我意识研究[D].秦皇岛:燕山大学,2015.
② [法]笛卡尔.谈谈方法[M].王太庆,译.北京:商务印书馆,2000:27.
③ [法]笛卡尔.第一哲学沉思集[M].庞景仁,译.中国社会科学出版社,2009:25-26.

但是，心灵与身体又不是毫无关系的，而是相互关系着的。这里，笛卡尔设想了一种“心身交感论”，认为自我或心灵居住在身体里，通过头脑中的“松果腺”来进行对身体的控制以实现自我意志，并且也是通过松果腺来获得来自感觉器官的感觉以认识外界事物。这样，自我就变成了一个肉体机器中的幽灵。“心身交感”作用使“我”与身体相互影响，和谐共存。这个答案是二元论的，并不能令人满意。可是，笛卡尔的这个答案却又是有史以来人类对于“我”是什么问题的第一个系统性回答，也是对于自我概念（内涵）的第一个系统性表述，它具有着重要的学术价值和历史意义。

笛卡尔不仅确立了自我概念的理论地位，首开了自我研究的先河，而且还是最先研究了自我意识的人。有关研究指出，笛卡尔的著作中至少两处明确出现过“自我意识”这个词（这是迄今所知的该词的最早出处）。笛卡尔把自我意识作为“自我”概念的重要规定性，指出“在我的心灵中没有什么不是我所意识的”，就是说，自我具有自明性，是自我意识着的存在。笛卡尔抓住了自我概念的本质，是对自我研究的一大重要贡献。笛卡尔把关于自我的知识视为第一重要的认识，认为对于外部世界的认识是从自我出发并通过自我而实现的。自我是认识活动的先决条件，更好地认识外部世界就必须先了解自我本身，必须注重自我意识。

（2）康德的自我意识论

康德（Immanuel Kant）是西方哲学史上继笛卡尔之后对“自我”高度重视和系统研究的哲学家，自我意识问题几乎包含于他的全部著作。康德认为，人的自我是认识活动的主体，自我具备先天的认识能力，能把外在的作用转化成为现象和知识，但外在作用物本身则是认识不到的“自在之物”或“物自体”，它不仅作为一种不明的原因而存在，自我心中的现象和知识虽然源于自在之物，却因为经过了自我先天能力的变换而不再相似于自在之物。

康德觉悟自我存在的思路也是独特的。他认为，作为“先验统觉”意义中的“先验的自我”是一种没有经验内容的深层存在，一种比经验的自我更深层次的形式主体。先验自我与经验自我的二分，揭示了自我存在的层次性，推进了人类对自我问题的理解。在概念上，主体不等于实体，自我不为实体并不妨碍它是一个主体。在认识和思维中也只是统觉的主体。这一思想直至今天仍然是有价值有意义的。康德关于“自我存在”方面的诸多论述，主要是申述他只把“自我”作为一种先验的思维主体来看待。在此“主体”中包含着诸多的意义，但都是思维逻辑方面的要求，这并不涉及主体本身或自我本体的具体知识。

在《实用人类学》一书的开头，康德就高度评价了人类自我意识，人类也因而高高地超越了盲目生存的动物界而坚定地向崇高的境界迈进。“人能够具有‘自我’观念，这使人无限地提升到地球上一切其他有生命的存在物之上，因此，他是一个人”。[①]人类对“我”的觉悟不仅改变了说话的方式，而且也启开了人生的光明，使生命发生了质的升华。康德还敏锐地看到，人的自我意识的发生，也伴随着自爱、自私和个人主义的产生。关于“我自己的观念”的形成，康德认为，要意识到自己的观念，这种努力要么是注意，要么是对我在意识到我自己的那个观念的抽象。关于“自我”的性质，康德是从两个方面来看待的：一是，自我作为认识或思维的主体，从逻辑上应该是单纯而同一的主体，不能是多而变的东西；二是，单纯而同一的主体，不等于已经认识到自我本身具有单纯性和同一性，更不能由此确定它有永恒自存的实体性和常住性。关于自我的作用，康德也有许多论述，但主要是指其为自然立法和先验的统觉作用。“自我为自然立法”是康德哲学的突出思想和创新主旨。康德主张，不是人在自然界里去寻求和发现自然法则，而是人的自我或理智先天地为自然界颁布普遍法则，简言之，是自我为自然立法。关于自我的统觉作用，康德的“统觉”概念是指对杂多表象的“综合统一”作用，“先验统觉”也称“先验自我”，“先验自我”的综合统一是一切经验和知识所以可能的先在条件。“一切不同的经验性意识都必须被联结在一个唯一的自我意识中”。[②]可见“自我”在康德哲学中的地位和作用非常重大。

（3）胡塞尔的自我意识论

胡塞尔（Edmund Gustav Albrecht Husserl）在自我意识方面，也有着独特的立场和观点。在他看来，现象学的世界是一个由先验自我的意向行为所构成的主观意义世界，即一个唯我论的世界。但现象学必须走出唯我论的困境，进入人际世界。为此，胡塞尔在其后期研究中又以类比思想和移情作用的途径构

① [德]康德.实用人类学[M].邓晓芒,译.重庆:重庆出版社,1987:1.
② [德]康德.纯粹理性批判[M].李秋零,译.北京:中国人民大学出版社,2011:137.

成并承认了他人自我的存在，说世界不是单个先验自我的意识活动的对象，而是众多自我共同体的意向活动构成了我们的世界。

总体而言，胡塞尔的现象学经历了一个不断发展的过程，其中的自我概念也随之变更与发展，他先后论述了人的多种自我，成为其现象学的重要概念。一是经验自我。在1900年前后以《逻辑研究》为代表的现象学思想形成阶段，胡塞尔也是与许多其他近现代哲学家一样，承认心身一体的经验自我的存在地位，此“经验自我”也就是一个具体的现实个人，一个普通的经验对象。二是现象学自我。“现象学的自我”是通过现象学的还原，从经验自我中祛除了物质身体、心灵实体之后所剩余的一个意识现象域或心理经验联合体，或一个心理现象的总体。现象学自我是胡塞尔的现象学发展出的一个的自我概念，它虽然与传统意义的经验自我有一定的联系或纠葛，但它以明证性的特征而具有了确切的身份，对于我们当今理解经验自我或心理自我是有益助的（我们现在所说的心理的自我并非心灵实体而是现象学自我——心理意识现象的总体）。三是纯粹自我。按照胡塞尔自己的解释，是指作为先验现象学家所具有的自我，不是心灵，而是先天的纯粹的自我，所以又可以称为“先验的自我”。用他自己的话来说，这样一个自我，不再是现象，不是经验活动、思想活动等的意向对象。“先验还原把我与我的纯粹的活生生的意识体验以及建立在它的现实性和可能性基础上的统一体联系在一起。显而易见的是，那样一种统一体与自我不可分割，因此属于自我这个有机整体的一个内在环节”。[①]也就是说，“纯粹自我”不是直接的经验内容（在经验现象中不能看见纯粹自我的影迹），而是通过先验还原方法揭示出来的纯意识因素，胡塞尔则称之为纯粹意识中（与意识内容相对）的自我极。四是人格自我。人格自我也称单子自我，是包括了一切现实的和潜在的意向生活的总体，是纯粹自我与其习性及其世界的综合统一体。人格自我由纯粹自我的生活积淀而成，在内容上它包括自我本身（即纯粹自我）、自我的现时状态和自我的前所予（已经拥有的东西）。纯粹自我在其生命历程中因每一意向行为或意识活动及其所构成的一切意向对象都会在“自我极”留下痕迹，并作为“习性”与“信念”而“积淀”下来，构成了一

① [德]胡塞尔.现象学与哲学的危机[M].北京:国际文化出版公司,1988:168.

个内涵丰富的人格自我或单子自我。在胡塞尔哲学研究的后期，其现象学已由静态的本质描述转入动态的分析、导向发生学研究，胡塞尔所论的自我就是人格自我。

在上述四个基本自我基础之上，胡塞尔又论述了人类自我、主观自我、客观自我和他人自我。首先，胡塞尔论述了先验自我与人类的自我的关系问题。“人类的自我”，又称为“心理—物理的我”，实际是指人格自我，因为它是在世界中存在的，并且是先验自我构造的自我（因而也是自然实体性的经验自我）。人通过对客观存在而凸现出纯粹自我，通过纯粹自我的构造活动并结合世界化的自身统觉而形成人格自我。人格自我因而也有了“世界化的自身统觉”的意义。其次，胡塞尔还论述了主观的我与客观自我的关系问题。前者是自我的生命活动，如体验和反思等，后者则是指自我及其经验是在世界中存在的，并且又成为自我反思的对象这一事实。实际上，胡塞尔是在论述一种自我意识的过程或方法，指出自我如何通过主观活动发现自身的客观存在，并明确指出这种自我把握的主观活动是反思。此外，胡塞尔的自我学说中也包括有他人自我的存在。因为现象学要超出唯我论的圈子就必须承认他人、他心和他我的存在。我的自我就与众多的“他我”一起构成了一个“单子共同体”，形成一种“交互主体性”。这一理论很有创意，可以帮助我们解读各种复杂的社会关系。

（4）海德格尔的自我意识论

存在主义的主要代表人物海德格尔（Martin Heidegger）把“观看、领会、理解、选择”等活动称为“发问活动”，认为这些发问活动是我们自己这种“所是的存在者”即“在”的具体方式，并且在领会、理解等“发问”的存在中，使我们自己“透彻可见”。于是，海德格尔选用了一个特定术语“此在”（being-there）专门指称“人”这种特殊的在者，强调“此在”具有一种“在”的优先地位，作为探究“在的意义”问题的出发点。“人成为那种存在者，一切存在者以其存在方式和真理方式把自身建立在这种存在者之上。人成为存在者本身关系的中心”。[①]“此在”所指的东西是“我们自己向来所是的在者”，“此在”之在“总是我的在”，具有“向我归属”的性质。他主张“不应该从

①孙周兴.海德格尔选集（下）[M].上海:上海三联书店,1996:897.

编造出来的灵魂、人格、我（ego）概念来领会人自身，事实的“此在”在自我领会中活动于其日常生存中”。[①]因此，”此在”实质上是自我的别名。但是，“此在”又不是传统意义的现成的在者或主体，而是此时此地的“我在”。

海德格尔认为“此在”不仅在而且知道自己在，他把对“在”的领悟本身作为“此在”的“在”的规定。海德格尔第一次从本体论意义上突出“我在”的自知性，把自我的“在”与“知”联系并统一起来。这是具有重要理论意义的海德格尔的“在世”理论，强调“此在”与世界的统一性，反对以主客对立的方式来看待二者的关系，这实质上也就是反对以主客体模式来看待心理意识现象，主张一种心我同一的意识结构观——心理意识现象是自我或“此在”的存在状态，即自我融于现象之中而非并对立的主客二物。这是有重大理论意义的思想，将导向一种看待“我在”的全新方式。海德格尔把情绪提高到“知、情、意”之首，强调情绪体验在自我意识中的首要作用。认为情绪是“此在”存在的最源始最本己的方式，这在某种意义上弥补了理性主义和意志主义的片面性。

4.2.2 心理学的自我认知理论

在心理学中，有两个英文词都被译作自我，一个是 Ego，另一个 Self。但是，这两个词无论在其起源、内涵，还是研究领域都有着高度的不同。Ego 是弗洛伊德精神分析理论的核心概念之一，指人的个性中从本我（id）分化出来，指导个人适应现实社会生活，使个人行为超越简单快乐原则而遵循现实原则的个性部分。它强调的是个体对自身的主体调控作用，主要针对自己的本能。Self 指认识、行动着的主体，表示自我观点或意向。它强调的是个体对自身的评价，主要是指在与他人比较和与他人评价比较中，所形成的对自己的认识与评价。除了弗洛伊德，绝大多数心理学家都是在 Self 意义上研究自我的。一般认为，自我是个体对自己各个方面的认识和评价，属于人格结构的核心部分。20 世纪 60 年代以来，有关自我问题的研究日益受到越来越多的心理学家的极大关注，在一部经典的心理学著作之中，就可以看到自我意识、自我概念、自我评价、

① Heidegger.The Basic Problems of Phenomenology[M].Translated by Albert Hofstadter. Indiana University Press, 1982:160

自我效能、自我控制、学业自我、生理自我等上百个类似的概念。①

在科学心理学史上，詹姆斯（W. James）是最早系统研究自我的心理学家。他认为，自我是个体意识中最重要的部分，是我们所有经验的中心。他把自我分为主我（I）和客我（Me）。主我也称纯粹自我，指认识者、思想者，即暂时的、主观的当事者思想。客我也称经验自我，指人们可能经验到的一种对象，是与世界的其他对象共存的、个体经验中有关自身的部分。客我包括物质自我、精神自我和社会自我。物质自我涉及身体、朋友、财产、衣服、家庭等方面的意识，身体是物质自我的核心部分。社会自我涉及个人所属群体、社会地位等方面的意识，来源于他人对个体的承认。精神自我是关于个人的兴趣、能力、信仰等内在精神生活的意识，意味着一个人内心的或主观的存在。社会自我高于物质自我，精神自我又高于社会自我。詹姆斯认为，上述三种客我，都受到主观我的价值判断和评价的影响，产生自我体验，进而形成自我追求，即主我要求客我努力保持自己的优势，以受到社会与他人的尊重与赞赏。在詹姆斯之后，很多人都愿意把自我用一个简单的公式来表达：主我+客我=自我。库利发展了詹姆斯的社会自我概念。他从个人与社会的关系中，提出“镜中自我”的概念。他认为，一个人的自我观念是在与他人的交往过程中，根据他人对自己的反应和评价而形成的。他人对自己的态度就是一面镜子，通过这面镜子扮演着他人的角色，回过头来看自己。也就是说，一个人处在一定的社会关系中，是通过与他人相处从他们对自己的评价中看到自己的形象的。根据库利的看法，自我是一种社会现象，源于各种社会关系。镜中自我实际上是一种社会自我，它包含三个主要成分：对自己在他人眼里的形象的想象，他人对自己所作的评价和判断的自我想象，自己对自己怀有的某种情感。

米德在继承和批判詹姆斯、库利的理论的基础上创立了符号互动自我理论，也提出类似库利“镜中自我”的观点。他认为，自我产生于社会经验，不能把人的有机体和自我混为一谈。人的有机体是生物进化的结果，其神经生理不过是自我出现的一个条件。只有当人的个体成为他自身的客体，自我才会再现。只有在开始把自我作为客体来对待时，人才能成为真正的人。米德对詹姆斯的

① 李景春,李玉杰.社会心理学概论[M].北京:人民日报出版社,2006:52-56.

主我和客我作了进一步的论述，认为主我是行动的我，并给人格以动力性和独特性；客我是社会的我，它依赖角色扮演，反映的是社会的经验，是通过社会互动中概括他人对自己的态度后形成的。主我和客我构成了人的统一的自我的两个方面，密切相联，不可分割。米德运用符号交互作用论解释自我，认为符号意义的意识是自我形成的决定性环节，有意义的符号在为人类带来自我意识之时，也为人类社会随之带来了语言成分。正是由于语言这种符号，人类才能充分掌握思想的智能，它首先用于相互交流，后来用于内心思考，使我们成了现在的这个独特物种。

弗洛伊德在他的心理学中阐述了他的自我（Ego）概念，提出了“三我”结构理论，认为人格由本我、自我、超我所组成。本我（ID）指人格中原始的非理性的冲动和本能，如性本能和攻击本能，生本能和死本能。本我没有价值、善恶与道德观，它信奉享乐原则，唯一内容就是力求发泄的本能冲动，而这些冲动便构成了基本的心理能量，即力比多（Libido）。本我由于压抑的缘故，处于人心理中的无意识层，但是抑制不能使之消亡，它总是试图冲破压抑表现自己，因此作为人格中的一个永久存在的成分，扮演着重要的角色。自我指人格中的理智而又现实的部分，它产生于本我，借助压抑和抵抗而与本我的一部分脱节，所以它只是部分处于意识状态，其余的则处于前意识甚至无意识状态。自我按现实原则行事，具有应付外界现实、感受并满足本我需要、接受超我监督的三重功能，调节本我与外界的关系以及本我与超我之间的矛盾。超我从自我发展而来，指人格中的道德部分，代表良心、理想，处于人格最高层。超我遵循至善原则指导自我，限制本我，以便达到自我典范或理想的自我的实现。正是人格中的这一侧面表达了人的性格特点，使人按照价值观念和各自的理想行事。超我规定行为规则，不论本我或外界给自我造成多大的难题，超我要求自我按规则行事，若自我没有按它的要求做，就会处罚自我，产生焦虑，表现出自卑感与自罪感。在弗洛伊德之后，精神分析学派的继承人又提出了一些新的观点。阿德勒（A. Adler）提出创造性自我，认为它是人格中的自由成分，使个体能在可供选择的生活格调和追求目标之间进行选择。它是活动的唯一动机，调动个体的全部力量去追求优越。霍妮（K.Horney）把自我分为真实自我（个人的全部潜能）、理想自我（个人凭空在头脑里设想的形象）和现时的自我（个体此时此地身心存在的总和）三个部分。她指出，自我的功能是根据现实调整行为，取得人与环境，人与人的互动与协调。当代精神分析论的代表，美国精神病学家沙利文（H. Sullivan）认为，自我的发展来自与他人接触时所体验的感受，其最重要部分是与焦虑和安全体验有关的部分，包括与愉快相联系的“好我”，与痛苦和安全受到威胁相联系的“坏我”，以及和难以容忍的焦虑相联系的“非我”或拒绝的自我。

认知心理学家马卡斯（G.Markus）认为，自我应被看作是一种认知结构或图式。自我图式是指影响个体对关于自己信息的编码、储存和提取的认知结构，是对自我的认知类化，它来源于过去经验，组织并引导着有关自我的信息加工过程。虽然说自我图式是对自我的认知的概括，但并非一个人生活的所有方面都能成为自我图式的一部分。马卡斯把自我区分为实际自我与可能自我。可能自我是指人们认为他们将来可能成为什么，愿意成为什么或害怕成为什么的自我。可能自我不仅有助于组织信息，还具有强大的动机影响，指导和形成当前实际自我的行为，指导我们成为某种东西而不成为其他的东西。

谢夫尔逊（R. Shavelson）等综合了前人的研究成果，从系统论的角度提出了一个多维度多层次的自我结构模型，来代替过去笼统的自我概念。这一模型将自我分为三层，第一层是一般自我，第二层分为学业自我和非学业自我。第三层具体将学业自我分为数学自我、英语自我、历史自我、科学自我等，将非学业自我分为社会自我、情绪自我、身体自我。在三层次之下，还可以继续具体细分。费茨（W. Fitts）认为在评价个体的自我概念时，不仅要考虑自我概念的多维性，还应考虑个体的总体状况。他把自我概念分成两大部分：第一部分是个体的综合状况，即自我总分与自我批评。第二部分分成两大维度：一是自我概念的结构维度，从认知、情感、行为三方面来分析，分为自我认同、自我满意、自我行动；二是自我概念内容维度，可分为生理自我、道德伦理自我、心理自我、家庭自我、社会自我。

4.2.3 马克思主义自我意识观

马克思早年研习康德、费希特，后转向黑格尔，并作为青年黑格尔派成员撰写了他的博士论文《德谟克利特的自然哲学与伊壁鸠鲁的自然哲学的差别》，在批判黑格尔的同时阐明他的哲学倾向。在以后的马克思主义经典著作中，虽未见关于自我意识的专门研究，但自我意识理论思想非常丰富，形成了马克思主义的唯物主义自我意识观。①

（1）自我意识起源论

科学研究已经证明，意识是物质世界长期发展的产物，而人的（特别是个体的）自我意识的发展经历了更加漫长的过程。历史“是人通过人的劳动而诞生的过程，是自然界对人来说的生成过程。”②马克思主义认为，从根本上说，人的自我意识起源于人类自身的生产活动，私有财产的出现和私有制的建立则对人的自我意识发展起到了助推作用。

随着时间的推移，原始人类的生存状态也在缓慢地发展，他们逐渐知道了结成集团的好处，并慢慢学会了相对地定居，生存的力量因而得以增强。氏族公社出现以后，原始人开始生活在一个个结构稳定的氏族部落中，以群体方式面对大自然。这时的人类凭借集体的力量，在自然界争得了一定的独立和自由，从而逐渐地把自己与大自然分别开来，并把自己的部落或氏族与其他部落区分开，产生了人类自我意识的第一个形态：群体自我意识。虽然人类已经开始知道了人与自然的区别以及自己部落与其他部落的区别，但还不能把个人与集体相区别，依然缺乏抽象和分类的能力，“人就是部落”“部落就是自己”，个人与部落融为一体，他不是部落的独立成员，而是其中的一个成分，没有个体自我的概念，“我”由“我们”所取代。因此，他们也不能把自己的存在与自己的各种社会角色区别开来，可以描述行为却不能进行人格或心理的自我评价。

恩格斯在《劳动在从猿到人转变过程中的作用》中具体阐述了马克思主义的重要观点：劳动创造人和人类社会。“劳动创造了人本身”。③劳动既是使猿变成人的决定因素，也是人类自我意识发展的决定性条件。首先，长期的面向对象的主体性活动，为人类辨认主体与客体创造了条件，使人们把劳动者自身与劳动产品区别开来。其次，劳动的社会性引起劳动者之间的协作和交往，交往的需要又直接促进了语言的产生，语言的产生又为抽象思维的发展提供了可

① 孙瑜.当代大学生自我意识研究[D].秦皇岛:燕山大学,2015.

② 马克思,恩格斯.马克思恩格斯全集（第 42 卷）[M].北京:人民出版社,1979:131.

③ 马克思,恩格斯.马克思恩斯斯选集（第 4 卷）[M].北京:人民出版社,1995:374.

能。通过语言的交往，人们则可从他人对本人的评价中了解到自己的各种特性，这无疑直接促进着个体自我意识的形成。最后，生产劳动是人类社会发展的动力。随着社会生产力的发展，劳动方式也由早期的采集和狩猎发展成了农业和畜牧业，进而又促进了手工业劳动的发展，社会分工更加复杂，并引发了部落之间的产品交换。这一系列生产劳动方式的发展，改善了早期人类的物质生活，益于体脑的发展，也扩大了社会交往的广度和深度，促进着人类语言、思维和文化的发展。是这些发展的综合效果促进了早期人类自我意识的发展，使他们更多地了解自己本人的存在和品质，到一定程度以后就形成了个体的自我意识。

（2）自我意识本质论

关于意识的本质，马克思主义哲学坚持了彻底的唯物主义立场：物质决定意识，意识是物质的属性与机能。列宁指出，“精神是第二性的，是头脑的机能，是外部世界的反映。”[①]马克思认为，“观念的东西不外是移入人的头脑并在人的头脑中改造过的物质的东西而已”。[②]现代心理学研究已经充分证实，意识是人脑的机能，是人脑对客观世界的反映。人的意识与动物心理作为“脑的机能”和“客观世界的反映”是共同的，但人的意识和动物心理有着本质的差别。“动物和它的生命活动是直接同一的。动物不把自己同自己的生命活动区别开来。它就是这种生命活动。人则使自己的生命活动本身变成自己的意志和意识的对象。他的生命活动是有意识的”。[③]

人的意识与动物心理的根本区别在于人的意识的社会性。唯物史观认为，“意识一开始就是社会的产物，而且只要人们还存在着，它就仍然是这种产物”。[④]社会存在决定社会意识，社会意识反映社会存在。因此，可以说人的自我意识一开始就是作为社会意识而出现的。自我意识的第一的本质特征就在于它的实践性，来源于实践又作用于实践。马克思早年就曾强调，“自由的首要条件是自我认识”。[⑤]作为认识主体的“我”显现了自我的本质力量——实践，那么作为客体的自我又指向哪里呢？马克思探寻人类历史发展规律的出发点

---

① 列宁.列宁选集（第 2 卷） [M].北京:人民出版社,1976:57.
② 马克思,恩格斯.马克思恩格斯选集（第 2 卷）[M].北京:人民出版社,1995:217
③ 马克思,恩格斯.马克思恩格斯全集（第 42 卷）[M].北京:人民出版社,1979: 96.
④ 马克思,恩格斯.马克思恩格斯选集（第 1 卷）[M].北京:人民出版社,1972:35.
⑤ 马克思,恩格斯.马克思恩格斯全集（第 1 卷）[M].北京:人民出版社,1995: 35.

是“现实的人”，而这种现实的人就是从事劳动的人、社会的人、在历史中的人，也就是实践的人。所以对这个客体的自我的不同指向所产生的不同领域的“人本身”，就会对自我意识的本质特征有不同表达。自我意识的第二大特征是人的自我意识的能动性。马克思恩格斯曾经指出：“我对我的环境的关系是我的意识”。①诚如黑格尔所言：“反思以思想的本身为内容，力求思想自觉其为思想”。②意识所包含的既有关于客体的意识，也有关于主体自身的意识，也就是说自我意识能按照自己的意图和需要去改造世界，而且还能为人们改造世界的实践活动提供理论的支撑。总之，一方面改造客观世界，另一方面改造主观世界。在改造的过程中，自我意识的能动性使实践的主客体之间得到统一，而这种统一也是自我意识从个别性向普遍性的转化。

（3）集体自我意识论

发生于原始人类社会的群体自我意识是低级的、朦胧的，无法与现代社会人类主体的群体自我意识同日而语。马克思主义经典作家也将原始社会的“群体”称之为“集体”，但那还只能是初级的集体。群体自我意识作为人类自我意识的第一形态，反映的是原始人类的社会存在。随着私有财产的出现和奴隶制的建立，人的自我意识发展显现出两种境况：一方面，私有制条件下群体自我意识被淡化，个体自我意识不断被强化；另一方面，进入阶级社会以后，社会分出统治阶级和被统治阶级，由于阶级利益的共性与差异，集体自我意识获得逐渐发展。马克思把集体分成“真实的集体”和“虚幻的集体”，认为“某一阶级的个人所结成的、受他们反对另一阶级的那种共同利益所制约的社会关系，总是构成这样一种集体，而个人只是作为普通的个人隶属于这个集体，只是由于他们还处在本阶级的生存条件下才隶属于这个集体”。③

集体自我意识的基本特征是个别性和普遍性的统一。马克思指出：“全部人类历史的第一个前提无疑是有生命的个人的存在”。④从这个角度出发，自我意识必然具有表达“个我”的一面。这种个别性体现了认识对象的单一性，只

① 马克思,恩格斯.马克思恩格斯全集（第 3 卷）[M].北京:人民出版社,1995:34.
② [德]黑格尔.小逻辑[M].贺麟,译.北京:商务印书馆,1980:39.
③ 马克思,恩格斯.马克思恩格斯全集（第 3 卷）[M].北京:人民出版社,1995:84.
④ 马克思,恩格斯.马克思恩格斯选集（第 1 卷）[M].北京:人民出版社,1972:146.

能是单个人在一定条件下具有从事一定活动的能力，这种能力本身就是“个我”本质特征的表现。由于不同的人在不同条件下会形成不同的能力，会形成对自己某个方面认识的差异从而显现自我意识的个别性。个别性的存在既肯定了“个我”的必要性和价值所在，又促使人不断地进行创造和劳动。随着“个我”活动经验的不断丰富和交往范围的不断扩大，个人为满足自身生命需要，在一定条件下构建了家庭、民族、国家等存在方式。这里作为认识客体的我就是“大我”，和“个我”不同的就是站在集体的立场上来看待这一集体的存在。马克思指出，“正是在改造对象世界中，人才真正地证明自己是类存在物，这种生产是人的能动的类生活。通过这种生产，……从而在他所创造的世界中直观自身。”[①]这种集体的出现和对集体的认识，自我意识必然具有表达“大我”的一面，即集体自我意识普遍性。这种普遍性既是指认识对象的集体性，又指认识结果的共通性。

集体自我意识论成熟的标志，是集体主义成为集体自我意识的核心理念和主导价值追求。集体自我意识具有时代性，不同历史时期或同一历史时期的不同群体中，集体自我意识的发展水平不同。在马克思创立的科学社会主义理论指导下，在无产阶级充分觉悟并联合起来推翻剥削制度的伟大斗争中，作为阶级的集体自我意识逐渐走向成熟。“从社会主义思想出现之时起，社会主义是与集体主义或与共产主义相等同的，而集体主义或共产主义往往也同样是随着时代和理论而变化的”。[②]认识这一点，对我们贯彻落实社会主义核心价值观，对于科学地进行大学生自我意识培养，都具有重要的指导意义。

4.3 大学生自我意识的发展水平与心理障碍

大学生正值青春年华，进入青春期以后，身体不仅长得更高，体能也增强了，生活在最富有活力且有着较高知识水平的同龄人中，角色不同，交往扩大需求增多，大学本身也给大学生们提供了认识自己、展现自己、发展自己的极

① 马克思,恩格斯.马克思恩格斯全集（第 42 卷）[M].北京:人民出版社,1979:131,97.

② 社科院马列研究所图书资料室.社会主义、共产主义、马克思主义-外国百科条目选译[M].上海:东方出版社,1985:21.

好舞台。因此，和其他年龄阶段相比较，大学生自我意识发展具有鲜明的特征。

4.3.1 大学生自我意识发展的总体特征

大学生处在人生中最美好的年华，不论是生理还是心理都是渐趋成熟的状态。他们能迅速感受到新的事物并乐于接受，也能够及时关注到自我细微的变化，并去感受和体验这种变化，甚至想要调控和掌握这种变化。这使得大学生的自我意识不断完善和成熟。通过对问卷调查数据的分析发现，当代大学生的自我意识总体上表现出自我肯定、协调发展的趋势，即大学生自我认识水平较高，认识内容也逐渐丰富和深刻。

大学生对自己身体成熟状态、外貌形态等特点有了更为深刻的认识，生理自我的评分较高。多数大学生都能够相对比较认可自己的先天容貌，对自身的生理结构比较自信（64.3%的大学生对自己的外貌感到满意）；并开始注重对家庭、人性、责任、价值等方面的认识，逐渐开始思考“做什么样的人”“成就什么样的事”等一些问题。

同时，当代大学生越来越重视对自我意识情感成分的表达，重视对自己的态度情感，更看重如何看待自己的可爱程度、扮演的角色和存在价值等。他们喜欢知识、喜欢朋友也喜欢自己，喜欢自己好的或者坏的，喜欢自己的成功或者是失败。调查显示，53.38%的大学生对“我喜欢经常保持仪表整洁大方”给出肯定答案，40.4%的大学生认为“我觉得我这个人还不错”，56.95%的大学生认为自己“待人亲切友善”，也有12.59%的大学生认可“我有时会把当天该做的事拖到第二天”，8.65%的大学生同意“我有时会说谎”，12.03%的大学生承认“我偶尔会发脾气”。①可见，大学生从内心中越来越认可自我、接纳自我、喜欢自我，包括接纳自己的不足和缺点。

大学生在道德伦理方面的自我意识平均水平高于其他维度。在回答“我的品德好”“我对自己的道德行为感到满意”“我在日常生活中常凭着良心做事”三题中，分别有55.64%、53.76%、68.05%的学生给出完全肯定回答。由此我们可以看出，当代大学生对于自我的道德品质的意识是持肯定态度的，反映出大学生的自我意识是健康、积极、上进的道德自我意识。

① 孙瑜.当代大学生自我意识研究[D].秦皇岛:燕山大学,2015.

4.3.2 大学生自我意识的发展水平

总体而言，当代大学生的自我意识体验更加深刻，自我认识的深度和广度增加，自我认知愈发自觉，表明大学生自我意识水平达到了接近成人的高度。

（1）大学生自我意识接近成熟

大学生自我意识的发展水平，可以从两个方面来考察：一方面，从大学生个人对自己的评价和他人对该大学生的评价比较上来看，黄希庭、杨永明等人的研究表明，绝大多数大学生在自我意识的评定量表上得分是高的，而且大多数各年级学生自己对自己的评价和别人对他们的评价是比较一致的。另一方面，从自我认识、自我体验、自我控制三者之间的关系上来看，三者比较协调一致。但也有研究显示，大学生自我意识的各类型之间的发展是不平稳的，根据每一类型均值高低为序依次是：理想自我、现实（主体）自我、镜中（镜像）自我，大学生自我意识类型发展状况比较同样表明，当代大学新生对自我意识的认识分布很不均衡，心理自我、社会自我的描述频率明显地高于其他类型。

从以上表述可看出，大学生自我意识发展不平衡，不仅表现在类型方面，而且在年级方面也有反映。研究结果表明，大学生自我意识发展已达到较高水平。这不仅从大学生自我意识总体得分和自我评价的得分高可以证明，而且从自我认识、自我体验、自我控制三者之间的关系比较协调，成为一个有机整体，也证明了大学生自我意识发展水平是比较高的。当然这并不意味着大学生自我意识已成熟、完善。例如，在理想自我和现实自我，个体自我和社会自我等方面还存在着矛盾。在自我意识发展趋势上，大学生阶段已由中学阶段的急剧发展进入相对稳定时期。

形成这种状况的原因主要有以下几个方面：首先，大学生们一般自视很高，能在众多的竞争对手中脱颖而出，觉得自己是天之骄子，在大学相对宽松的环境里，对自己对未来都有着美好的憧憬；其次，经过心理“断乳”的痛苦挣扎，加之远离父母、老师的细心呵护，大学生的独立性、怀疑性、批判性明显增强，不再轻易相信他人甚至权威，且常常以自我为中心；再次，大学生的世界观、人生观尚不健全，缺乏认识和对待自我的科学态度；最后，大学生的自我意识仍在不断的发展变化之中。大学新生刚刚进入一个新环境，由于社会的高评价，自觉社会责任重大，自认为自己已成了祖国的栋梁之材，自我意识往往偏高且不准确。到了大二、大三，面对崭新的知识和新的竞争对象，他们最初的自我意识和期望受到挑战，需要对自己有一个重新认识和评价的过程，很容易产生“我到底是什么样的人”之类的想法。不过应该指出的是，这时的自我意识尽管低于大一，但只有此时大学生们才真正有能力去认识和建立真正的自我。大四或大五，临近毕业，步入社会之前，由于未来的不确定带来了情绪的波动以及心理状态的不稳定，使得刚建立起来的自我意识再次受到考验。尽管大学生自我意识的发展经历了一个曲折的发展阶段，但这期间的每一次反复都意味着大学生的自我意识的发展向客观、成熟的方向迈进了一步。

（2）大学生自我评价能力显著提升

在中学阶段自我认识的迫切性已有明显的发展和表现。大学时期，由于大学生掌握了比较广阔的知识，面对社会对他们的期望和要求，深入了解自己的愿望更为迫切，“我究竟是什么样的人?”“我可能和应该成为什么样的人?”“我的前途怎样?”等都是大学生们十分感兴趣而又紧迫思考的问题。他们还经常主动地与周围的人作比较来认识自己，主动参照内心所崇敬的英雄模范人物来评价自己。这一切都表明了大学生的自我认识具有更高的自觉性和主动性。大学生的自我评价进一步发展，日益成熟。研究结果表明，大学生的自我评价，不仅能摆脱对成人和同龄群体的依赖，具有较高的独立性，而且具有概括性和辩证性。研究结果还表明，他们的自我评价更符合客观实际，自我形象更具丰富性，评价涉及自己的优缺点、性格气质、道德品质、同学关系、理想确立、世界观、容貌体形、大学生活、能力才华、性别差异等各个方面。

诚然，大学生自我评价能力的发展亦存在着不平衡性，通常表现为两种类型：一种是过高的自我评价，另一种则是过低的自我评价。过高或过低的自我评价往往导致个体自我意识确立过程中的过分自负或过分自卑这两大心理缺陷。它们是妨碍良好自我意识形成的心理障碍。过低的自我评价，处于这种意识状态的大学生，在把理想我与现实我进行比较时，对理想我期望较高，又无法达到，对现实我不满意，又无法改进。他们在心理上的一个特征就是自我排斥。由于在成长过程中，理想我与现实我的距离过大所导致的自我矛盾冲突，他们往往会产生否定自己、拒绝接纳自我的心理倾向。这类大学生往往降低人的社会需求水平，对自我过分怀疑，压抑自我的积极性，并可能引发严重的情感损伤和内心冲突。他们的心理体验常伴随较多的自卑感、盲目性、自信心丧失和情绪消沉、意志薄弱、孤僻抑郁等现象，尤其是面对新的环境、挫折和重大生活事件时，常常会产生过激行为，酿成悲剧。近几年来发生的大学生自杀事件中有相当一部分就是由此心理问题所导致。过高的自我评价，这是一种与过低自我评价相对立的自我意识状态。在这种自我意识的支配下，个体往往扩大现实的自我，形成错误的不切实际的理想自我，并认为理想我可以轻易实现。这种类型的大学生往往盲目乐观，以我为中心、自以为是不易被周围环境和他人所接受与认可，容易引起别人的反感和不满。因此极易遭受失败和内心冲突，产生严重的情感挫伤，导致苦闷、自卑、自我放弃。有时会引发过激行为和反社会行为。

大学生自我评价形成的途径主要有三条：第一，根据社会上他人对自己的态度评价自己。学生一般都比较留心社会上其他人对自己的态度和评价，尤其是他所尊重的长辈、教师的评价，对他们的自我评价的内容有很大的影响。在一定意义上可以说大学生自我评价的成熟及自我意识的发展是在社会上其他人的态度和评语中形成的。第二，通过与社会上和自己的地位、条件相类似的人的比较来评价自己。大学生的自我评价总是在和与他相类似的人比较中做出的，其一般程序是：先与自己同宿舍的同学比，与同班同学比，再与其他专业的同学比，与他校的同学比，或与历届的同学比等。第三，通过个人对自己心理活动的分析来实现自我评价。一个人常常是根据他人对自己的评价和态度来评价自己。在这同时，自己也对自身的心理活动及其行为表现加以主观的分析。因此，自我评价不等于是他人评价如实的反映。我们曾调查了大、中、小学生200多人，要求他们既作关于道德品质的自我评价，又评价小组中其他人，结果表明，比较多的学生的自我评价符合或基本符合他人评价，有少数学生的自我评价与他人评价有较大距离，个别学生的自我评价与他人评价距离很大。如，有的学生评价自己的品质都是“最好”，而小组评价他是“最差”；也有学生对自己评价偏低，但小组同伴却给他以公正而客观的评价。由此可见，大学生要摆脱长辈、教师、朋友的影响而进入独立的自我分析和评价，有一个艰难的过程。一般要待大学生的世界观、人生观基本确立之后，这个过程才算得上相对完成。因为成熟的、独立的自我分析和评价必须以自我对待世界和人生稳定的态度和评价为前提和依据。

（3）大学生自尊心明显增强

自尊心是指要求尊重自己的言行和人格，维护一定荣誉和社会地位的一种自我意识倾向，是一种与自信心、进取心、责任感、荣誉感等密切联系的、积极的心理素质。大学生有十分强烈的自尊心，好胜、好强、不甘落后的心理十分突出。同时由是否受尊重、是否能满足而引起的情感反应也十分强烈。比如一些大学生的学习动力之一就是维持一定的自尊。自尊心被认为是最强烈的一种内驱力，对于调节自身的思想、心理、行为有很重要的作用。因此，自尊心也直接影响到大学生的心理健康和发展。但是，自尊心也要防止两个极端：一是自尊心过强，有可能导致以自我为中心，唯我独尊；二是自尊心太弱，则容易自暴自弃，无所作为。自尊心屡屡受挫，有可能产生自卑感。如果自尊心和自卑感都很强，也可能导致虚荣心，这些都是自尊心尚不成熟的表现。

大学生的自我体验比较丰富，有喜欢、满意自己或讨厌、不满意自己的肯定和否定的体验，有喜悦或是忧虑的积极和消极的体验，也有紧张和轻松的体验。在这些丰富多彩的自我体验中其基调是积极、健康的。在一项关于大学生自我体验的调查中，研究人员列举了 20 对描述情感自我体验的相对的词或成语（如：热情—冷漠，憧憬—悔恨，自信—自卑，愉快—愁闷等），要求被试者从中选出 10 个能表达自己近半年来心情的词语。被调查的 358 名大学生选择结果表明，大学生自我体验基调倾向于热情、憧憬、自信、舒畅、紧张等。在丰富性发展的同时，大学生的自我体验更多地与自己的个性品质、集体荣誉、自我在社会中的发展前途等联系起来，日趋深刻。自尊心是个体要求人们尊重自己的言行，维护一定的荣誉和社会地位的一种自我意识倾向，是一种与自信心、尊严感、社会责任感、集体荣誉感密切联系的良好的心理品质，是个体积极向上的内部动力。研究表明，大学生具有较高的自尊心，表现为自尊的需要十分强烈，好胜好强、不甘落后、要求他人尊重、强烈的自我保护意识、对涉及自尊的事敏感且易做出强烈的情绪反应。正是这种强烈的自尊心激励着大学生更加积极向上，尽可能使自己的言行受到他人的尊重。值得注意的是少数大学生存在着自卑感，如不及时克服将会造成性格上的重大缺陷，严重的会产生自暴自弃的后果。大学生自我体验的基调中男生倾向于选择紧张、自信、热情、憧憬、急躁。女生的选择则是热情、急躁、舒畅、憧憬、愁闷。一般说来，在自我体验方面，男生比女生更具自信心，更富有活力，但容易急躁；女生则更热情，更迫切地要求取得成功，内心舒畅感更明显，但容易发愁。因此，处于青年中期的大学生，其自我体验带有强烈的情绪色彩，高兴时容易产生积极、肯定的自我体验，甚至忘乎所以，目空一切；遇到挫折时往往产生消极的自我体验，甚至自我否定、自卑，极不稳定。

（4）大学生自我完善的愿望日益增强

独立感是指个体摆脱监督、支配和管教的一种自我意识倾向。如大学生总是喜欢向周围的人，尤其是父母和教师宣布自己独立自主的要求，激烈地阐述自己的主张，喜欢独立思考和行动，不喜欢父母、老师管教和指点；希望自立和自制，不喜欢别人过多地干涉等。但大学低、中年级，这种独立感有时会显得过分而空虚。一般说来，到了高年级，由于知识和经验的积累，独立感才基本成熟，也显得平衡而实在。

大学生在生理上已完全具备了成人的特点，在以学生自理为主的大学学习的环境里，大学生们需要自己安排自己的学习、照料自己生活、组织自己活动、解决自己问题，也由于自我认识、自我体验的发展，从而进一步促使大学生的自我控制能力达到较高水平。在他们心目中，自己不再是“中学生娃娃”那样的自我形象，而是一个肩负历史使命，又有一定知识和才能的大学生形象，他们强烈地期望充分发展其独立性，摆脱依赖性和幼稚性。他们经常在各种场合以各种方式向周围人们表达自己独立自主的要求，希望成为自己命运的主人，希望自己组织自己的活动，自己独立思考和动手解决学习、生活、恋爱、人际关系等问题，喜欢聚在一起相互交流思想、探索人生的奥秘，对于约束自己自由、独立的环境和措施往往感到不满，甚至表现出较为强烈的反抗倾向。

自我设计、自我完善的愿望强烈是大学生自我控制能力发展的一个主要特点，他们经常考虑“我应该成为一个什么样的人?”“我怎样才能成为一个那样的人?”的问题，大学生们的许多苦恼、不安以至痛苦的思索和争论也经常围绕着“自己到底做一个什么样的人”“如何去做这样的人”这两个问题。通过对自己的认识、体验，在心目中开始建立起一个崭新的自我，一个肩负着历史使命，又有着一定才能和人格的大学生形象，强烈期望摆脱幼稚和依赖，设计自我、完善自我，使自己也具备理想中的人物形象或刻意追求的标准。讨厌干部、老师或家长絮絮叨叨的管教或指点，喜欢自己组织自己的活动，聚在一起讨论自己感兴趣的话题，以某种新潮标榜自己，包括用笔名甚至绰号来包装自己；自己动手解决问题，比如选择自己未来的发展方向，争取经济上的独立，包括在勤工助学中解决一部分生活来源问题等。同时，大学生的自我控制水平也明显提高，表现为自我控制开始有了明显的自觉性和主动性，并逐渐以社会标准、社会期望、社会要求和社会条件为转移。当然，大学生的自我控制水平尚缺乏一定的稳定性，如他们在观赏一场球赛时，时而会为一个精彩的进球而狂喜，时而又为一记臭脚而暴怒。有时同学间的争论也会演绎成一场小小的冲突。自信心是指个体相信自己的能力和精力的一种自我意识倾向。此外，自信心的建立也是大学生生活愉快、学习进步、潜能开发的重要保证，是促进心理健康的重要增力因素。但是，如果一个人的自信心过强，就有可能变得骄傲自满、狂妄自大、目中无人，或者行为莽撞、冒险，将影响到自身的发展及和他人的关系，也给工作带来损失；反过来，如果自信心不足，畏畏缩缩，则会影响自我意识健康发展的方向。

4.3.3 大学生自我意识发展的心理障碍

当代大学生的自我意识从整体上来看处于较高的一个水平，是相对稳定的一个阶段。但是，大学生所处的阶段是心理快速发展、趋于成熟而又未完全成熟的阶段，加之社会竞争越来越明显、就业压力日益增大、理想信念受到多方冲击，所以当代大学生的自我意识也存在矛盾和不协调的方面。

（1）自我意识体现出矛盾性，自身角色的认同感不统一。大学生在自我认识和自我评价时趋于主观。大学生往往是通过自我反省来认识自己，但反省能力有限，大学生的自我认识存在一定程度的主观性，大学生对自我的认识和评价与别人对自己的认识和评价存在矛盾和差距，甚至，大学生在看待自己的表现和与别人的关系的时候，也存在不同结论。“正是由于自我意识在现代与后现代、理性与感性之间沟通往复，因此自我意识具有两重性。”[①]如调查显示，题目“我品德好”“我待人亲切友善”的回答中有55.64%、56.96%的大学生持肯定答案，“我很受别人欢迎”中却只有23.31%的大学生回答肯定。理想与现实也存在矛盾。理想中，大学生对自我能力有较高水平的认识，但在现实解决问题中，又发现自我能力不足。如“我遇到困难时，都能轻而易举地加以解决”一题中，只有12.59%的大学生持肯定答案，而有52.63%大学生持否定或犹豫的答案。可见大学生在探讨、评价和思考问题时，容易带有理想的色彩，一定程度上夸大自己的能力和优势，当遇到挫折时，不能正确归因，容易产生自我否认和回避的态度。这种对自身角色的认同感不统一，必然影响大学生的自我同一性发展，将影响大学生的目标设定和自我调控。

（2）自我思想浓厚，自我责任意识淡薄。人的责任，从本质上来说体现的是关系的范畴，是人与人、人与社会的关系，表达了人的一种社会必然性，责任与自己与社会都是息息相关的，任何人都不可推卸。但是，调查显示，当代大学生“自我”思想浓厚，“自我责任”意识却比较淡薄，尤其是“社会责任意识”较弱。具体表现为在个体的意识中占主要地位的是“自我性”，个体注意的中心也主要集中于自身，忽略自我与社会的联系，忽视“我与他”的内在价值关联。调查中发现，仅有38.72%的大学生认为“我有很强的社会责任意识”，有36.09%的大学生认为自己是“对社会有价值的人”，有47.37%的大学生认为“我已经尽力去孝顺我的父母”。可见，大学生更容易强化社会对自己的责任，而淡化个人对社会对家庭的责任，大学生的社会责任意识总体偏弱。并且，通过进一步分析还发现，男大学生的社会责任意识略高于女大学生，女大学生的成就意识也低于男大学生。因此，在强调社会责任意识的时候，不要忽略对女大学生的引导和培育。青年大学生是社会主义事业的建设者和接班人，时代要求他们具备强烈的社会责任意识、角色职责要求，这样，才能将大学生个人发展与国家发展需要结合起来，才能体现自己更大的价值、承担更多的责任。这个比例与我们期待中的大学生的社会责任意识存在差距。

（3）目标性计划性不强，自我控制不足。自我控制对于大学生的成长成才

---

① 邓韵娜.杰弗里•哈特曼的“自我意识”理论探究[J].西南民族大学学报（人文社会科学版）,2015（3）:198.

起到至关重要的作用。个体每个心理活动或行为活动都涉及到自我控制，个体对目标的选择、投入、坚持都依靠自我控制，个体的自我教育和自我管理也与自我控制密不可分，具有良好自我控制的大学生才能够更好地适应大学生活，成就自己的社会价值。进入大学，大学生自控控制的社会性开始增加，开始设定行动计划并能够不随外境变化而改变计划，生活开始有价值定向，社会责任感和成就意识开始体现。但总体来说，大学生的目标计划性不强，自我控制不足。调查显示，“有明确的人生目标，并为之努力”的大学生占到 34.59%，但“生活很有计划性”的大学生只占 24.62%，认为自己“每走一步都是踏实稳健的”也只占到 24.62%。从中也可发现，大学生从众心理较重，规划意识不强。对自我不能准确定位、合理规划，体现的是自我控制不足。调查中发现，男大学生的目标设定和计划性较女大学生更弱，自我控制能力也低于女大学生。农村大学生的自我控制能力高于城镇大学生。

4.4 大学生自我意识的自我管理

人的健全良好的自我意识是人的心理健康的重要标志，是人赖以成长的内在重要机制，并且在人的人格发展过程中发挥着关键性作用。①对于青年期的大学生而言，如果在主体我与客体我分化的基础上，能够形成新的认知水平上的协调统一的自我，那么就能建立良好的自我意识，反之则可能出现自我意识的混乱。在大学生中，良好自我意识的确立，意味着他们能够正确地认识自己的身份角色与社会地位，并对这种认识有恰当而适宜的态度。自我意识对个体行为具有直接的支配作用。一般而言，持有较适宜的自我意识的人，在采取行为时，也往往恰当适宜，反之则往往与现实不相适应甚至发生冲突。因此，要教育和培养大学生对自我意识加强管理。

4.4.1 正确地认识自我

正确认识自己、评价自己是建立良好自我意识的基础，同时也是形成健全人格的重要保证。健全的人格能够推动亲社会行为的产生，而有缺陷的或不健

① 李文英.积极心理学观照下大学生自我意识的优化[J].教育评论,2013（2）:66.

康的人格则可能推动反社会行为。大学生在社会化和自我确立的过程中已具有一定的自我观察、自我分析和自我证明的能力，大学生不仅是教育的客体，而且也是教育的主体。加强自我教育和自我管理，是大学生发展积极的自我意识、完善自己个性的有效途径。最佳的自我教育和自我管理，应以社会发展的必然规律为准绳，正确地对待自我，不断地完善自我。

古人曰："人贵有自知之明"。"贵"字不仅表明一个人有自知之明是多么的难能可贵，而且意味着一个人要有自知之明也不是一件轻而易举的事。大学生应当学会用马克思主义的观点去考察社会和人生，学会用辩证唯物主义的观点来衡量和评价自己，积极投身于社会的改革开放大潮中，在社会实践中找到适合自己的参照系，并且经常反省自己。要想认识自己，须先了解自己。了解自己可不是一件轻松的事。这不仅因为"当事者迷"，而且还因为人的确难以客观地观察和把握自己。衡量他人是比较容易的，我们可以毫不费力地如实评价，也许你可能当某人的面说一些言不由衷的吹捧话，但你的内心绝对知道此人的真正的瑕疵。而对于你自己你则不那么苛刻和严厉了，面对你自己的一言一行时，你过滤缺点的网便具有很大的网眼，你也许并不是有意为之，而是你的自尊心有意使然。

4.4.2 宽容地悦纳自我

宽容地悦纳自我是自我意识健康发展的关键与核心。具体地说，接受自己是指无条件接受自己的一切，包括优点、缺点。接受自己是自我意识发展调控的核心步骤，也是适应社会发展的前提所在。当然，接受自己存在两个结果，一个是积极接受自己，即形成自尊的状态，而另一个则是消极地接受自己，即形成自卑的状态。帮助大学生积极接受自己，就要从以下三方面出发：（1）理智地看待自己的优点、缺点。不可避免地，每个人都有优点、缺点，但是，要相信自己是长处多、短处少的人，就算有很多短处，那也是有一定限度的，所以，在看待自己的优点、缺点的时候，一定要进行客观的评价，不能有任何夸大或者贬低，这样才是理智地接受自己；（2）正确地对待自己的短处。从科学的角度出发，短处可以分为两种情况，一种通过努力是可以改进的，比如人在生活、学习中的不良习惯，而另一种是先天的、无法改进的，比如天生的身材矮小等。对于可以改进的缺点，我们要勇敢、积极地改正，通过不懈努力减少自己的缺点。而对于无法改进的缺点，则要勇敢地面对、包容与接受，这样才是正确地对待自己的短处；（3）勇敢面对失败。俗话说，失败是成功之母。每个人在成长过程中都会有成功，但必然也会有失败。部分学生在成功时不可抑制地欣喜，在失败时却如跌入了谷底，一味地贬低自己，一蹶不振，从此丧失自信，成为自卑的人。但是，我们一定要清楚地认识到，一时的成功不代表永远成功，失败亦是如此。大学生在生活、学习过程中，碰到任何失败的情况，都应该勇敢面对，坚强度过。

4.4.3 有效地控制自我

控制自己是人主动地去改变自己的过程，而这个过程还是定向的。调查发现，自从自媒体在大学生中普及以来，一些大学生沉迷于网络而不能自已。“网络使用过度与依赖，与大学生过多的自我否定与自我批评、较低的自我认同与自信心不足、消极的自我应对有关。”① 有效控制自己，是定向改变自己、完善自己的直接途径，鼓励大学生有效控制自己，具体可从以下两方面展开。首先，设定一个理想的自我目标。理想的自我，即是要通过定向改变达到的一个目标。设定目标时，要根据实际情况，从自身的知识文化程度、处事能力水平、日常生活经验等角度出发，设定一个通过切实努力可以达到的目标。如果目标太高，会因为无止境的努力无望而导致失去信心。相反，如果目标太低，轻而易举就能达到，则会失去人生价值。总而言之，只有合理的目标才能真正激励学生为之不懈努力；其次，努力培养自己的意志力。在每个人的人生中，都会有欲望的出现与干扰，还会时不时有外部诱惑的存在，很容易使人偏离轨道，尤其是大学生这个意志力还没有完全成熟的人群。一旦偏离轨道，就丧失了不懈努力的斗志，就会放弃了达到目标的决心。所以，想要成功就要有抵挡各种诱惑的意志力，不断约束自己的思维，把握自己的行为。只有意志力顽强的人，才能在思维、行动时有良好的自觉性与自制力。通过各种具有挑战性的校园活动，如体育比赛、实践活动等，加强学生克服困难的毅力与水平，培养大学生的意志力。再次，努力培养自信与坚强。增强自尊和自信，使自己有为实现理

① 赵新年,倪晓莉.网络行为与自我意识的相关性分析[J].兰州大学学报,2015（3）:82-87

想自我而努力的更强大的动力，激励自己不断奋进，培养顽强的意志和坚强的性格，发展坚持性和自制力，增强挫折耐受力，使自己能自觉主动地认清目标，为实现目标而努力排除干扰、克服困难，正确地面对成功与失败。

4.4.4 积极地完善自我

认识自我绝不是终极目的，认识自我是为了扬弃自我、改造自我、超越自我、完善自我，使自我达到一个更高的水平。认识自己改造自己的最简单最可靠的方法，就是在别人面前，如实地表现出自己的本来面目。

小组讨论会和敏感性训练以及自我分析等可以帮助你实现这一目的。小组讨论会是以小组的形式，在独特的气氛（集体感）之中，暴露自己、正视自己。但由于各人的目的和性格不同，对有的人合适，对有的人不合适。敏感性训练，从自我方面说，是在如下的假设和理论的基础上形成的。A 部表示自己所发觉的，以及由于自己的表现，别人也发觉的部分，也就是自己和别人的看法（I 和 ME）一致的部分。A 部占的面积大，则表示你的自我是健康的、自由的，也是积极向上的；B 部是自己虽已发觉，但别人尚未发觉的部分，应尽可能把它表现出来；C 部是别人发觉而自己未发觉的部分（如虚荣心、自卑感等），在这种会议上，由别人所指出；D 是自己和别人都未发觉的部分。

但是，也有少数大学生由于自我训练没有达到一定的强度，一旦经受这样的刺激或获得解放，抑制就将失去作用，由于混乱而暂时陷入模糊的状态中，在做这样的训练时一定要因人而异，并且要配合小组交谈和指导。改造自我的最大障碍之一便是缺少毅力。我们经常听某人说“我想戒烟，可就是没有毅力”，“我想早起，可就是没有恒心”。缺少毅力的人往往把毅力看作某人固有的心理品质，而自己却不具备。其实，每个人都是在某些方面很有毅力，在另一方面没有毅力，有的人在学习上很有毅力，可以没有午休，没有课间；另一些人在体育锻炼方面很有毅力，可以早起。有的人守时却戒不了烟，有的人能戒烟却不守时。应当看到，毅力总是因环境而异的，是相对的。不同的人就不同的行为而言可有不同的毅力。因此，毅力主要取决于对自我的了解和改造自我的迫切性，也取决于人的价值观。看重身体健康的人，就有毅力早起，有毅力戒烟。问题不在于是否有毅力，而在于你想要什么，你是否有一个明确的目标。

要知道，每天的太阳都是新的，每个清晨中醒来的自我都是新的。你缺少的并不是前进的力量。而是彻底摆脱昨天阴影的力量；你不能前行是因为你不能轻装，是因为你习惯于向后看。请转过身吧，你会发现个全新的自我真好。

成为自己，是当代大学生的思想行为热点之一。成为自己，就是做一个“自如的我，独特的我，最好的我”。大学生成为自己的过程，是其自我同一的过程，是其自我不断走向完善的过程也是其从个人“小我”走向社会“大我”的过程，是既注重自我又不固守自我，而是根据社会要求不断改造自我；既注重自我价值的实现又不仅仅局限于追求个人自我价值的实现，而是把自我价值实现的过程与为祖国现代化建设作贡献的过程统一起来，在为他人和社会的服务中实现真正的自我价值的过程。完善是一种境界，更是一种过程。只有坚持正确的方向，本着科学的态度，投身于火热的社会实践中，辩证地看待社会，分析自我，把握自我，才有可能最终超越自我。

第 5 章　大学生情绪情感健康与自我管理

处在青年期的大学生，情绪情感上正经历着急剧的变化，表现为情绪起伏波动大，情感体验深刻、丰富和复杂，容易陷入情绪困扰。抑郁是困扰大学生的情绪问题之一，是导致大学生自杀的主要原因。① 2002—2011 年我国大学生抑郁情绪检出率为 29.3%，中西部和东部地区大学生抑郁检出率分别为 37.6% 和 24.5%。②这一特点明显地影响到大学生的学习、生活等各方面，长期持续的不良情绪还会严重危害大学生的身心健康。正确了解大学生情绪和情感发展的特点，培养大学生学会情绪情感的自我管理，消除不良情绪，培养良好的情绪和情感，对于增进大学生的心理健康有着重要的意义。

5.1 大学生情绪情感的心理结构

情绪与人类的健康有密切关系，情急百病生，情舒百病除。有益于健康的是“长寿三要素”，即情绪稳定、运动适量、饮食合理；损害健康的是“健康三杀手”，即懒惰、嗜烟、嗜酒，可见情绪稳定对健康有重要的影响。具体来说，生理疾病中的不治之症——癌症与压抑情绪有密切关系。据世界流行病学调查，发现有 40%～80%的常见癌症病（如胃癌、肝癌、宫颈癌等）人具有经常压抑的不良情绪、好生闷气、抑郁。还有人对离婚分居人群癌症发病率升高的情况作了分析研究，说明情绪压抑是导致情绪恶化，进而影响身体健康的重要因素。

① 严红虹,刘治民,王声湧.大学生抑郁及相关因素分析[J].中华疾病控制杂志,2010（3）:257-259.

② 唐慧,丁伶灵,宋秀丽.2002-2011 年中国大学生抑郁情绪检出率的 Meta 分析[J].吉林大学学报（医学版），2013（5）:965-969.

在情绪表达中，通过表情的渠道使人们相互了解，产生共鸣；它为人们建立相互依恋的纽带、培植友谊，以十分微妙的表情动作传递着交际的信息，成为无词通讯的手段。实际上，人与人之间，人与社会之间，都可以通过情绪反映出来，诸如爱与恨、快乐与悲伤、期望与失望、羡慕与嫉妒等情绪和人的语言调节着人际行为。人有许多基本情绪诸，如愉快、悲伤、愤怒、惧怕、惊奇、厌恶等，在人际交往和社会关系中，人们用不同的表情来待人接物，有的人面带微笑，有的人总是哭丧着脸，有的是目瞪口呆，诸如此类，都是不同的表情。各种表情都是不同情绪的反应，不同情绪反应了人们适应环境的不同价值，这更说明了情绪在社会交往中的敏感作用。

5.1.1 **情绪情感的含义**

情绪和情感是人的心理活动的一个重要方面，产生于认识和活动的过程中，并影响着认识和活动的进行。概括地说，情绪和情感是人对客观事物是否满足自身需要而产生的态度体验。人们在进行认识和活动的过程中，总要和客观事物发生各种各样的联系，并对它们产生不同的态度，这种态度又以带有独特色彩的体验的形式表现出来，例如考试取得好成绩使人感到轻松、愉快，失去亲人则令人悲哀、痛苦，遭人打骂会感到愤怒、敌意，处境危急时则感到焦虑、恐惧。这些喜、怒、悲、惧等，都是带有独特色彩的态度体验，是由人对事物的不同态度决定的。人的情绪状态是复杂多样的，按照持续时间长短、强弱程度和影响深浅，可将其分为心境、激情和应激三种状态。情感是人类在社会历史发展过程中形成的，它和人的社会观及评价体系密不可分，反映了个体和社会的一定关系，体现出人的精神风貌。情感主要可分为道德感、美感和理智感。

人对客观事物采取何种态度，要看它是否符合和满足人的需要。与人的需要毫无关系的事物，不会引起任何细微的情绪体验；只有那些与人的需要紧密相联的事物才能令人产生种种情绪和情感体验。凡是能够满足人的需要或符合人的愿望的事物，就使人产生肯定的态度，引起积极的体验，如愉快、喜悦、满意、爱慕、尊敬等。反之，凡是不符合需要或与意思相违背的事物，则会使人产生否定的态度，引起消极的体验，如不愉快、愤怒、憎恨、恐惧、悲哀、羞耻等。有时，即使是同一件事物，由于不同人的需求不一样，也可能引起不同的内心体验。如同是一轮圆月，恋爱中的情侣看到它时，体会到愉悦、爱慕的美好情感，而独在异乡的游子却被勾起无尽的思乡愁绪。此外，由于客观事物和人的需要的复杂性、一件事物可以其不同的方面与人的需要同时处于不同的关系之中，因而产生诸如百感交集、悲喜交加等复杂甚至矛盾的情绪和情感体验。

大学时期是人生情感体验最丰富的阶段，是内分泌激素中与情绪兴奋有直接关系的肾上腺激素进入旺盛分泌阶段，引阶段大学生易兴奋、易激动，情绪体验强烈，常易出现“急风暴雨”式的激情状态。我们经常可以看到，课堂上教师的一个生动例子，立即会引起学生热烈的情绪反应。大学生们的激情状态具有二重性：积极的方面，他们热情奔放，豪情满怀，勇往直前，可能成为做出惊人业绩的巨大动力。例如，可以表现出为真理、正义、斗争而献身的热忱和壮烈的行动，历史上的“五四运动”的参与者大多是青年人；消极方面，则表现为易冲动，不冷静，盲目的狂热，因而可以导致做出一些蠢事和坏事。如他们常常为一点小事被激怒、怄气、对抗，出现不理智的行为。另外，由于大学生辩证逻辑思维发展水平还不高，对待问题易产生偏激，也由于影响大学生情绪的各种社会因素（如学习成绩、师生关系、同学交往、社会工作等）大量出现，致使大学生的情绪、情感易起伏波动。他们会因一时的成功（如获得奖学金）兴高采烈、兴奋不已，又会因一时挫折（如考试成绩不好）垂头丧气、懊恼不止。有时还会出现莫名其妙的情绪波动。但与中学生相比较，大学生们在学习、生活、人际交往过程中，知识经验日益丰富，对情绪、情感的控制调节能力逐渐增强，他们的情绪情感出现了较稳定的特点，有明显的心境化趋势。他们会因考试受挫或人际关系矛盾而在相当长的一段时间里，处于不良的情绪状态中，也会因获得成功而生活在良好的心境里。与此同时，大学生的情绪表现具有文饰、内隐的性质，即他们的内心体验和外部表现一致，有的甚至完全相反。考试不及格，明明心里很难过，却装得若无其事；明明上课未听懂，却装出已听懂的神态。这种情绪文饰、内隐现象，表明大学生对情绪已具有相当的自我控制能力。

5.1.2 大学生情绪情感的结构

人的情绪情感由三个要素构成。（1）特殊的主观体验。指人在主观上感觉到、知觉到的情绪状态。如喜、怒、哀、恐等，这些都是独特的主观体验色彩。（2）情绪的生理基础。中枢神经系统对情绪起着调节和整合作用，在情绪反应产生时，神经、呼吸、循环、消化、内分泌等系统都要发生一系列变化。所以情绪产生时必然伴随着显著的身体内部的生理变化，必然影响到人的生理健康。（3）情绪的外部表现形式。包括面部表情是情绪表现的主要形式，如眉开眼笑、愁眉苦脸、目瞪口呆、面红耳赤等都表示了不同的情绪状态；体态表情是身体各个部分姿态的变化，如手舞足蹈、垂头丧气、坐立不安等；言语表情主要指语言的声调、音色、节奏、速度方面的变化，如悲哀时语调低沉、言语缓慢，喜悦时语调高昂、速度较快、语音高低差别大。

从大学生情绪情感发展的纵向构成看，大学生情绪和情感的发展呈现出明显的阶段性特点。单就大学阶段而言，有着显著的年级差异。（1）低年级学生情绪和情感的特点：刚刚跨入大学校园的新生，心中涌动着成为一名大学生的自豪感，对校园中的一切都感到新鲜、好奇，体验到走出“黑色七月”的轻松和愉快；同时，由于没有考上更好的专业和学校或在新班级中失去原有的中心位置，以及理想中的大学生活与现实的巨大落差等原因，许多大学生感到强烈的失望、迷惑和自卑。激烈的竞争、繁重的课程、不同的教学方法使大学生在短暂的轻松感过后很快便感到压力和紧迫感；陌生的环境和人、生活上的不适应，使得低年级大学生产生恋旧感，深深地思念父母家人和旧日同学。因而，一年级大学生的情绪和情感体现出自豪感和自卑感交织、轻松感和压力感交织、新鲜感和恋旧感交织的特点。（2）中年级大学生情绪和情感的特点：二三年级的大学生经过一年的调整后，已逐渐融入大学生活和学习之中，适应性情感增强，表现在：专业思想渐趋稳定，学习兴趣浓厚，求知欲强，思维活跃，对自我的认识进一步深入，独立感、自尊感和自信心得到发展。此时大学生的人际交往逐渐增多，与班级同学的感情较为密切，并建立起深厚的友谊，一些大学生还开始了对爱情的追求。中年级大学生爱好广泛，积极参加社会活动和审美活动等。社会责任感、义务感、荣誉感和美感进一步发展并成熟。情绪和情感总体看来较为平稳。（3）高年级大学生情绪和情感的特点：经过近四年时间的大学学习，高年级学生即将告别学校，走上工作岗位，此时他们的社会责任感明显增强，社会性情感日趋丰富，主要表现为更多地关心个人与社会的关系思考人生价值和意义的倾向。毕业在即，高年级学生大多面临毕业考试、论文答辩、求职择业、恋人去向等诸多抉择和压力，因此紧迫感和忧虑感十分明显，同时对母校和班级、同学产生惜别留恋之情，依依不舍。但也有个别大学生，因学习或择业中遭到挫折，产生愤怒、焦虑、紧张情绪，在冲动中做出毁坏公物、打架斗殴等恶劣行为，需要引起注意，并加以教育和引导。

从大学生情绪情感类型结构上看，不同层次大学生情绪和情感有不同特点。按在校学习成绩、表现及能力，可将大学生分为优秀生、中等生与后进生三个层次。现就优秀生和后进生的情绪和情感特点作一简单介绍：优秀生的情绪和情感特点：优秀生的独立感、自尊心和自信心较强，情绪大多积极、愉快、乐观。他们的求知欲极强，学习兴趣浓厚，能体验到获取知识和有所创造时的快乐，对班集体的责任感和荣誉感较强。后进生的情绪和情感特点：后进生的内心充满了矛盾，一方面他们想努力学习，奋发进取，甩掉落后帽子，另一方面又常因缺乏毅力和恒心，半途而废，徘徊不前，因而内心常常感到苦恼、痛苦、自责，他们既有强烈的自卑感，又有一定的自尊心，最忌别人揭短，怕人瞧不起。科学认识大学生情绪和情感发展的特点。有助于准确把握他们的心理和行为，调适不良情绪，促进良好情绪和情感的培养。

5.1.3 大学生情绪情感的形成

人们的情绪和情感都有着从简单到丰富、从不成熟到成熟的发展进程，每个发展阶段各有不同特点：婴幼儿（1-3 岁）在出生后不久基本上只有愉快和不愉快两种情绪，渐渐会形成快乐、害怕、发怒、害羞等情绪，和母亲产生感情依恋；童年期（3-14 岁）各种情绪继续丰富发展，同时理智感、道德感、美感等社会性情感产生并逐渐发展；青年期（14-25 岁）的人情感丰富复杂且体验深刻，情绪的波动起伏大，易冲动；到了壮年期（25-45 岁），情绪和情感则渐趋稳定成熟，能够自我控制和调节情绪，此时社会责任感强烈；中老年期（45

岁以后）情绪基本是平静、恬淡，顺乎自然，但受更年期、疾病衰老、家庭生活变故等影响，易出现忧郁悲观、孤独寂寞、多疑易怒等消极情绪。

情绪情感的形成条件很复杂，概括而言，主要包括三个方面。（1）客观现实是情绪产生的源泉。一般来说，人类的基本情绪及表现形式是生来就有的。如盲聋儿童虽然不能实现、模仿他人的情绪表现，但遇到刺激时，也能与正常儿童一样，表现出恐惧、欢喜、痛苦等情绪。然而个人丰富的情绪体验及复杂的情绪表现却是后天学习的结果，即根据客观事物的不同特点及事物与人之间存在的关系不同，人们就对这些事物拥有不同的态度，有不同的情绪体验。如人之所以会哭，是因为伤心，人之所以会笑，是因为快乐，人会战斗是因为恐惧。但是，客观事物刺激情绪并不是情绪产生的直接原因，其中认知因素起了重要的中介作用。比如，当大学生成绩优秀时，就会十分愉快，当他们有一天突然发现自己丢失了很重要的东西时，就会感到悲伤等。（2）人的需要是情绪产生的基础。快乐实际上是人的需求得到满足时的情绪体验。西方流行着一个“快乐公式”，即快乐=满足∶欲望（快乐是满足与欲望之比）。（3）各种具体的内心体验。首先，愤怒是欲望和要求被阻止时所产生的情绪。愤怒从强度的大小可以分为轻微不满、气恼激怒、大怒、暴怒、狂怒等形式。愤怒的强度越大，越容易使人失去理智控制。从时间上说，有即时产生的愤怒和延缓产生的愤怒两种。一般来说，文化修养越高，立即产生的愤怒越少。生气（气愤）会耗费人体大量精力，其程度不亚于参加一次 1 千米赛跑。生气时的生理反应十分剧烈，人体产生的内分泌比其它情绪都复杂、都更具毒性。因此，动辙生气的人很难健康。其次，恐惧是一种企图摆脱危险的逃避情绪。从强度上看，恐惧是从轻度的担忧到惧怕恐慌、恐怖。恐惧感强度越大，产生的消极作用就越大。再次，悲哀是人类原始情绪之源。悲哀是指与喜欢、热爱的对象遗失、破裂或所盼望的东西幻灭相联系的情绪体验。悲哀程度取决于所失去的东西的价值。比如深切的悲哀是由失去亲人或贵重的东西所引起的。悲哀根据其程度不同可以分为遗憾、失望、难过、悲伤、极度悲痛等，悲哀有时伴随哭泣，它是一种消极的情绪。较强的悲哀常发生失眠、食欲不振、失望焦虑等反应，有伤身体、也影响思想和信念。

5.2 大学生情绪情感的特征

大学生正处在青年期，具有青年人共有的情绪和情感特征，情感丰富、复杂、不稳定。青年人对人、事、社会现象十分敏感、关注，对友谊、美、爱情、正义等的追求十分执着，爱思考、辩论，甚至于以行动来维护心目中的真善美；他们的情感体验深刻强烈，感情容易外露，喜怒哀乐常形于表面，在外界刺激下容易冲动、凭感情用事，过后又懊悔不已；情绪起伏波动较大，呈两极趋势，有时兴奋激动如火山爆发，有时消沉忧郁甚至失去活下去的勇气。此外，大学生这一群体由于其独特的社会地位、知识水平、心理发展特点以及生理状况，使得他们的情绪和情感具有鲜明的特点。

5.2.1 大学生情绪情感的两极性

大学时期是人生面临多种选择的时期，学习、交友、恋爱等人生大事基本在这一阶段完成。社会、家庭、学校及生活事件，都会对大学生的情绪产生影响。尽管大学生的认识水平有了一定的提高，对自己的情绪已有了一定的控制能力，情绪亦趋于稳定，但同成年人相比，大学生相对敏感，情绪带有明显的波动性，一句善意的话语，一个感人的故事，一支动听的歌曲，一首情理交融的诗歌，都可以致使青年情绪发生骤然变化。特别是在社会转型过程中，社会的变迁、体制的变革，新与旧价值观的更替，种种复杂的社会现象更容易使大学生产生困惑和迷茫，产生情绪的困扰与波动。同时，由于大学生正处于情绪表现的“动荡”时期，自我认知、生涯发展及心理发展还未成熟等原因，他们的情绪起伏较大，带有明显的两极化特征：胜利时得意忘形，受挫折时垂头丧气；喜欢时花草皆笑，悲伤时草木流泪，情绪的反应摇摆不定、跌宕起伏。有人对大学生进行调查，发现 70%的人情绪都是经常两极波动的，也就是像波动曲线一样，忽高忽低，忽愉快忽愁闷。

情绪、情感的两极性是指情绪与情感不论从哪个角度来分析，都存在两个对立的方面，其基本表现形式有肯定与否定、积极与消极、紧张与轻松、强与弱等。在一定的条件下，相反两极的情感可以相互转化。大学生的生理发展已经成熟，由于性成熟和性激素分泌旺盛，使大脑皮层和皮层下中枢之间出现暂时的不平衡，易产生情绪波动。另外，从人体生物节律来看，人的体力、情绪和智力都有周期性的变化，处在高潮期时，人感到体力充沛、心情愉快、思维敏捷；处在低潮期时则正好相反，人会觉得疲劳乏力、心情沮丧、思维迟钝，也呈波动的特点。两极性是指大学生的情绪容易从一个极端跳到另一个极端摇摆不定。情绪的两极性表现在紧张与轻松、激动与安静、肯定与否定、从弱到强等状态。情绪两极性的心理原因主要有三个方面：一是由于大学生对事物的认识还不稳定，还缺乏完整的把握，因而在思维方式上往往轻易地加以绝对的肯定或否定，容易走向极端。二是大学生的内在需要日益增长并不断变化，与现实满足需要的可能性之间存在一定矛盾。三是大学生理想与现实的不一致引起的矛盾和波动。

大学生情绪的冲动性常常与爆发性相连。大学生的自制力较弱，一旦出现某种外部强烈的刺激，情绪便会突然爆发，借助于冲动的力量驱使，以至于在语言、神态及动作等方面失去理智的控制，忘却了其它任何事物的存在，极易产生破坏性的行为和后果。心理学家霍尔认为青年期处于“蒙昧时代”向“文明时代”演化的过渡期，其特点是动摇的、起伏的，他把这一时期称为“狂风暴雨”时期。由于知识水平和认知能力的提高，大学生对自己的情绪能够有所控制，但由于他们兴趣广泛，对外界事物较为敏感，加之年青气盛和从众心理，因而在许多情况下，其情绪易被激发，犹如急风暴雨不计后果，带有很大的冲动性。他们往往对符合自己信念、观点和理想的事件或行为迅速发生热烈的情绪；对于不符合自己信念、观点和理想的事件或行为，则迅速出现否定情绪。个别的有时甚至会盲目的狂热，而一旦遇到挫折或失败又会灰心丧气，情绪来的快，平息也快。

研究发现，“一般情况下，大学生出现强烈的心理反应之后，不仅心理状态会受到严重的影响，同时，其思维判断能力也同样会受到一定程度的干扰，出现痛苦感、记忆力下降等症状，并伴随出现行为失常和意志力减退等多种问题。出现强烈心理反应之后，大学生将会出现较强的痛苦感，并且心理状态急剧恶化，甚至会产生轻生的念头，其社会功能的实现也难以为继”。①

① 李雅,滕秋玲.95 后大学生心理健康现状及应对策略[J].西部素质教育,2018（13）:81-82.

5.2.2 大学生情绪情感的复杂性

大学生的情绪心理发展过程既有明显的层次性，又有纵横交错的复杂性，体现在不同年龄（年级）的大学生情绪有差异。一般认为，随着年龄的增长、年级升高，情绪稳定性增加，波动性与冲动性减少；但另一方面，不同的个体在情绪表现上显示出一定的差异，男女之间情绪差异更明显。

大学生的情绪和情感极为丰富。不论在日常生活、学习、交往中，还是从事社会活动时，无不带有浓厚的感情色彩。大学生在自我情感体验方面敏感丰富，注重独立感、自尊心、自信心和好胜心；在学习活动中有强烈的求知欲、好奇心，热爱科学和真理，恨迷信和谬误；大学生对祖国、社会和集体有着深厚的情感，他们有强烈的民族自豪感和自尊感，有“天下兴亡，匹夫有责”的责任感、义务感，嫉恶如仇，善恶分明，正义感鲜明；大学生对纯洁的友谊和爱情十分向往，还积极地在发现美、欣赏美、创造美的活动中体验到美的感受等。这些丰富的情感在表现形式上复杂多样，呈现出外显和闭锁、克制和冲动交错的特征。通常情况下，大学生对外部刺激的反应迅速、敏感，喜怒哀乐溢于言表，内心体验和外部表现是一致的，呈现出明显的外显性特点，例如为比赛胜利欢呼雀跃，因考试失败而垂头丧气。然而，在一些特定场景和事件上，大学生的情绪外在表现和内心体验往往并不一致，有时会把内心真实的情绪和情感隐藏起来，显得冷淡、无所谓，如当大学生感受到不友好、不公正的对待和压制时，在得不到理解和尊重的场合中，在对立紧张的情况下，他们就会把心扉紧闭起来，不轻易表露自己的真情实感。有时，还会采用文饰、反向的办法来掩饰内心情感，就像伊索寓言中的狐狸那样，吃不到葡萄说葡萄酸，或说自己从来就不爱吃，也不想吃。这就是大学生情绪和情感的闭锁性的特点，它与情绪的外显性是交错共存的，只要有适当的场合和理解、关心的对象，大学生就会敞开心扉，表露真实情感。

从生理发展分段来看，大学生正处于多梦的年龄阶段，几乎人类所具有的各种情绪，都可在大学生身上体现出来，并且各类情绪的强度不一，例如有悲哀、遗憾、失望、难过、悲伤、哀痛、绝望之分；从自我意识的发展来看，大学生表现出较多的自我体验，自我尊重的需要强烈，易产生自卑、自负等情绪体验；从社交方面来看，大学生的交际范围日益扩大，与同学、朋友及师长之间的交往更细腻、更复杂；在情绪体验的内容上，大学生的情绪呈现出相当丰富多彩的特征，以惧怕的情绪来说，大学生所怕的事物，主要与社会的、文化的、想象的、抽象复杂的事物和情势有关，诸如怕考试、怕陌生人、怕惩罚、怕寂寞等。

5.2.3 大学生情绪情感的层次性

大学阶段由于不同年级培养目标和培养重点不同，教育方式和课程设置有所区别，各个年级面临的问题不同，大学生的情绪特点也不同，呈现出阶段性和层次性特点。大学新生所面临的是环境、学习方法的改变、新的交往对象熟悉、了解以及新的目标确立等问题。新生自豪感和自卑感混杂，放松感和压力感并存，新鲜感和恋旧感交替，情绪波动大。二三年级经过了一年级的适应过程，能够融于校园生活中，情绪较为稳定。毕业班学生面临毕业论文（毕业设计）及择业等多方面的重大问题，压力大情绪波动大，消极情绪多。另外，由于社会、家庭及自身要求、期望不同，能力、心理素质的差别，大学生也会体现着不同的情绪状态。

大学生情绪情感的层次性，最突出的表现是高级情感日趋成熟、稳定，并逐渐成为个性特征的一部分。随着认知水平的提高，知识经验的积累，使大学生对自己的情绪已有了一定的控制能力，情绪趋于稳定。如在中学时期，情绪容易一触即发，而现在则有趋于迟发的趋势，如果被别人激怒，不一定立即做出情绪反应，而能使自己的情绪冷静下来再做反应。这就是说，大学生已具备控制或压抑自己强烈情绪的能力。但是，与成年人相比，大学生的情绪仍带有明显的波动性，情绪起伏较大，时而激动时而平静，时而积极时而消极。如学习成绩优劣、身体健康状况好坏、入党入团问题、奖学金的多少、同学关系的好坏、恋爱的成败等，都会引起情绪波动。当遇到顺利的事情时，就显得格外兴致勃勃。在高校教育环境中，随着大学生知识经验的增多，能力的提高，他们的道德感、理智感和美感获得了高度的发展，日趋成熟、稳定，并逐渐成为个性特征的一部分。在道德感的发展上由于大学生道德认识不断提高，使道德情感进一步深化，符合社会准则和期望的道德感逐步形成。他们热爱祖国和人民，有高度的使命感和责任感；他们期望平等和谐的人际关系，憎恨不正之风；他们颂扬助人为乐无私奉献的道德行为，鄙视损人利己的丑恶行为；他们珍惜集体荣誉，崇尚团结、正义。大学生在理智感方面的发展更为突出，他们的求知欲望、认识兴趣趋向深刻和稳定，对社会、自然和自身的探索已变成一种自觉的追求。研究结果表明，求知需要在大学生众多的需要中占据了首位。正是这种强烈的求知需要，为大学生理智感的高度发展提供了内在的基础。他们在学习新知识的过程中经常会出现迫不及待的紧张感，会因理论观点争得面红耳赤，也会因一道难题冥思苦想而倍感学习中的甘苦喜忧；在科学实验和社会实践过程中表现出好奇心和惊讶感。在美感发展方面，大学生的审美观和审美情感日益深刻。他们对美有着敏锐的感受性，对美好事物不论是自然美、社会美、艺术美还是人格美均有着强烈的需要和执着的追求。因而他们喜爱在大自然的美景中陶冶崇高情操，渴望良好和谐的社会风气和人与人之间的真挚友情，并不断从品德、心灵、语言、行为等方面加强修养，以追求人格的完美。

5.3 大学生情绪情感的自我管理

人们通常按照需要的满足与否，把情绪和情感分为积极的和消极的两大类，前者如轻松愉快、满意、爱慕等，后者如悲伤、绝望、愤怒仇恨、羞耻等，都是人们对内外界刺激做出的反应。其中那些看似只有害处、毫无价值的不愉快的情绪体验，实际上对人们的身心亦有着一定的意义和作用，是不可缺少的。例如恐惧、焦虑、愤怒等情绪，往往是一种“危险”“注意”的信号，警示个体高度警觉，同时机体产生巨大的能量，以帮助人们避开或逃脱危险的情境，它是一种个体的自我调节和自我保护机制。因此，凡是由内外刺激引起的适当情绪反应，无论它是令人愉快的还是不愉快的，对人体都具有独特的意义和价值，缺乏任何一种，情绪和情感体验都是不完整的。

健康的情绪是健全人格的必要条件之一。一般而言，情绪的目的性恰当、反应适度，不带有幼稚的、冲动的特征，符合社会规范的要求，就是情绪健康的标准。对大学生来说，情绪健康具体表现为：情绪的基调是积极、乐观、愉快、稳定的，对不良情绪具有自我调控能力，情绪反应适度；高级的社会情感

（理智感、道德感、美感等）能得到良好的发展。现代生理学、心理学和医学的研究成果表明，情绪和情感对人的身心健康具有直接的影响，可以说是情绪主宰健康。大学生若能经常保持心情愉快、舒畅、开朗乐观，则人体免疫功能活跃旺盛，可减少疾病感染的机会，有益健康。苏联生理学家巴甫洛夫说："愉快可以使你对生命的每一跳动，对于生活的每一印象易于感受，不论躯体和精神上的愉快都是如此，可以使身体发展，身体强健。"中国俗语说"人逢喜事精神爽"，"笑一笑、十年少"，就是说愉快乐观的情绪和情感可以延缓衰老、增进健康。良好的情绪和情感不仅可以促进生理健康，更与大学生的心理发展密切相关，情绪和情感发展健康、良好的大学生往往对生活充满热爱，对自己充满自信，好奇心和求知欲浓厚，思维活跃，富于创造性，爱好广泛，行为积极主动，乐于交往，并能与人建立相互信任、理解的友好关系，有利于大学生提高学习、工作效率，激发潜能，实现全面发展。

5.3.1 大学生的不良情绪反应

所谓不良情绪是指持续的消极情绪和过度的情绪反应，例如因不幸事件引起的悲伤、忧郁，持续数周、数月甚至数年都不能消除，或情绪反应过于激烈，都会对身心造成危害，有时即使是愉快的情绪，因反应不适度，也可能成为不良情绪。如范进中举后狂喜致疯，就是众所周知的例子。不良情绪对人的身心健康危害极大，在压抑、紧张、焦虑、恐惧等消极情绪的长期作用下，人体免疫功能下降，容易罹患各种传染性疾病，同时内脏器官尤其是消化系统和心血管系统受到影响，易导致高血压、冠心病、消化道溃疡等疾患。如医学史上记载，列宁格勒被德军围困的岁月里，城中居民因紧张、焦虑、致使高血压和溃疡病的发病率显著增高。大学生中常见的偏头痛、心律失常、胃溃疡等疾病也多和紧张、压抑、焦虑等不良情绪有关。强烈的情绪反应和持久的消极情绪还会影响到神经系统的功能，破坏大脑皮层的兴奋与抑制的平衡，使人的认识范围变窄，分析判断力减弱，失去自制力，严重的甚至会引起精神错乱、行为失常和神经症等。调查表明，大学生中常见的心理障碍和疾病大多与持久的消极情绪有关。如神经衰弱的病因，就和长期处于紧张、焦虑的情绪状态有直接联系。有些大学生还因无法调适、消除不良情绪，长期陷于苦闷、压抑、抑郁等状态中，感到悲观、痛苦，不仅严重地影响了学习和生活，甚至走上自杀的道路酿成悲剧。

大学生的不良情绪有两类表现：一是过度的情绪反应。包括因一些重大的生活事件而引起的情绪反应过于强烈，如狂喜、暴怒、悲痛欲绝等；还包括情绪反应过于迟钝，遇到事情无动于衷，淡漠无情。二是持久性消极情绪。即当引起忧愁、恐惧、愤怒等消极情绪的因素消失后较长时间沉溺在消极状态中不能自拔，如焦虑，抑郁、冷漠、愤怒、嫉妒、压抑等常见的大学生情绪困扰。从表面上看，大学生心理危机的产生似乎是突发的，具有偶然性、不可预期性。相关研究证实，大学生心理危机有特定的产生、发展过程，并且它也有着一定的表征，大学生在心理危机状态下会在情绪、言语、行为等方面有所改变。情绪反应主要包括情绪不稳定、过于紧张焦虑、容易烦躁愤怒、长期情绪低落和抑郁悲观、无聊空虚等；认知反应主要包括学习无法集中注意力、记忆困难、反应力减慢、思维理解出现困难或异常，不能将注意力从危机事件中转移等。行为反应方面包括言行异常、经常旷课或在课堂上睡觉、生活过于散漫没有规律、拒绝帮助、沉默、社交退缩或回避、习惯改变、过度活动等。生理反应包括失眠、多梦、食欲下降或暴饮暴食、容易疲倦、腹泻、头晕、胸闷、心跳加快等。自杀意念包括关注谈论自杀、羡慕自杀成功的人、在社交平台发布自杀的想法、流露绝望、过度自责的想法、买礼物送给好朋友、处理珍贵的物品等。①

大学生的不良情绪不仅会引起生理疾病，而且易导致各种心理疾病和障碍，危害极大。首先，不良情绪会引发生理疾病。不良情绪影响内脏器官功能，最明显的是心血管系统和消化系统。比如人在有恐惧或悲哀情绪时，胃粘膜出血，胃酸停止分泌可引起消化不良；在焦虑、愤怒、恐惧时胃粘膜充血，胃酸分泌增多，常导致胃溃疡。据一家医院统计，在500个院求诊的肠胃病人中，因长期情绪不好而致病的高达7.4%。大量研究发现，情绪冲突与高血压有关；情绪急躁、易激动、好与人争斗与冠心病有明显的关系；不良情绪可导致癌症，因为不良情绪长期过度刺激，会导致大脑皮层兴奋与抑制的失调，使机体内分泌功能发生紊乱，免疫功能受到抑制，使人体内原有潜伏的恶性细胞激发增生、

① 刘润香,涂威.论大学生心理危机评估的几个问题[J].教育现代化,2018（36）:242-243.

诱发癌症。大学生中常见的消化性溃疡、紧张性头痛和偏头痛、心律失常、神经性皮炎等都与不良情绪有关。其次，不良情绪导致心理障碍，影响心理健康。强烈的紧张情绪首先影响到神经系统的功能，破坏大脑皮层的兴奋与抑制的平衡，使正常判断能力减弱，失去理智和自制力，甚至有可能使人精神错乱、行为失常。根据调查，大学生中常见的抑郁症、恐惧症、强追症、神经衰弱等，大多与持久的消极情绪密切相关。在大学生自杀的原因中部分是情绪问题引起的，而大多数的自杀念头又产生于抑郁症状态之下。

认知行为治疗（Cognitive Behavior Therapy，CBT）理论认为，个体的反应受到应激源和个人因素的直接或者交互的作用。Holmes 和 Rahe 认为，生活中的重大事件会通过引发对生活方式的再适应，进而影响身心的健康状况。①也有研究表明，个体的心理健康状况，如情绪状态也会影响对生活事件的认知。②更多研究证明，负性生活事件的发生和个体的心理健康是存在相关关系的。③在现实生活中，大学生不良情绪反应多种多样，不良反应的成因具有不确定性。对于同一件事，不同的人会有着截然不同的情绪体验。如同样是竞选班干部落选，有的人痛苦失望、烦躁易怒，有的人心情平静；同样是考试得了六十分，有的同学十分满意、高兴，有的则伤心不已。因此，我们必须坚持具体事物具体分析。下面，列举的是大学生中常见的不良情绪反应。

（1）焦虑。焦虑是一种紧张、害怕、担忧、焦急混合交织的情绪体验，当人们在面临威胁或预料到某种不良后果时，便会产生这种体验。焦虑是人处于应激状态时的正常反应，适度的焦虑可以唤起人的警觉，集中注意力激发斗志，是有利的。例如考试对大学生而言，是一种紧张刺激，因而引起焦虑反应是正常的。教育心理学的研究表明：中等程度的焦虑最有利于考生水平和能力的发挥，而过高的焦虑或无焦虑则不利于考生能力的正常发挥。所以说，只有不适当的高焦虑才会影响大学生的学习和生活，对身心健康造成不利影响。被焦虑

① Holmes T H, Rahe R H. The social readjustment rating scale [J].Journal of Psychosomatic Re - search, 1967（2）: 213 - 218.

② Paykel E S. Contribution of Life events to causation of psychiatric illness[J]. Psychological Medicine, 1978（2）: 245 - 253.

③ Costello C G. Social factors associated with depression: a retrospective community study [J]. Psychological Medicine, 1982,（2）: 329 - 339.

感困扰的大学生内心感到紧张、着急、惶恐害怕、心烦意乱，注意力难以集中，思维迟钝、记忆力减弱，同时常常伴有头痛、心律不齐、失眠、食欲不振及胃肠不适等身体反应。引发大学生产生焦虑情绪并深受其困扰的原因主要来自社会、学校和个人三方面：①社会因素。现代社会正处在变革期，生活节奏不断加快、竞争日趋激烈、信息量急剧膨胀，人们的思想、观念、心理和行为受到巨大冲击，大学生也不例外，加之人生观尚未稳固形成、心理发展尚未完全成熟、前途未定，因而更容易产生困惑迷惘、紧张、焦虑和无所适从。此外，社会上的不正之风也对大学生产生一定的消极影响，一些大学生担心“毕业即失业”，十分焦虑。②学校的因素。教育体制的改革使“60 分万岁”成为历史，现在的考试成绩往往与大学生的深造、就业等紧紧联系。面对激烈的竞争、繁重的学习任务、门类众多的考试，许多大学生感到紧张、担忧、焦急。一些大学生还因害怕考试失败影响自尊或前途，担心准备不足、对成绩过分看重等原因，形成考试焦虑，在考试前忧虑紧张，在考试中怯场，甚至平时也陷入焦虑感中无法自拔。另外在人际交往和性心理生理方面的错误认识，也是大学生陷入焦虑困扰的重要原因。③个性因素。研究表明，具有谨小慎微、优柔寡断、依赖性强，对困难过分估计、常自怨自责等个性特征的大学生更易产生焦虑感。

(2)易怒。愤怒是由于自我评价偏高，鲁莽、冲动性强的大学生也容易发怒。

(3)压抑。压抑是当情绪和情感被过分克制约束，不能适度表达和宣泄时所产生的内心体验，它混合着不满、苦闷、烦恼、空虚困惑、寂寞等诸种情绪。有的时候，人们知道自己在压抑什么，但更多的时候常常感到一种压抑感，却不知压抑来自何方，更不知如何消除压抑。处在压抑苦闷状态中的大学生常常精神萎靡不振，缺少青年人应有的朝气和活力、对生活失去广泛兴趣，不愿主动与人交往，感觉迟钝容易疲劳，不满和牢骚多。长期严重的压抑会诱发高血压、冠心病、消化道溃疡等疾病，极易导致心理障碍。青年大学生思想活跃、兴趣广泛、精力充沛，无不渴望体验丰富多彩的大学生活，但现实中的生活却是繁重的课程、激烈的竞争、沉重的考试压力和单调枯燥的业余生活，大学生丰富的文化生活需要得不到满足，感到乏味压抑。大学生在自身心理、生理和社会性发展中的矛盾性特点，也是他们易产生苦闷压抑情绪的重要原因，例如，一方面他们强烈地希望与人交往，得到理解和友谊，体验爱情的甜蜜，另一方面由于自我评价不当、认识错误、缺乏交往能力等原因，使得他们在交往中畏缩不前甚至自闭自锁，感情无处寄托，体验到郁闷、痛苦、压抑，又如因性欲望、性冲动被社会规范约束而产生的压抑感等。此外，大学生受不良社会风气和现象的冲击而产生的困惑、迷惘，以及个性上的缺陷，如固执、刻板、退缩、过分敏感等，都易使其产生情绪困扰，若不及时调适、宣泄，长期累积便会形成压抑。

（4）抑郁。抑郁是一种持续时间较长的低落消沉的情绪体验，处于抑郁状态中的大学生，看到的一切仿佛都笼罩着一层暗淡的灰色，对什么事都提不起兴趣，常常感到精力不足、注意力难集中、思维迟钝，同时伴有痛苦、羞愧、自怨自责、悲伤忧郁的情绪体验，自我评价偏低，对前途悲观失望。长期处在抑郁情绪状态，会使大学生的学习、工作和生活受到极大影响。情绪抑郁消沉的大学生往往对学习、交往和活动失去热情和动力，体验不到生活的乐趣，学习效率大大降低，由于自我估价偏低，常常自怨、自责，认为自己无能无用，愧对父母师友，对生活失去信心，甚至产生自杀的念头和行为。持久的严重抑郁情绪还可能导致抑郁性神经症、肿瘤、胃溃疡、结肠炎等多种身心疾病。由于大学生心理和社会性发展的不成熟，在遇到挫折时、往往难以接受，认为是不该发生偏又落到自己头上的事，在对社会、他人和自我进行评价时，容易片面化、极端化，如把生活看成非黑即白、非好即坏，且多看其消极、黑暗面，因而极易陷入悲观沮丧情绪低落的抑郁状态中。遭受重大不幸事件和灾难，如亲人亡故、罹患重病、家境贫困、负担过重，以及长期努力却不能得到相应回报，也是导致抑郁情绪的原因。此外，性格内向、敏感多疑、依赖性强、易悲观的大学生相较其他同学更易陷入抑郁情绪。

（5）冷漠。冷漠是一种对外界刺激漠不关心、冷淡、退让的消极情绪体验。处在青年期的大学生正是感情丰富、兴趣广泛、情感体验深刻强烈的时期，但有些大学生的表现却与这一特点明显不符合，他们对学习应付了事、缺乏兴趣，对成绩高低也不甚在意，对集体和同学态度冷淡，大多独来独往，十分孤僻，整天昏昏欲睡，仿佛对一切都无动于衷。冷漠状态对大学生的身心危害极大，它往往是个体压抑内心愤怒情绪的一种表现，他们表面冷漠，内心却倍受痛苦、孤独、寂寞和不满、愤恨的煎熬，有强烈的压抑感，由于没有宣泄途径，巨大的心理能量无法释放，便会破坏心理平衡，导致各种疾病和心理障碍。冷漠是个体受到挫折后的一种消极的情绪反应，它通常在个体不堪承受挫折压力，攻击行为无效或无法实施，又看不到改变境遇的可能时产生；长期反复遭受同一挫折却又无力改变，即长期的努力得不到相应回报时，也会用退让、遇避、冷淡的方式进行自我保护，产生冷漠反应。家庭环境也是影响大学生情绪与情感发展的重要因素，如从小缺乏父母的关心爱护、与家人关系冷淡疏远，家庭矛盾尖锐、气氛紧张等因素也易阻碍大学生情绪与情感的良好发展，产生冷漠情绪。另外，性格内向、固执，心胸狭隘，思维方式片面的大学生更易在挫折打击下产生冷漠反应。

5.3.2 大学生不良情绪的消除

掌握如何消除不良情绪和情感，可以尽量减少或避免其对大学生身心的消极影响，保持愉快的心境，促进情绪和情感的成熟、稳定，从而形成良好的情绪和情感。

（1）宽容待人。每个人都有着不同的气质、性格、爱好和生活方式，以及缺点和过错。在不违背原则的基础上，宽容待人是一种较高的修养，是心胸开阔的表现；心胸狭隘的人不能宽容别人，这样既会被他人怨恨，也会使自己的心情不愉快，身心受到损害；而不能宽容自己的人则容易陷入自责、自怨、悔恨的情绪之中。有了宽容大度的胸怀，在发怒时才会理智地克制和约束自己，扑灭心头的怒火。克制不良情绪可采用以下方法：一是平心静气法。在激烈争论，即将发生冲突时，通过有意识地降低说话的音量放慢语速、避免身体前倾，就可淡化、缓和紧张冲突的气氛，渐渐心平气和。二是冷静处理法。在怒火中烧时，先从 1 数到 10 再开口，或接受俄国作家屠格涅夫的忠告，将舌头在口内转 10 圈，以加强自我克制。三是暂离现场法。在感到即将控制不住愤怒时，可迅速离开现场，避开双方“气头”，待回来后往往已风平浪静了。此外，还可以通过移情换境来转移注意力，约束和消除不良情绪，当你被烦恼、忧愁纠缠不休时，可做些自己喜爱的事，或置身于另一种环境气氛中，如读书、练字、看电影、打球、散步、跳舞、旅游等都能使你摆脱原来不愉快的情绪，重新振奋起来。

（2）合理疏泄。虽然可用理智暂时约束压抑它，但不能彻底排除，这种心理能量的积聚，如果超过一定的负荷，就会破坏心理的平衡，引起心理疾病。采用适当的途径合理宣泄，才能把不愉快的情绪释放出来，消除压抑感。一是倾诉。在内心充满烦恼和忧虑时，可以向知心朋友或信任的老师、家长倾诉心声，也可以用写信的方式来倾吐心中的不快，写过后并不一定要寄出，把它撕毁或付之一炬都行；记日记也是简便易行的方式。二是哭泣。在极为伤悲、委屈的时候，不论男女都不必强忍眼泪，尽情地痛哭一场必定会感到一种特别的轻松、平静。三是剧烈的活动。如较大运动量的体育活动、体力活动、激烈的快节奏的喊叫等，亦有助于释放紧张的情绪，消除烦闷和抑郁。情绪的疏泄要做到适时适度，注意时间、场合和方式方法，既不能影响他人的工作、学习和生活，也不能有损自己的身心健康，更不能触犯法律法规、危害社会。

（3）自我暗示。暗示是一种特殊的心理现象，它通常是通过语言的刺激来纠正和改变人们的某种行为或情绪状态。根据语言刺激的来源不同，暗示可分为自我暗示和他人暗示两种。自我暗示是指自己有意识地将某种观念不断强化，从而影响自己的情绪和行为，它一方面可以增强自信心，促进自我悦纳、激励奋进，例如用一分钟时间描述自己的优点和能力，对自己进行赞美和鼓励就是一种增强自信、获得激励的有效途径，还可以针对自己的不足，专门设计一些话语，以克服缺点，告别自卑。另一方面，自我暗示可以松弛紧张的情绪，克制愤怒，例如，在冲动易怒时，心里默念“冷静一些，别发火”，在考试时，告诫自己“别紧张，放松点，这次一定能考好”。一些大学生还采用书面语言的形式来进行自我暗示，将写有自己喜爱格言的条幅挂在墙壁上，时刻提醒自己。

（4）放松调节。当人感到身心疲惫、情绪紧张、焦虑烦躁不安、心理压力过重时，采用放松技术进行自我调适，可以排除杂念干扰，平静心绪，有效地缓解心理压力和消除不良情绪实现身心放松。一是想象法。可先选择一个比较安静的环境，然后全身放松，闭上眼睛，开始进行想象，一般是想象一些美好的景物、幸福的经历，如想象自己在海边散步，头上是繁星满天，脚下是柔软的沙滩，这时可以充分发挥你的想象力，体会海浪的哗哗声，海风拂面带来的凉爽、潮湿和腥味，脚底踏着沙砾和贝壳的感觉，是柔软还是扎人，接着想象自己在海边小憩一下，然后离开海滩回来，深呼吸数次从 1 数到 5，再慢慢睁开眼。此法刚开始进行时，心里不易宁静，但坚持下去就会感到大有裨益。二是肌肉放松法。可采用站、坐、卧的姿式，但以卧式为主，在放松之前，先充分体验全身紧张的感觉然后从头到脚依次放松，同时可伴以想象，如想象一股热流从头顶流向全身，肌肉放松可以使人全身松弛，轻松舒适、内心宁静。此外，气功、瑜珈等也是进行放松调节的有效途径。

（5）认知干预。应树立调整情绪的自觉意识，不能盲目地“跟着感觉走”。人类的智慧在于它不仅能对客观环境事件进行思考和评价，而且能把智慧的锋芒指向自己，对自己的身心状态加以认识、评价和思考，通过思维和意志，对它们进行干预，使它朝着有利于生存发展的方向变化。情绪的起伏波动是经常会发生的，如果我们能树立起主动调整情绪的自觉意识，当负性情绪出现的时候，正视它，分析它，并想方设法进行积极的调整，就能成为自己情绪的主人，而不被负性情绪所奴役。大学生的很多心理问题都不是什么大事，但由于他们涉事不深，认识较为片面。如能通过心理咨询和思想上的开导使他们改变原有的不合理观念，以合理的观念来指导自己的行为，情绪上也就会平静和愉快起来。

5.3.3 大学生健康情绪的培养

情绪调节作为情绪研究的前沿和热点问题是个体社会适应和心理健康等方面的重要预测变量。相关调查研究表明，29.3%的大学生承受不同程度的焦虑和抑郁等负性情绪的困扰，19.1%的大学生经常处于郁闷、烦躁、迷茫等负性情绪状态。[①]大学生在日常生活中，内心会有各种各样的体验，或高兴、或悲伤、或烦躁，这就是情绪。情绪是人内心世界的晴雨表，我们对生活的感受都体现在情绪中。几乎每个大学生的生活都受情绪的影响和控制，在一定程度上情绪左右了他们的生活和命运。判定情绪健康与否主要有五个指标：情出有因，反应适度，情绪稳定，心情愉快，自我控制。健康的情绪是受自我调节和控制的。情绪健康的人，应是情绪的主人，可把消极的情绪转化为积极的情绪，也可把激情转化为冷静。

（1）充实生活。培根曾经说：“嫉妒是一种四处游荡的情欲，能享受它的

① 唐慧,丁伶灵,宋秀丽,等.2002-2011 年中国大学生抑郁情绪检出率的 Meta 分析[J.]吉林大学学报（医学版）,2013（5）:965-969.

只能是闲人，每一个埋头于自己事业的人，是没有工夫去嫉妒别人的。”因此，大学生应把精力集中在专业知识、技能学习上，同时积极参加各类有益身心的活动，如体育比赛、文艺演出、集邮、摄影、旅游、社会实践等；要培养广泛的兴趣，使生活充实愉快，在学习、工作和生活中不断丰富知识、发展能力、完善个性、陶冶情操，与同学朋友携手并进，共同发展。积极乐观的生活态度使大学生情绪愉快、稳定，充满热情和朝气。尤其是在遇到挫折和失败时，对生活持悲观消极态度的大学生往往会变得消沉苦闷，痛苦不堪，甚至想一死了之；而积极乐观的大学生却能正视困难，相信自己有能力战胜它，即使身陷绝境，心中也仍然充满希望，坚信黑夜必将消逝，曙光终会来临。

（2）直面挫折。大学生由于过去的成长环境比较顺利，往往对生活中的挫折和失败缺乏心理准备，一旦挫折出现，便措手不及，引起一系列强烈的消极反应，如焦虑、紧张、不安、攻击、冷漠等，极易陷入情绪困扰之中，因而要培养大学生良好的情绪和情感，就必须对挫折、失败有一个正确的认识。一是要做好迎接和战胜挫折的心理准备。挫折和失败遍布在生活的方方面面，贯穿人的一生，遭受到挫折是生活中的正常现象，不必为此悲观消沉，认为这是不该发生的或生活的苦难不幸都落到了你一个人身上。二是要掌握主动，化挫折的不利因素为有利因素。如果把挫折视作生活的挑战、成长的机会、人生的磨刀石，在逆境中接受磨砺、自强不息，必能使自己发展得更加坚韧、聪慧、成熟。这样就能化阻力为动力，化不利为有利。三是要学会合理运用积极的心理防御机制。心理防御机制是指人遭到挫折后，在自我保护的本能驱使下，采取某种方式消除因挫折引起的焦虑、痛苦不安等不愉快的情绪体验，恢复心理平衡。

（3）乐于实践。大学生良好的情绪和情感的培养，离不开丰富多彩的实践活动，尤其是高级社会性情感，如道德感、理智感和美感，只有在进行社会、科技、艺术、体育等实践活动中才能被激发和深化，这是其他任何抽象说教不能替代的。生活是丰富多彩的，有着各种美好的事物：大自然中的山光水影、鸟语花香，凝聚人类智慧结晶的优秀书籍和尖端科技，怡情悦性的艺术作品，同学间的互助，亲人的关怀，青年人健康的身体，孩子明亮的眼睛……对生活充满热爱的人，就能深深地感受到这一切，享受到生活的乐趣，但也有很多人对这一切缺乏深入体会，漫不经心，或只看到不顺利和阴暗面，整天满腹牢骚，这都是对生命的不珍惜和浪费。大学生应以对自己认真、负责的态度激发兴趣，倾注热情，投身各项活动，深入体验各种丰富的情绪和情感体验，感受生命。

第 6 章　大学生个性心理健康与自我管理

心理健康是指人的基本心理活动的过程内容完整、协调一致，即认识、情感、意志、行为、人格完整和协调，能适应社会，与社会保持同步。个性是个体身上最具色彩的闪光点，是一个人在其兴趣、爱好、气质、能力与天资、性格等方面区别于他人的稳定的、独特的、整体的特征。①个性心理健康一般指的是人格心理健康，是心理健康的核心。个性心理健康的人都能够善待自己，善待他人，适应环境，情绪正常，人格和谐；能够深切领悟人生冲突的严峻性和不可回避性，也能深刻体察人性的善恶；能够自由、适度地表达、展现自己个性的人，并且和环境和谐地相处；善于不断地学习，利用各种资源，不断地充实自己；会享受美好人生，同时也明白知足常乐的道理。他们不会去钻牛角尖，而是善于从不同角度看待问题。相关研究普遍认为，当代大学生智商高，独立、要强，乐于表达自己，眼光敏锐，善于创新挑战。但是由于种种原因，大学生不能形成全面完善的人格特质，大学生的心理健康状况也急需提高。党和国家也十分重视大学生心理健康状况，要求各高校逐步成立心理健康教育中心，专门负责大学生心理健康工作。2015 年 4 月 21 日，教育部副部长杜玉波提出推动建立健全具有中国特色、体现中国风格、符合中国文化心理和中国学生特点的大学生心理健康教育工作体系。②

① 齐晓颖.心理健康教育对大学生个性特征培养的重要作用[J].吉林农业科技学院学报,2016（2）:58.

② 孙洪礼.大学生心理健康与人格特质的相关[J].中国健康心理学杂志,2017（10）:1567-1568.

6.1 大学生个性特征与心理结构

个性是一个极其复杂的、多层次的、内容众多庞大的概念和实质；既包含生理学的概念和内容，也包含社会学的概念和内容。就内容来说，有积极的生气勃勃的内容，也有消极的、暮气沉沉的内容。个性问题的研究和了解，不仅有心理学、生理学、神经生理学的意义，当前更重要的是社会学的意义。现代社会，特别强调人性、人本位。而人的品质中最重要和最关键的是个性心理。在一场势均力敌的体育竞技较量中，优胜者的关键因素，莫过于稳定的心理素质。大学生入学后学校首先进行个性心理测试。现在的各级学校，心理素质教育已被列入重要的教育日程。

6.1.1 个性的内涵

个性品质在生物学、生理学上的要求是强健的体质、敏捷的速度和灵敏的反应，强大的抗挫折力和承受力以及对各种环境的快速适应力，强大、均衡、稳定、灵活的兴奋性与抑制性的快速转换能力。在社会学上的要求是坚强的意志，高尚的人格、纯真的情操、合群的个性性格。个性是后天发生获得的，生物学上的品质是在与自然环境的相互适应、争斗过程中磨练出来的，社会学上的品质是在接受教学、学习和社会实践锻炼中感悟磨练、锻炼出来的。个性是个体的特性，每个人各不相同，个性的品质也互有差异。因此也就有优良、良好、一般、不良与很差的区别。能适应自然环境与社会环境并能获得发展的个性是好的个性品质，不能适应，当然也就难以发展的个性品质是不好的个性品质。能适应恶劣艰险环境的个性是极其优良的个性，是能在任何环境下都能发展的个性。

一个人的心理活动，总是带有本人的特点，而且这些个体心理活动的特点还会以某些形式固定下来，使这些特点带有经常、稳定的性质，如某大学生如果在学习上取得好成绩，总是会向同学们大加宣扬，他这种心理活动的特点长期以来都是如此的，心理学上把在某个人身上经常地、稳定地表现出来的心理特点的总和称作个性（individuality）。顾名思义，个性是个人所持有的特点，世界上不存在两个相同个性的人。

在日常生活中，我们还常用到人格（personality）这个词。人格这个词源自拉丁语“persona”，其含义最早指演员所戴的面具，后来又指演员本身和其所扮演的角色。据现代心理学研究，人格和个性两个词含义是一致的。一个人的个性常体现在气质性格能力等方面。一个人的个性可以分为两部分：一部分是天生的，生而有之，这部分极其稳定，如气质；另一部分是在社会生活中形成和发展而成的，也较稳定，但在某些特定的条件下也能发生变化，如性格、能力等。大学生个性有两层含义：其一，指每一个大学生身上经常地，稳定地表现出来的心理特点。从这个意义上说，每个大学生具有自己的个性。其二，指整个大学生这个社会群体角色身上体现出来的同其他人不同的稳定的特点，如大学生与其他青年人的不同的心理特点。这些特点往往是大学生在大学的学习生活环境中逐渐形成、发展起来的。

6.1.2 **大学生个性心理的特点**

大学生时代是人生发展的关键时期，由于生理的成熟，知识的增长，自我意识的增强，使心理发展加速，产生了各种新的需要，如：独立意识，学习热情，人际交往，获得尊重和理解，选择职业和专业，爱慕异性和希望得到异性的爱慕等等。可是这些心理需要常常与现实发生矛盾，如果缺乏必要的引导，就会产生焦急、紧张、苦闷、沮丧等情绪，从而失去心理平衡。因此，加强大学生个性心理的培养和辅导尤为重要，而学校的思想品德教育、日常行为规范训练、组织各种教育活动、指导正确处理各种现实矛盾，是培养学生个性心理的主要途径。

心理学认为，个性是个体带有倾向性的、本质的、比较稳定的心理特征的总和，其中包括气质、性格、能力等。人的个性心理具有三个方面的特点：第一，人的个性具有独特性。正如一棵树上没有完全相同的两片叶子一样，世界上也没有完全相同的两个人。每个人都与别人有不同的能力、气质和独特的性格与爱好；第二，人的个性心理具有综合性，即每个人所有特点的综合表现。它既包括一个人在能力与兴趣方面的特点，也包括一个人在气质与爱好以及性格等方面的特点；第三，人的个性心理具有稳定性，是在一个人身上经常表现出来的比较稳定的东西。一个人的个性向什么方向发展，发展到什么水平，不是由遗传决定的，而是由后天环境决定的，特别是由社会生活条件决定的。个性是受周围环境和社会关系制约的，它所反映的是具体的、活生生的、行动着的人。每个人的个性都有他不同于别人的特点，在一定条件下，这种特点又是可以改变的。因此，学生个性心理的形成和发展受两个方面的影响：一是受父母、兄长和朋友、环境的熏陶和影响。古有孟母“三次择邻而居”。颜之推“与善人居，如入芝兰之室，久而自芳也；与恶人居，如入鲍鱼之肆，久而自臭也。”说的都是这个道理。另一方面，学生个性心理的形成和发展要受学校教师和同学的影响。这方面对学生的影响较深，能使学生的个性心理按照一定的规范去实践。因此，良好的校风、班风是培养学生良好个性心理的外部条件；教师的授课、辅导员的思想工作，则是影响学生个性心理发展的直接因素。对辅导员而言，应对每一个学生的家庭情况、社会背景、学生特点、兴趣、爱好、理想等有全面、深入地了解，以便针对学生的不同情况，不同特点，因势利导，适时教育，促进大学生个性心理的健康成长。

一般来说，大学生个性有四个主要特点。(1) 实践性。大学生的个性大多是在大学生活中形成和巩固下来的，有的还与本专业的活动有密切联系，如理科学生的个性与文科学生的个性有较大区别。又如某大学生本来活泼开朗，但自从某次实验事故后就变得沉默寡言、谨慎小心了。再如某学生的学习一直很顺利，并不断取得好成绩，经常受到系领导和学校领导的赞扬，他逐渐形成自尊、自夸、自大、自得和自负等心理特点。这些大学生的个性与大学生活的活动是分不开的。(2) 经常性（习惯性）。大学生的个性对本人的行为有指导意义，即个性经常会在自己的心理和行为中表现出来，成为这个大学生的一种习惯性倾向，致使这个学生的心理和行为带有这种特殊的心理状态的色彩。如某学生性格外向，他的行动常带有这一色彩：喜欢与同学们一起走，路上遇到熟人会主动打招呼或说上几句话，常向别人吐露自己的想法，常喜形于色等。(3) 相对稳定性。大学生的个性一经形成就比较稳定。如某大学生蔑视体力劳动，养成懒惰的性格，这种个性可以延续若干年，甚至一辈子。(4) 可塑性。大学生个性的稳定性是相对的。随着社会环境因素的变化，个性也会发生某些改变，这就是个性的可塑性或称相对可变性。因此，大学生的个性既有稳定的一面，又有可变的一面。有了前一方面，才能体现出一个人心理活动的特点；有了后一方面，个性才能形成和发展。个性就是在这两种因素的平衡中形成、维持和发展变化的。个性的可塑性是一切教育的重要基础。如果没有个性的可塑性，任何教育就无法生效了。学校管理部门和教师要充分利用这个特性，改变某些学生个性中不太好的方面，培养其良好的个性。下面我们根据个性所包括的主要几个方面来介绍。

6.1.3 大学生个性心理内在结构

心理学认为，个性心理主要包含两方面的内容，即：个性倾向性与个性特征。个性倾向性包括需要、动机、兴趣、理想、信念、世界观等。个性特征包括能力、气质、性格（人格）。人的个性心理就是这两部分的总和；人的个性是在生命成长过程中经历几年、十几年、几十年心理过程的发育、发展及至终生的接受教育、自我学习、锻炼，最终培育形成了具有自我特征的个性。优良的个性品质当然就具有了优良的才能智慧和技能。我们应当注重大学生的个性差异与个性发展，同时，应着力培养大学生个性中的德行、社会性、相容性、责任心，以促进大学生形成具有公认优良标准的个性。大学生的心理活动具有特色，个性又千差万别。本章主要介绍大学生个性心理的知识和特点，以及如何培养良好个性的调适措施。

（1）大学生的气质

气质是一个人心理活动的动力特征，是内在的个性本性，主要指大脑皮层神经细胞的特性类型，如稳定或不稳定；反应的速度，是灵敏还是迟钝，是兴奋型还是抑制型。因此它是性格的内在基础，是决定个性类型的基础。

气质是一个古老的概念，相当于日常所说的脾气、禀性、本性。早在公元前 5 世纪，古希腊医生希波克拉特和罗马医生盖伦就曾提出气质学说。他们认为人体内有四种体液：血液、黄胆汁、粘液和黑胆汁。现代心理学研究也沿用了这一分类，并且发现不同气质类型的人具有不同的气质特点：胆汁质的特点是精力充沛，能经受强烈的刺激；主动与他人交往，乐于交际；直率而急躁，情绪容易被激起，情绪明显外露，难以控制；思维、言语、动作反应快但不灵活；缺乏准确性。多血质的特点是：活泼好动，不甘寂寞；易于适应新环境，善于交际而有朝气；易于接受新事物，但注意力不稳定，兴趣容易转移；情绪发生快且易变，表情丰富、外露，但体验不深刻；思维、言语、动作敏捷灵活。粘液质的特点是；安静稳重，沉默寡言，交际适度；善于克制自己，善于忍耐；注意稳定，但不易转移；情绪发生慢而弱，不易外露；思维、言语、动作反应慢，不够灵活。抑郁质的特点是：好静，喜欢独处，孤僻，但如果在友爱的集体中，又可能是一个很容易相处的人；情绪具有高度易感性，但发生慢，体验丰富、深沉、持久而不外露；动作反应迟缓，但准确性高；较多地注意自己的内心世界。

在我们的现实生活中，具有典型的某一种单一气质类型的人为数极少，更多的人则是混合型。还需要指出的是每一种气质类型都有积极的一面和消极的一面，因此不能认为气质有好坏之分，例如多血质的人灵活敏捷，适应能力强，但往往注意力不稳定，兴趣容易转移，而粘液质的人比较稳重沉着，但往往有反应缓慢与固执的特点。并且在每种气质的基础上都有可能发展某些优良品质或不良品质，因为高级神经活动神经类型有可塑性，因而人的气质虽然比较稳定，但也不是完全不变的。另外气质本身不能决定一个人活动的社会价值和成就的高低，不同气质的人都可以有所成就。同样，一个有理想、有道德、有文化、有纪律、热爱社会主义祖国和社会主义事业的人才，是完全可以从不同气质类型的学生中培养出来的。气质是一个人天生所固有的心理活动的动力特征。所谓心理活动的动力特征，是指心理活动和状态的强度、速度、灵活性和稳定性。例如有些人活泼、好动、反应迅速，有些人安静稳重、反应迟缓；有些人直率、热情、易冲动；有些人孤僻、体验深刻等。气质的差异，仿佛给每个大学生的全部心理活动涂上了个人独特的色彩，并在不同的情境不同的活动中都表现出来。一个人的气质特征是相当稳定的。但是，凭借我们的主观能动性对它的表现加以控制、调节，以至于改造，也是可能的。

一个人的气质特性在社会环境的影响下虽然也会有所改变，但与其他个性因素相比，变化要缓慢得多。因而，气质是最稳定的个性成分。现代心理学认为：气质与人的高级神经活动的类型密切联系，气质对人的心理和行为的影响主要在动力方面，它规定了人的心理过程的速度和稳定性（如认知的速度、态度转变的难易，注意集中时间的长短等），心理过程的强弱（如动机的强弱、情绪变化的强弱等）、心理活动的趋向（如有的人易注意自己，经常体验自己的情绪，分析自己的动机、态度等）。由于气质的作用，每个人的心理活动都带有个人独特的色彩。

（2）大学生的性格

性格是指一个人对现实的稳定的态度以及与之相适应的习惯化的行为方式。是个性的外显表现，是显露的气质的外形，是在社会实践中对外界现实的基本态度和习惯的行为方式。例如：性格温和、热情、奔放、对人忠诚、嫉恶如仇、礼让关怀；行动举止优雅大方、神态温和端庄、谈吐幽默等。

性格这个词最早是古希腊学者提奥夫拉斯塔首先提出来的，其意思是：人的特征、标志、属性、特性等。现代心理学家对性格的定义各不相同，其中比较一致的看法是：性格是一个人较稳定的对现实的态度以及与之相应的习惯化的行为方式。性格是个性的主要组成部分。如有些人大公无私、勇敢、勤劳，有些人则自私、懒惰，还有些人沉默、懦弱等；我们还常常见到有的人诚实、谦虚、乐于助人，有的人则狡猾、傲慢、自私自利。每个人都有一些性格特征，其中有些是积极的，有些是消极的。这些特征结合为一个整体，便形成为一个人的性格。性格集中反映了一个人的心理面貌，是个人素质的重要组成部分。

当今社会，人们越来越深刻地认识到生活的幸福和工作的成效直接受性格状况的影响。健全性格的塑造已成为人类教育工程的重要目标。性格是人的个性中最重要、最显著的心理特征。它在人的个性中起着核心的作用，是一个人区别于其他人的集中表现。它表现出一个人的社会性及精神面貌的主要方面。大学生正处于身心急剧发展和自我意识由矛盾趋于统一的特殊时期，而性格的发展正处于统一和完善的关键期。良好性格的形成使大学生在学习和生活中如虎添翼，而不良性格的形成使大学生屡屡受挫。由此看来，如何在这“关键期”内培养大学生健全的性格就成为大学生心理卫生工作者和高校教师的重要任务。

性格是指那些表现在人对现实的稳定态度上的特征。如人对社会、集体、他人和自己的一贯态度，表现为诚实或虚伪，一心为公或自私自利；对劳动和工作表现为勤劳或懒惰，有创新精神或保守。任何人在任何时候都处于各种社会关系之中，作为某个社会集团的一员而活动着，这就决定了他对现实的态度。这些不同的态度使人形成各自的性格特征，而多种多样的性格特征又总是通过态度表现出来的。同时，性格也指那些表现在一贯行为方式上的特征。如做作业遇到难题时，勤奋的学生总爱钻研，探索解决问题的答案，马虎而又懒惰的学生则知难而退，抄袭别人的作业；在灾难面前，有的人临危不惧，挺身而出，救灾抢险，怯懦、自私的人则畏缩不前或逃之夭夭。这种勤奋、懒惰、勇敢、怯懦的性格是通过某种行为方式而形成的，而又总以一定的行为方式表现出来。应当注意的是，一个人的一时的、偶然的表现不能代表他的性格特征。如一个素来是细致、谨慎的人偶尔有一次粗心大意，不能据此就认为这个人具有粗心的性格特征。如某大学生一向稳重，但有一次却一反常态向工作对象发了脾气。这位学生的性格还是稳重的，而急躁是偶然表现出来的，不能算作他的性格。只有那些经常性的、习惯化的，甚至在不同的场合都会出现的表现，才是一个人的性格特征。

人的性格有典型性和个别性。性格的典型性是指某个社会集团的人们共有的性格特征。一定社会集团的成员具有大致相同的政治、经济和文化生活条件，因而在成员身上形成了该集团成员共同具有的、典型的性格特征。这些性格特征便表现为民族性、阶级性和从事某种职业活动的人们共同的性格特征。性格的个别性是由于个人的生活条件、所从事的活动、所受的教育以及知识经验的千差万别，这一切反映到人的性格上，便形成了个人与众不同的、独特的性格特征。人的性格都是性格的典型性和个别性的统一。

性格特征是自儿童时期由于社会环境的影响、教育的熏陶和自身的实践，长期塑造而成的。正因为如此，性格一经形成就比较稳定。但是，客观现实是十分复杂的，环境也是经常变化的，人们之间的相互交往也是多种多样的，这些客观现实影响的多样性和多变性又决定了性格不是一成不变的。这也就是说性格也是可以改变的，生活中某些重大打击会使一个人的性格变得判若两人，如当某人得知自己患了癌症，性格就变得沉默寡言了。性格既然在个体生活过程中形成，也必然存在可塑性。正是因为性格在某种程度上是可塑的，所以我们才能培养性格和改变性格。人的性格不是天生的，它是由社会关系决定的，所以人的性格能表明人的社会实质，而这又跟反映社会关系的意识倾向是联系在一起的。需要、动机、兴趣、理想、信念、世界观都是意识倾向，它们经常支配着人对现实的态度和行为方式，因此，它们在性格中居于统领和主导的地位。

人的性格特征表现在四个方面：人对现实态度的性格特征、性格的意志特征、性格的情绪特征和性格的理智特征。人们对现实的态度是多种多样的，基本上可以分为对己、对人、对事三个方面。在对己方面有：谦虚或自负、自信或自满、自豪或自卑、开朗大方或狭隘羞怯以及有没有自我批评精神等；在对人方面（包括对集体和社会）有：诚实或虚伪，善交际或孤僻、大公无私或自私自利等；在对事方面（包括对工作、劳动）有：勤劳或懒惰、细心负责或粗枝大叶、革新创造或墨守成规等表现。这些表现，各自从一个侧面反映了人的特点。多方面特点的综合，便体现出人的性格特征。如果从心理学的角度来看，人对现实态度的性格特征主要有三种，一是对社会、对集体、对他人态度的性格特征。积极的性格特征有热爱祖国、助人为乐、富有同情心、正直、诚实、热情等；消极的性格特征有自私自利、懒散、虚伪、粗暴、冷漠等。二是对学习和劳动态度的性格特征。积极的性格特征有勤劳，认真、细致、敢于创新、俭朴等；消极的性格特征有懒惰、马虎、粗心、保守、浪费等。三是对自己态度的性格特征。积极的性格特征有谦虚、自信、严于律已等；消极的性格特征有骄傲、自卑、放任、自暴自弃等。

在性格的分类方面，瑞士心理学家荣格关于内外倾性格类型的分法已在世界上广为传播，人们常常用性格内外倾的特征衡量自己与别人。因此可认为性格内外倾的划分和对其特征的描述是比较符合实际的。荣格认为外倾是一种客观的心态，内倾是一种主观的心态。这两种心态彼此排斥。一个人可能在某些时候是外倾的，而在另外有些时候是内倾的，但是，在一个人的一生中，通常是其中一种心态占据优势。如果是客观的倾向占据优势，这个人可以被认为是外倾的；如果是主观的倾向占据优势，他就被认为是内倾的。性格外倾的人，心理活动倾向于外部，经常对外部事物表示关心和兴趣。性格内倾的人，很少向别人显露自己的喜怒哀乐。他们在情感方面经常自我满足，珍视自己内心的体验。他们在外人面前容易害羞，说话慌张，不愿在大庭广众面前抛头露面，做事深思熟虑，缺乏实际行动，常有困惑忧虑、郁郁不乐之感。心理学家对外倾性强和内倾性强的人进行了研究，结果表明：长期苦恼的人倾向于内倾；领导品质与外倾性格呈正的相关；内倾性和外倾性与智力水平的高低无关，外倾性强的人，他们的手部运动、语言反应和决断简单事物的能力，要强于内倾性强的人。一般来说，外倾性强的人适于培养成开拓型人才，成为实业家或领导管理人才。内倾性强的人适于培养成学术型人才或从事精细的工作，如会计、实验人员等，心理学研究还证明，性格类型的心态特征与气质一样，不能成为一个人的事业和社会价值的决定因素。

（3）大学生的能力

能力是顺利完成某种活动所必需的并直接影响活动效率的个性心理特征。人在生理、心理发育成熟后，就有了从事生产劳动的本事，这就是能力。有学者认为："教育的最终目的是让学生拥有解决问题、创造幸福的能力。"①

能力总是与人的某种活动联系在一起并表现在活动之中的。只有在一个人所从事的某种活动中，才能看出他具有某种能力的程度。在数学运算时，一个学生迅速准确地理解题意，采用简捷的方法进行运算，说明他有数学能力；在音乐活动中，一个学生的节奏感、曲调感和听觉表象都很强，演唱十分动听，说明他有音乐能力；有的学生在绘画活动中，在透视、色彩鉴别、视觉表象等方面都较强，画得一幅好画，说明他有绘画能力。但是，不能认为凡是与人的活动有关，并且在活动中表现出来的所有个性心理特征都是能力。只有那种直接影响活动的效率，并且使活动的任务能够顺利完成的心理特征才是能力。例如，急躁、沉静、活泼等虽然也是个性心理特征，并且和活动有一定关系，但它们却不是顺利完成某种活动的最直接、最基本的心理特征，因而不能称之为能力。教师的观察力、作家的书面语言表达能力、工程师的技术想象力和计算能力等都是顺利完成他们所从事的相应活动所必需的和最基本的个性心理特征，缺乏这些特征，就会影响他们的活动效率，使这些活动不能顺利进行。因此，我们把这些顺利完成某种活动的个性心理特征叫做能力。人们也把某一种心理特征叫做能力，如观察力、视觉想象能力、色彩鉴别能力等。实际上，任何一种心理特征都不可能完成比较复杂的活动，要成功地完成某种复杂的活动必须是多种能力的有机结合。如教师的工作需要有逻辑思维能力、语言表达能力、组织能力、观察力、注意分配能力等的有机结合；画家的工作需要有色彩

① 林井萍,陈龙丹,刘守乾.大学生人际压力与抑郁、自我同一性及主观幸福感的关系:心理资本的调节作用[J].现代预防医学,2018（11）:2013.

鉴别能力、形象思维能力、形象记忆能力、视觉想象能力等有机结合。

一个人如果具有完成某种活动所必需的各种能力，并且能够把这些能力很好地结合并成功地、出色地完成某种活动，那么就可以说这个人具有从事这种活动的才能。才能就是各种能力的完备的、独特的、质的方面的结合。如果成功地完成某种活动所必备的各种能力得到最充分的发展和最完善的结合，并能创造性地完成相应的活动，通常把这种能力叫做天才。天才不是天生的，而是人们凭借先天带来的健全的生理条件，通过后天环境、教育的影响，还有自己的主观努力而发展起来的。作为一名大学生，要想出色地完成自己的学习任务，自身必须具备许多条件，如观察确切、思维敏捷、分析全面、判断准确，善于表达、语言生动等。我们完成某项任务，往往是多种能力集体作用的结果。例如，大学生要出色地完成学习任务，需要较强的观察能力、记忆能力、概括能力、理解能力等。能力可以分为一般能力（俗称智力）和特殊能力两大类：一般能力是指在各种活动中必须具备的基本能力，它保证人们较容易和有效地认识世界，所以也叫做认识能力。例如，学生的观察能力、记忆能力、思维能力、想象能力等，这些能力有机地综合，即构成智力。智力的核心是思维能力。特殊能力是指顺利地从事专业活动必须具备的能力，例如数学能力、写作能力、绘画能力，音乐能力等。一般能力和特殊能力是紧密联系、相互依存、相互促进的。一般能力的发展为特殊能力的发展提供了必须具备的内部条件，特殊能力的发展积极地促进一般能力的发展。大学生的能力一般高于同龄人。这是由于，一方面，大学生是全国高考中的优秀者，另一方面，在大学学习期间，受到基础知识和专业知识的教育，能力的广度和深度发展很快，尤其涉及本专业的特殊能力更有飞速地发展。然而，大学生的知识主要是在听老师讲课钻研教材、阅读参考书、参加实验室实验和社会调查中获取的，其中以书本知识为主。大学生的实践活动太少。大学生还得在今后的实际工作中弥补自己能力欠缺的地方。

判断大学生的能力，可以通过下述四个方面加以考察：一是考察分析问题的水平。能力高的学生能较准确地认识问题，较迅速地抓住问题的要害；能全面、客观地从多种角度分析问题，既从正面看，又从反面看；能既分析这一问题本身，又研究这个问题与其他问题之间的关系；能既搞清楚这个问题的现状还能初步预测这个问题的发展趋势等。而能力低的大学生分析问题常常带有片面性，有时把现象和本质搞错了；有时就事论事，把这个问题与其他问题孤立开来等。二是考察解决问题的水平。能力高的学生解决问题时有一定的原则，并在实践中自始至终都贯彻这个原则，以这个原则为指导；他们还具有处理具体问题的技术和经验。能力低的学生办事往往缺乏原则性，或开始时按原则办事，后来就违背原则；常用感情代替原则；缺少解决问题的技巧和方法；工作常生硬或过于简单化等。三是考察组织能力。能力强的学生不但能自己搞好学习，做好工作，而且还能配合老师、同学协调开展工作；工作顺序合理，先做什么，后做什么，心中有数。一个能力较差的学生工作无秩序，常"眉毛、胡子一把抓"；只管自己单干，不懂怎样与同学协调。四是考察学习绩效。一个能力强的学生善于考虑学习效率和效果，他们的学习常能达到或超过预期目标，工作中有创造精神。而能力弱的学生常采取一些华而不实的措施，不太考虑学习的实效；往往事倍功半，常达不到预期目标。

6.2 大学生常见的个性心理障碍

每个大学生的个性都不是十全十美的，都或多或少地存在一些不足和缺陷。作为高等学校教师，了解大学生常见的个性心理障碍才能有针对性地开展心理教育；作为大学生个体，了解自身的个性心理障碍才能有计划地实施自我心理管理。

6.2.1 大学生的不良性格品质

性格中的不良品质包括偏激、依赖、孤僻、自卑、嫉妒、等，这些不良的人格品质会影响人的心理健康，严重的还会导致疾病，危害社会。

（1）偏激

偏激是指人的意见、主张等过火，多存在于青少年中。偏激是一种不良性格品质，偏激在认识上的表现是看问题绝对，片面性很大，要么就全好，要么就全坏，偏激在情绪上的表现是根据个人的好恶和一时的心血来潮去论人论事，缺乏理性的态度和客观的标准；偏激在行动上的表现则是莽撞从事，不顾后果。

性格和情绪上的偏激，是做人处世的一个不可小觑的缺陷。性格和情绪上的偏激是一种心理疾病。它的产生源于知识上的极端贫乏，见识上的孤陋寡闻，社交上的自我封闭意识，思维上的主观唯心主义等。偏激表现为三个方面：一是认识上的片面性。偏激的人以绝对的、片面的眼光看问题。总是带着有色眼镜，以偏概全，固执己见，钻牛角尖，对善意的规劝和平等商讨一概不听不理。偏激的人怨天尤人，牢骚太盛，成天抱怨生不逢时，怀才不遇，只问别人给他提供了什么，不问他为别人贡献了什么。偏激的人缺少朋友，人们交朋友喜欢"同声相应，意气相投"，都喜欢结交饱学而又谦和的人，老是以为自己比对方高明，开口就梗着脖子和人家抬杠，明明无理也要辩三分，试想，这样的人谁愿和他打交道?比如，有的学生一次考试考好了，就以为自己什么都好，洋洋自得，容易产生骄傲情绪。而一次考试不理想，就消沉到底，一蹶不振，认为自己什么都不行了。二是情绪上的冲动性。偏激在情绪上的表现是按照个人的好恶和一时的心血来潮去论人论事，缺乏理性的态度和客观的标准，易受他人的暗示和引诱。如果对某人产生了好感就认为他一切都好，明明知道是错误、是缺点，也不愿意承认。三是行为上的莽撞性。偏激在行动上的表现是莽撞从事，不顾后果。中学生往往认为友谊就是讲义气。当他们的朋友受了别人欺负时，他们往往二话不说，马上就站出来帮朋友打架，把蛮干、鲁莽当英雄行为。大学生在这方面稍好一些。从这几点可看出产生偏激心理的原因有两点：知识经验不足是一个方面。辩证思维的发展尚不成熟，不善于一分为二地看问题，往往抓住一点就无限地夸大或缩小，自以为看到了事物的全部，极易出现以偏概全的失真判断，导致错误的结论。另一方面是中学生正值青春期，内分泌功能迅速发展，大脑皮层及皮层下中枢的兴奋度常迅速地增强或减弱，从而形成情绪的波动不安，出现偏激认识和冲动行为。

（2）依赖

依赖是一种不良的个性倾向，主要表现为对个人的自理能力缺乏信心，遇事乞求他人帮助，生活上寻求父母的保护和照顾。具有依赖倾向的大学生如果得不到及时纠正，发展下去有可能形成依赖型人格障碍。因此，要充分认识到依赖心理的危害。要纠正平时养成的习惯，提高自己的动手能力，多向独立性强的同学学习，不要什么事情都指望别人，遇到问题要做出属于自己的选择和判断，加强自主性和创造性。学会独立地思考问题，独立的人格要有独立的思维能力。要在生活中树立行动的勇气，恢复自信心。自己能做的事一定要自己做，自己没做过的事要锻炼做，正确地评价自己。同时，要丰富自己的生活内容，培养独立的生活能力。在学校中主动要求担任一些班级工作，以增强主人翁的意识，使我们有机会去面对问题，能够独立地拿主意、想办法，增强自己独立的信心。在家里，自己该干的事要自己去干，不要什么都推给爸爸妈妈。在学校，除了学习好外，要多参加集体活动，学会去帮助他人。

（3）孤僻

孤僻的人一般为内向型的性格，主要表现在不愿与他人接触，待人冷漠。对周围的人常有厌烦、鄙视或戒备的心理。具有这种个性缺陷的人猜疑心较强，容易神经过敏，办事喜欢独来独往，但也免不了为孤独、寂寞和空虚所困扰。因此，孤僻对大学生的身心健康十分有害。孤僻的人缺乏同学朋友之间的欢乐与友谊，交往需要得不到满足，内心很苦闷、压抑、沮丧，感受不到人世间的温暖，看不到生活的美好，容易消沉、颓废、不合群，缺乏群体的支持，整天提心吊胆地过日子，忧心忡忡，易出现恐怖心理。孤僻的主要表现是不合群，对周围人怀有戒备心理或厌烦情绪，做事喜欢独来独往，疑心较重，好神经过敏。孤僻的学生容易把不良情绪积聚于身，引起严重的心身疾病。孤僻的人，往往是从小缺乏关心和爱，或者在情感上受过重大打击，所以形成了冷眼看世界的特征。在他们眼里，这世界是灰色的，人是自私的、尔虞我诈的，是不可信赖的。所以他们总是与人们保持一定距离，对人们封闭自己心灵的大门。这样，人们很少能够接近他们，也很少能伤害他们。但是，他们会痛苦、悲观。人在本质上，在心理的自然倾向上需要与人交往、互相帮助。但他们却以高度的戒备心理将人际沟通的渠道堵死，与周围世界隔离。一方面使他们很少去主动了解他人，关心他人，另一方面也令他人远离自己，不关心自己。这又进一步印证了他们“世态炎凉”的观念，形成一种恶性循环。

孤僻形成的原因有两个方面：一是幼年的创伤经历。研究表明，父母离婚是威胁当代儿童精神健康的重要因素。此外，父母的粗暴对待，伙伴欺负、嘲讽等不良刺激，使儿童过早地接受了烦恼忧虑、焦虑不安的不良体验，会使他们产生消极的心境甚至诱发心理疾病。缺乏母爱或过于严厉、粗暴的教育方式，子女得不到家庭的温暖，会变得畏畏缩缩、自卑冷漠，过分敏感、不相信任何人，最终形成孤僻的性格；二是交往中的挫折。由于缺乏必要的社会交际能力和方法，使得他们在人际交往中遭到拒绝或打击，如耻笑、埋怨、训斥，使他们的自主性受到伤害，便把自己封闭起来。越不与人接触，社会交往能力就越得不到锻炼，就越容易形成孤僻的性格。

（4）自卑

自卑属于性格上的缺陷，它是由不适当的自我评价所引起的自我否定、自我拒绝的心态。自卑，即对自己的知识、能力、才华等做出过低的估价，进而否定自我。自卑的人在交往中，虽有良好的愿望，但是总是怕别人的轻视和拒绝，因而对自己没有信心，很想得到别人的肯定，又常常很敏感地把别人的不快归为自己的不当。有自卑感的人往往过分地自尊，为了保护自己，常表现得非常强硬，难以让人接近，在人际交往中变得格格不入。自卑心理源于心理上的一种消极的自我暗示，很多心理学家指出自卑感和本人的智力、受教育程度、所处的社会地位等因素无关，而仅仅是对“自己不如他人”的确信。自卑有多种表现方式，最明显的表现是退缩或过分地争强好胜，这些都妨碍一个人积极而恰如其分地与他人交往。一般来说，自信的人容易与他人相处，他们往往显得乐观、宽容，能客观评价自己和他人，既顾及他人，也不委屈自己。自信的人有安全感，所以有力量抵御交往中的挫折。而自卑的人则容易消极地评价自己和他人，在与人交往过程中，时时会想到：别人会怎样看我？由于自我评价低，对别人的反映也往往做出偏低的认知，容易从他人言行中“发现”于已不利的评价。他们缺少安全感，所以往往一句玩笑话就可能激怒他们；有时虽然表面上一团和气，但心里已是翻江倒海了。有些人为了减少挫折和伤害，尽力避开人群，认为“世上没几个好人”。另一些人则以一副盛气凌人的架势出现，以此掩饰自己自卑脆弱的心理。

（5）嫉妒

嫉妒是由于别人胜过自己而引起抵触的消极的情绪体验。黑格尔曾说，嫉妒是“平庸的情调对于卓越才能的反感”。嫉妒是一种心理缺陷。在日常生活中，嫉妒的存在是很普遍的。英国科学家培根说：“在人类的一切情欲中，嫉妒之情恐怕要算作最顽强、最持久了。”大学生正处在发育和成长之中，这种嫉妒之心也就更多一些。当看到别人比自己强时，心里就酸溜溜的不是滋味，于是就产生一种包含着憎恶与羡慕、愤怒与怨恨、猜嫌与失望、屈辱与虚荣、伤心与悲痛的复杂情感，这种情感就是嫉妒。嫉妒者不能容忍别人超过自己，害怕别人得到自己无法得到的名誉、地位等，在他看来，自己办不到的事别人也不要办成，自己得不到的东西，别人也不要得到。嫉妒是一种忧虑、愤怒和怨恨他人优于自己的复合体验。嫉妒者总把他人在才能、地位、境遇或相貌等方面的优越视为对自己的威胁，因而感到忧虑、愤怒和怨恨，于是往往采用贬低甚至诽谤他人的手段来维护自己的自尊心和虚荣心，以求得心理上的平衡。嫉妒心有严重的危害性，嫉妒常潜藏在个体的内心，嫉妒者总是有意无意地掩盖它，结果使嫉妒者终日处在被揭露的焦灼不安和倍受折磨的痛苦中。被嫉妒心所支配的人，对被嫉妒者的每一次成功，都感到内心不舒服。因此，他们的内心总是处于极度的压抑状态。易嫉妒者总是把自己的心思用于窥探他人的“隐秘”，整天寻找别人的挫折和失败，使自己长时间地处于紧张体验中，无谓地消耗精力，结果造成积愤成疾，严重损害身心健康。在生活中，因嫉妒引起的人际关系疏离、紧张及冲突可谓不胜枚举。几乎每个人都或多或少、或轻或重体验过嫉妒之情。嫉妒发生的重要原因之一，是人们往往通过与他人比较来确定自身的价值。如果别人的价值比重增加，便会觉得自己的价值在下降，这往往是一种痛苦的体验。尤其是所比较对象原来和自己不分上下甚至不如自己时，更觉得难以忍受。这种情绪很容易转化成为对所比较对象的不满和怨恨，在行为上很容易从对立的立场上寻找对方的漏洞、不足，或认为对方所以成功只是由于外部原因，通过诋毁对方达到自我心理上的暂时平衡。即使控制自己不表现出上述行为，但由于一种防御心理作怪，原本轻松而无拘束的交往气氛也会变得紧张起来。维护“自尊”的需要常使人以一种傲慢的、难以接近的面目出现。轻微的嫉妒，使人意识到一种压力，产生一种向超越者学习并赶上超越者的动力，促使人去拼搏、奋进。但严重的嫉妒所导致的更多的是焦虑和敌意，不是奋起直追，而是不相信自己有能力；不是反省自己而是觉得别人想让自己难堪，因而成为个人成长与人际交往中的严重障碍。

6.2.2 大学生两种典型不良性格

人的性格的发展、完善并非一帆风顺，总是坎坷而曲折的，期间充满了险阻和辛酸，由于受到来自社会环境、家庭、学校等不良因素的影响，内心在受到了各种挫折和动荡之后，对性格的形成也产生了不利的打击，导致了不健康的态度和行为习惯。大学生也存在着各种各样的不良性格特征，这些特征给大学生的学习、生活、交往等活动带来了消极的影响，严重者因此中断了学业。这些不良性格特征应引起大学师生、教育研究人员、心理咨询人员的高度重视。

现代医学模式认为，健康不仅仅是一个医学的范畴，它所描述的也不再仅仅是人体器官的一种功能性与器质性的状态，更多的，它还应该包括人们所处的那个社会环境、人们的社会行为取向及其方式对他们自身身体状况的影响。换句话说，健康与疾病更多的应该是一个社会的概念，它应该同时兼顾生物、心理和社会三方因素。一种疾病的发生和发展，往往是诸多社会环境因素影响的结果，也是人们社会行为与行为方式自身不断刺激和作用的结果。大量的临床和研究资料表明，人的行为方式不仅会直接影响到你的工作和学习效率，同时与你的健康也存在极大的关联性。随着社会发展，人们对健康的全面了解和日益重视，社会行为及其方式似乎愈来愈成为左右人们躯体健康和心理健康的主要因素之一。20 世纪 70 年代以来，世界医学界和心理学界发现了人普遍存在的三种典型性格，称为 A 型性格、B 型性格和 C 型性格。其中，A 型性格和 C 型性格被视为不良性格。A 型性格是易患冠心病性格，C 型性格是癌症倾向性格。

美国心脏病医生梅伊•弗瑞德曼（M. Friedman）在诊室里接待了一位来修家具的家具商。家具商说他一定是接待了许多焦虑不安的人，医生问他为什么？他说办公室里沙发和椅子的手柄磨损得特别快，这表明医生的许多病人坐下以后都必定是焦虑不安地握住扶手。根据这一灵感，弗瑞德曼和他的同事瑞•罗森曼开始了他们的研究工作，最后形成了 A 型行为类型的理论。A 型性格或称 A 型行为模式的提出是心理学对于身心疾病研究的一大贡献，长期以来医学界认为诱发心脏病的原因是高血压、血清胆固醇、吸烟等，但这些因素解释或预测不到心脏病的半数。后来心理学提出易患心脏病的人有一种共同的行为模式，称为 A 型行为模式。A 型以外的行为模式称为 B 型行为模式。目前在临床上，用是否是 A 型行为模式来预测心脏病具有很高的准确性。

在现实生活中，有这么一种人，做一件事总想一下子干完，不干完不踏实。他总觉得时间紧张，不够用；走起路来风风火火，上楼梯也是三步并两步；坐公共汽车，遇到交通拥挤车开得慢，他坐立不安，恨不得把司机换下来，自己开；若要排长队买东西，他宁可不买；做工作总要尽善尽美，比别人好，让领导说不出什么；也不喜欢别人插手他的工作，总觉得不如自己干得好；他有很强的竞争欲，也有很强的嫉妒心，人际关系也比较紧张。这种行为方式被称为“A 型行为”。与之相对的行为方式则被称为“B 型行为”。B 型行为的人是非竞争性的，悠闲自得，处世有耐心，容忍力强，很少有敌意，情绪稳定。弗瑞德曼对三千多名中年男性雇员进行的长达十年的跟踪观察发现，A 型行为者的冠心病发病率、心肌梗塞和心绞痛等的出现率是 B 型行为者的 2 倍。1978 年美国心肺血液病中心的专家会议确认在就业的美国公民中，A 型性格是冠心病的主要危险因素之一。

为什么说 A 型行为容易罹患冠心病呢？通俗来讲，生活中过于紧张的行为方式，使人经常处于应激状态，此时人的身体会出现一系列的反应，如血压会升高，心率加快，胃肠分泌液减少，蠕动减慢，呼吸加快，尿频，出汗，手脚发冷，厌食，恶心，腹胀以及失眠多梦等。这些反应有利于人体充分调动全身来面对外来的各种压力。打个比喻，人体的各种机能就像千千万万条弹簧在那里，外来的各种压力作用于上面，弹簧会产生一种强大的往外推的力量，以保证身体恢复到没有压力时的状态。但是如果这种状态持续存在，弹簧长期处在一种被压缩的状态，那么弹簧的弹性就会发生改变，也就是说，人体就会发生一系列机能的改变，持续时间越长，出现的病理性反应就会更加严重，高血压、冠心病就容易这样产生了。当然有的人还会出现糖尿病、甲亢、癌症等内分泌、免疫力系统的疾病。在现代社会里，人难免要面对紧张和压力，如何对付它以及调整自己的性格就很重要。科学家的调查也表明：许多企业家都具有 A 型行为模式，因为他们内心都有紧迫感，自己赶自己往前跑，觉得自己有使不完的劲，承担过多的任务。把自己的发条上得太紧，弹簧长期处在一种被压缩状态，从来不放松自己，只会工作，不会享受，结果缩短了自己的人生道路。

1977 年，德瑞哥狄斯（Derogatis）在对 25 例恶性乳腺癌的随访调查中发现，病人具有压抑、抑郁、内疚等不良情绪特征。格瑞（Greer）和莫瑞（Morris）发现乳腺癌病人具有对愤怒情绪和其他情感的极度压抑倾向，情感表达困难，由此认为人格特征或行为方式是导致癌症的主要原因之一。特姆肖克（Temoshoke）首先提出 C 型行为模式的概念。C 型行为的基本特征是：不善于宣泄和表达焦虑、抑郁的情绪，对自己的不良情绪，总倾向于选择压抑，而不是发泄出来。与此相对应的是一系列的退缩表现，如过分屈从、过分自我克制、回避矛盾、姑息迁就、忍让、依顺、合作性强，因害怕得罪人而放弃自己的需要，因无力应付生活压力而感到绝望。研究证明，C 型行为者癌症的发病率可高出正常人 3 倍以上。

C 型性格者通俗来讲就属于“忍气吞声型”，这一类人往往过度克制自己，压抑自己的悲伤、愤怒、苦闷等情绪，不让发泄。这些不良的情绪被长期压抑下去，压抑到哪里去了呢？压抑到人盛装各种情绪的“口袋”里面了，但是这个口袋的容量是有限的，我们不可能无限制地来盛装，因此有些人压抑久了，就会寻找发泄方式，找个地方把这些东西倒掉，然后再盛装新的东西，这是一种健康的行为方式。C 型行为的人却不这样，他们时时刻刻往这里塞东西，但是却不懂得往外发泄，久而久之，口袋破损了，问题也随之出来了。恶性情绪长期作用于大脑会导致内分泌紊乱，降低人体免疫功能，从而给癌症以可乘之机。所以，医学专家以英文 Cancer（癌）的第一个字母 C 为这种性格命名。

6.2.3 大学生易发性人格异常

人格障碍又叫变态人格，或称人格异常。它是指有一种或几种人格特质的强度超出了正常范围，从而妨碍了正常的人际交往，表现为持久而牢固的适应不良的情绪和行为反应模式，通常有不同的具体类型。人格障碍并非精神病，亦非神经病，但能给病人本人或社会造成精神痛苦和危害。

心理活动的“常态”和“变态”是相对而言的，人格异常的人与普通人实际上并无明显的界限。人格障碍，临床表现通常为焦虑、恐惧以及习惯性退缩，以行为狭窄为特点[①]。人格障碍与正常人格的主要区别在于：一是社会的接受

① American Psychiatric Association. Diagnostic and Statistical Manual of Mental Disorders:

性。凡是符合社会规范、道德标准与价值观念而为社会所接受的人格表现，则居优良人格之列；否则即为人格障碍。二是生活的适应性。凡是适应其所生活、工作的环境则属正常人格，而人格障碍者则或多或少的与其生活、工作的环境不相适应。三是主观的感受性。正常人格者和人格障碍者的主观感受是有区别的，例如，正常人格者在主观感受上总是接受他们所生存的社会，而有人格障碍者则难以接受他所生存的社会。人格障碍的主要特征是：心理紊乱，与人难处，如偏执、怀疑、自恋、自怜、被动性侵犯等；把自己遇到的一切困难都归咎于命运和别人的错误，把社会和外界对自己不利的条件都看作是不应该的，而对自己的缺点却无所觉察，也不改正；认为自己对别人不负任何责任，对不道德的行为没有罪恶感，对伤害别人的行为不后悔，对自己的一切行为都执意地偏袒与辩护；在任何环境中都表现出猜疑和认识上的偏颇。具有人格障碍的人，由于其内心体验背离生活常情，外在行为违反社会准则，所以经常给社会和他人造成伤害，给自己带来痛苦。人格障碍的类型很多，但在大学生日常的生活中，比较常见的人格障碍主要有如下一些类型。

（1）偏执型人格异常

偏执型人格，属于变态人格或人格异常的一种。这种病态人格的特点是性格固执，多疑，过分敏感，心胸狭窄；常认为别人在跟他过不去，把别人并无恶意的、中性的和友好的表示看作是轻视、蔑视或敌对行为，因而造成许多误解与冲突，与上下级、同事、亲人、朋友都不易相处融洽；自我评价过高，自负且好嫉妒，同时又很容易自卑，常固执己见，言行易冲动，好诡辩。对别人的言行总是不服气，缺乏幽默感。在遇到挫折或发生错误时，好强词夺理，喋喋不休，或推诿于他人，归咎于客观原因，认为自己成了别人阴谋的牺牲品或替罪羊。这种异常表现在遭受严重挫折或不顺心的逆境中会加重，有的人甚至发展成为偏执型精神病。偏执型病态人格大都形成于青少年时期，其主要原因是某些儿童受到家长无原则地迁就与宠爱，他们在百依百顺的家庭环境中听惯了家长的肯定与客人们的颂扬，习惯于以自我中心主义的眼光来看待周围的人与事，成为家庭中的“小皇帝”；缺乏正确的自我评价和社会评价，即使明知错

DSM-5[M]. Man Mag,2003.

了，也由于家长的庇护和宽容，以及自己爱面子的虚荣心，不愿或缺乏改正缺点的勇气。在这种环境中孩子养成倔犟、固执和自以为是等性格弱点。由于在日后的社会生活中，社会环境根本不可能像娇生惯养的家庭环境那样随心所欲，不可避免地会遇到很多不顺心的事或挫折，这些性格弱点就很容易发展成为偏执型人格。

（2）强迫型人格异常

强迫型人格障碍是人格障碍中较常见的一种，也称强迫固执性格。属于轻微的人格异常。这一类型的人格异常开始于青年期，在各种环境背景下所表现的广泛模式是：过分地注意自己的行为是否正确、举止是否适当，因而表现得特别死板，处世缺乏灵活，缺少弹性；强烈的自制心理和自我约束。其主要表现为：做事要求严格和完美，容易把冲突理智化，具有强烈的自制心理和自控行为，甚至因此而妨碍工作的完成。做事专注于细节、规则、次序、组织或时间表，反而失去工作重点。要求他人应完全遵照自己的方式做事，或不相信别人而拒绝别人。过度献身于工作，因而放弃休闲活动或友谊（但无明显财产的需求）。对有关伦理、道德或价值观的事物，表现得过于诚实，一丝不苟而毫无弹性。这种人平时有不安全感，他们的感情表现以焦虑，紧张，悔恨时多，轻松愉快、满意时少。这种人不能平易近人，难于热情待人，缺乏幽默感。常因反复核对、过分注意细节而忽视全局，自己也感到紧张和苦恼，但不能自拔。强迫型人格障碍的形成一般在幼年时期，与家庭教育生活经历直接相关。如父母管教过严，要求苛刻就造成了子女的拘谨和小心翼翼，做事怕父母惩罚。久而久之，便使孩子形成焦虑，紧张的情绪。另一方面，一些家庭成员的生活习惯，也可能对孩子产生影响；若在幼年时受到过较强的挫折和刺激，也可形成强迫型人格。

（3）自恋型人格异常

自恋型人格是指以自我为中心，不顾及别人感受，仅把个人想法作为自己的行为准则。属于轻微的人格异常。这一类型的人格异常开始于青年期，在各种环境背景下所表现的广泛模式是：幻想或行为上表现自大，缺乏同情心，对他人的评价很敏感，对他人的批评感觉愤怒、羞耻或侮辱（即使未表现出来）。其主要表现为：过分的自我关心、自我中心和自尊自夸，常幻想自己了不起、有才学、有美貌。不能接受别人的建议和批评，需要经常受到注意或赞美。相信自己的问题很独特，需要特别对象的了解。专注于充满成功、权利、成就、理想化的幻想中。注重权利的争取，不合理的期待、特殊待遇、享受特权。缺乏同情心，不能体会谅解他人的感受。专注于嫉妒他人的感觉。

（4）回避型人格异常。又称逃避或焦虑型人格。属于轻微的人格异常。这一类型的人格异常开始于青年期，在各种环境背景下所表现的广泛模式是：对社交感觉不适，害怕负面的评价以及害羞、胆小。其主要表现为：心理自卑，行为退缩，面对挑战采取逃避态度或无能应付，容易因为批评或不同意而受伤害。除非受到保证会给予友善接纳，否则不愿与人建立关系，避开或不接触重大的社交或职业活动。在社交场合保持沉默，因为害怕说话不适当或表现愚蠢，或无法回答别人的问题而受窘。回避型人格形成的原因主要是自卑心理。不少学派认为，自卑感起源于人的幼年时期由于生理缺陷或某些心理缺陷（如智力、记忆力、性格等）而产生的轻视自己，认为自己在某些方面不如他人的心理。在大学生的表现中较多的是社交恐惧、自责心理和消极的自我暗示。

（5）依赖型人格异常。属于轻微的人格异常。这一类型的人格异常开始于青年期，在各种环境背景下所表现的广泛模式是：行为表现为依赖和顺从。其主要表现为：自己无法做决定，也无法进行工作或执行计划，必须要依靠别人给予过多的指导或保证。不果断，也缺乏判断能力。因害怕被拒绝，即使坚信别人错误，仍同意对方的意见或建议，为博取他人好感而愿意做自己不愉快或降低自己身份的事。经常恐惧自己会被抛弃，容易因为批评或不同意而受伤害。

研究发现，人格障碍始于青春期或成年早期，具有跨时间和情境的持续稳定性，其对个体的社会功能具有广泛的负性影响，而这种人格功能的损伤和个体病理人格特质的表现并非由物质滥用、躯体疾病或另一种精神疾病所致。造成大学生人格障碍的原因非常复杂，涉及遗传和环境两个方面，其中不少因素是遗传和环境的交互作用。①概括而言，主要是三大因素所致。一是人格特质。个体的人格异常是人格特质发展、表现不均衡，超出正常范围的结果，某些人格特质异常是人格障碍的心理基础。人格特质多种多样，但它们引发人格障碍

① 范杰,卢宁.C 类人格障碍大学生反应性攻击的特点及其与拒绝敏感性的关系[J].中国临床心理学杂志,2018（5）:970.

的作用并不相同，有的作用明显，有的作用较弱。至少如下一些特质对人格健康或障碍具有举足轻重的作用：自卑、抑郁、恐怖、强迫、焦虑、悲观、敏感、多疑、幻想、浮躁、厌世、偏执、逆反等。大学生个体只要这些特质有一个是异常的，就可能存在人格障碍。二是家庭背景。家庭中父母及其他成员具有一定的世界观、信仰、性格等心理特征，是对他们所处的各种社会关系的反映。社会关系就是通过家庭及其成员对儿童施加影响的，对儿童心理的发展及个性的形成特别重要。一方面，遗传可能与人格障碍有关，家属中有人格障碍者，则大学生发生人格障碍的可能就较大。这不仅仅是遗传素质的问题，还存在人格障碍的父母家人对个体的教养问题，或者说，障碍的家庭教养障碍的个体。另一方面，人格障碍的遗传素质使个体对家庭、社会、文化中的致病因素有着特殊的敏感性，增大了个体发生人格障碍的概率。此外，即使家族中没有人格障碍的遗传素质，那些不和谐的家庭及不合理的教养方式，也可能使个体产生人格障碍。国内有研究表明：来自单亲家庭的青少年罪犯约占 19%，父母的文化程度在初中以下的青少年罪犯超过 80%，青少年罪犯在社会支持量表总分及各个因子上的得分均低于对照组。①父母关系不和，家庭缺乏温暖或者父母过于溺爱或苛求孩子，都会严重影响个体人格的健康发展，而容易出现异常现象。三是成长经历。成长经历包括但不限于上述在家庭中的生活情况，这里尤其强调个体在社会中的生活经历，特别是那些意外事件对个体人格的影响。

6.3 大学生个性心理的自我管理

大学生个性或人格心理障碍发展到严重程度，不仅危害个人，并可在医学上和社会上构成严重问题。为此，对大学生个性或人格障碍能及早发现、及早治疗是非常必要的。由于大学生人格障碍是个体在长期的生活中形成的，稳定性很强，病态行为模式也比较顽固，完全依赖家庭和学校教育极难奏效，大学生本人的充分配合和有效的自我管理至关重要。

① 钟伟芳,刘洪.家庭状况、社会支持与青少年犯罪的关系[J].法制与社会,2016（15）:172.

6.3.1 大学生个性心理自我管理的标准

美国心理学家奥尔波特认为：成熟、健康的人有七个主要特征：（1）心理健康的人活动范围广，他们有多种爱好，有许多好朋友，积极参与政治和社会活动。（2）与他人关系融洽。心理健康的人能容忍他人的缺陷和不足，和他人的关系是亲密的，并富有同情心，对他人温暖、理解和亲密。（3）情绪上有安全感。心理健康的人可以接纳自己的一切方面，他们不受自己情绪的支配，能够忍受挫折、恐惧和不幸。（4）知觉的客观性。心理健康的人能够客观地认识周围的现实，而不是把它们看成所希望的东西。（5）心理健康的人的自我形象是客观的、公正的，能够正确理解真实自我和理想自我之间的差别，也能知道自己看待自己和别人看待自己之间的差别。（6）心理健康的人能全心全意地投入工作，能高水平地完成任务。（7）心理健康的人具有统一的人生观和价值观，并能够把它应用到生活的各个方面。他们面向未来，行为的动力来自长期的目标和计划。

我国学者胡寄南教授研究了多种现代人物的传记，发现现代中国优秀人才具有以下个性心理品质：（1）远大的理想。为实现理想，为实现目标而拼搏的品德；自我牺牲的献身精神；对生活的意义和价值的深刻理解；对工作和事业的高度责任感；全心全意为人民服务的精神。（2）高尚的情操。具有爱国主义、国际主义和革命乐观主义精神。（3）坚强的意志。（4）富有才能。（5）人际关系协调。（6）自我意识完善。

大学生如何才能观察敏锐、注意集中、思维活跃、想象集中、记忆力强、志向远大、兴趣稳定、情感热烈、意志坚定、性格独立呢？一是依靠自己本人的努力，二是利用环境，接受他人的影响。心理学十分强调自己挖掘潜能，实现自我价值，相信个性是可以改造的，人是可以主宰自己的，人生的成功与否完全在于你自己。对大学生来说，塑造良好的个性的措施有：充满信心，希望自己成为一个有用的人；一个成功的人；充分发挥自己的想象力；使自己长期处于积极的心境中；让自己生活在快乐中；消除对自我的压抑；抓住机遇，与人真诚相处；自我接受，接受自己的失败与成功；信念坚定不移，不达目的誓不罢休；有时间冷静地独处反省；保持自己的独立性；维持良好的人际关系等。

6.3.2 大学生个性心理自我管理的路径

经过高考奋力拼搏的大学生，带着“金榜题名”的喜悦，带着五彩斑斓的梦想与追求，带着一种新鲜感和自豪感，满怀信心的新生们趾高气扬地跨入了优美的大学校园。近一个月的紧张而严整的军训拉开了大学生活的序幕，他们憧憬着、期盼着那充实、浪漫、充满朝气而又富有诗意的大学生活，然而几个月下来，许多同学却发现，大学生活远非自己想象的那样美好，这里同样汇聚了痛苦与忧伤，心里挥不去几多的烦躁与焦虑，生活中快乐与痛苦并存，阳光与阴霾同在。有的思家、恋旧，常常偷偷以泪洗面；有的厌学、彷徨、无所事事；有的失眠、抑郁、在焦灼中度日子，更有的则想休学、退学，打起了退堂鼓。与入学时比，那种趾高气扬的雄心壮志已渐渐削弱，那种无与伦比的“天之骄子”的身份感和无比非凡的力量已不复存在。本是辉煌灿烂的黄金时代却为无尽的烦恼和痛苦所替代，心灵上茫然一片，不知该走向何处，那种无助、无聊、无力的哀愁侵扰心间，一时间，犹如从幸福的峰巅跌入到痛苦的谷底，那种无奈，那种难耐与不甘集结而成了“新生适应综合症”，他们感到极度的不适应，久而久之形成不良个性。

实践证明，在大学生心理健康谱系中，个性心理健康是关键。同理，大学生的个性心理障碍也最难消除。不仅家庭和学校教育极难奏效，大学生本人的自我管理也往往成效甚微，原因在于：家庭和学校教育往往“头痛医头，脚痛医脚”，难于从根本上解决问题；大学生本人对个性心理形成条件知之甚少，找不到个性心理自我管理的正确路径。根据多年大学生管理的实践经验，笔者认为，以下诸方面是大学生个性心理的自我管理有效路径。

（1）个性立足于“德行”。信仰和理想是人的精神需要，是人们在实践中形成的对未来的憧憬、向往和追求，“人活着不是单靠事物，还靠支撑起灵魂的信仰。”大学生应该懂得并承认人类社会因存在不同的利益集团而划分为不同的阶级，因有代表不同集团利益的统治阶级而有不同的社会制度。当代大学生应该站在为绝大多数人的长远、根本利益这一边，自觉维护并代表人民利益的社会主义制度，不断审视自我、端正理念、改造行为、规划未来，经得起挫折和失败，在任何复杂的情况下、在任何艰难的历程中不动摇信念。大学生高尚德行的树立与良好个性的形成是一个互动的过程，前者是后者的基础。

（2）个性寓于社会性。只有当集体与社会具有强大的凝聚力和坚定的共识目标时，个性发展才能有充沛的能量、宽广的领域和有益的效果。反之，也只有个性发展才能促成集体与社会的前进。所以，大学生必须把个性的自我纳入历史的、社会的坐标系中，以历史使命和社会需要为根据，能动地完善自我，才能铸就为社会发展期待的、为集体利益需要的、不拘一格的良好个性。

（3）个性基于相容性。在 1989 年联合国教科文组织召开的“面向 21 世纪的教育”国际研讨会上，各国代表一致认为应培养未来的青年一代学会“关心”：关心社会、关心他人、关心自己。要教育大学生树立公平竞争的理念，倡导个人具有以提高能力水平和强化努力程度为基础的、超越他人成就的个性，在校内也要努力营造公平竞争、共同发展的良好氛围，从而促进大学生培养遵守规则、团结协作的习惯，养成既能认可他人、容纳他人，又能超越他人、取胜他人的良好心理特征。

（4）个性出于责任心。受社会主义高等教育的人，其道德素质的最低水准应该是在利他的前提下利己，即所谓“先公后私”；其最高水准则应是完全利他的自我奉献，即“大公无私”。这一原则指导和规范着其他具体的道德方面，如职业道德、公共道德、婚恋道德等。当代大学生应该遵守道德准则，具有为人民、为社会更好服务的奉献心理，他们的动力是责任感而不是侥幸心理，他们的手段应该是艰苦奋斗而不是投机枉法，他们的人生目标首先应是利他而不是利己。从而自觉地把社会政治思想准则、文化内化为自己的个性，把“自我成才、自我实现”的人生理想与“振兴中华”的历史使命感和社会责任感结合起来，最终成为符合时代精神、符合一定社会要求的人。

6.3.3 大学生个性心理自我管理的方法

古今中外，真正杰出的人物并不多。但家庭、社会希望大学生能成为杰出人物，大学生自己也应该充满信心，争取成为具有良好个性的栋梁之材。因此，大学生应该借鉴吸收心理学改造个性的方法，结合中国传统的慎独、反省、批评与自我批评的方法，积极接受家庭、学校和社会的教化，使自己的智力因素发达，素质能力优良，成为一个具有良好个性的人。

（1）依靠自己。大学生应该树立通过自己努力获得成功的信念，同时，学校、社会也应该为塑造大学生良好的个性共同努力。尤其是高校，在制定学校的管理措施时，要考虑到哪些措施会对学生个性的发展有利。大众传播、媒介传播的内容，应该积极、健康，应该加强精神文明建设，如果世风日下，大学生的品行即使在校内是好的，但一接触社会，也会被不良风气同化。班集体、学生社团都应该提倡团结友爱、奋发向上的精神。教学内容既要考虑到与传统的衔接，社会的需要，更要考虑有益于学生个性的发展。教学方式应灵活多样，不应死板教条。学校应该多宣传有成就的校友，增强大学生的自信心、荣誉感。学生家庭一方面在经济上、情感上对学生关心和支持，另一方面要教育学生增强独立观念。

（2）培养自我接受的态度。有些大学生不能接受自己，并采取各种方法避免认识自己。首先，他们不和别人来往。不与别人结交，不但看不到别人对自己的反应，而且不愿意看到别人的成功，因为别人的成功会使自己感到渺小。其次，他们没有勇气接受失败，没有把握时不愿参加竞赛。最后，他们也会把不满和自责的态度投到别人和外界事物上去，把“我不喜欢自己”或“我讨厌自己”等心理转变成“别人不喜欢我”或“别人讨厌我”。不能自我接受的人容易造成性格异常。了解自我是接受自我的前提。一般认为，了解自己好像是不成问题的，事实上却不是一件容易的事情。了解自己的生理状况是容易的，但了解自己的心理特点和性格特点就不那么简单了。了解自己比较难，喜欢自己就更难。有些人不满意自己，自卑感强。有些人则觉得怀才不遇，因而愤世嫉俗，甚至狂妄自大。这些都是不喜欢自己的表现。个人的容貌生理缺陷、家庭背景等是无力改变的，了解自己而又不喜欢自己，必然导致焦虑和痛苦。只有承认现实，悦纳自己，才能心安理得，保持良好的心态。

（3）保持良好的情绪状态。良好的情绪是维护健康性格的灵丹妙药。性格正常的人遇到愉快的事就会高兴，遇到不称心的事就会烦恼。高兴或烦恼都是正常情绪的表现，但情绪过度就是有害的。狂喜、暴怒、绝望等都属于情绪过度。在生活中，由于情绪过度而死亡的事情也常出现。青年人容易爆发激情，激情行为往往带有冲动性。减少情绪的冲动，应该在加强修养上下功夫，逐渐学会控制情绪。控制情绪不等于压抑情绪，年轻的大学生们不必处处“喜怒不形于色”，情绪应该有适当的表现。

（4）建立良好的人际关系。人的许多个性特点都是从与他人的关系中发展起来的。这些关系中的大多数是良好的，但也有一些是不好的。别人遇到苦恼的事，你会感到同情吗？对那些你不喜欢的人，你也会有同情之心吗？要学会设身处地地为别人着想，同别人建立良好的关系。不要让别人对你期望太多，你也不要对别人期望过多。融洽的人际关系使人乐观、开朗和进步。众所周知，人与人之间的关系从来都是相互影响、相互作用、相互依赖的。我们每个人都需要爱和尊重，需要友谊，需要以自己的智慧和能力为社会做出贡献。大学生有自己的个性和独特的行为方式，他们尊重自己的立场，坚持自己的原则，保持自己性格的完整性。但是，有时又需要迁就别人的需要，采取随和的态度。一般来说，不是原则性的问题，可以迁就别人的要求，给予适当的帮助。如果是与自己的处世原则相矛盾的问题，既要坚持原则，又要不伤害别人的自尊心，在拒绝别人要求时，万万不可过分强调自己的道德，标榜自己的公正清高和良好的品德，使别人感到难堪。

（5）参加丰富多彩的文娱活动。兴趣过于狭隘，那么在克服精神、情绪上的困扰时，就会受到很大的限制。广泛的兴趣会使生活丰富多彩，因而容易摆脱过于紧张的困扰。实验证明，兴趣广泛的人总比兴趣狭隘的人更容易、更有效地使自我得到调节。大学生参加丰富多彩的文娱活动，既有助于增加知识、发展技能，又能调节精神轻松愉快，产生充实感。

第 7 章　大学生挫折心理健康与自我管理

所谓挫折，是指人们为实现目标而采取的行动遭遇到无法逾越的困难阻碍时，所产生的一种紧张的情绪反应、情绪体验。它是人的一种消极的心理状态。大学生挫折心理是指在多元化的社会背景和独特的家庭环境下成长的大学生，当其面临学习、生活、情感、人际和就业等个人发展和自我成才过程中的压力、障碍和困惑体验到挫折而不能顺利实现目标时所产生的消极情绪体验。[①]大学，是令人神往的知识殿堂。大学生们通过自己的艰辛的努力与奋斗，终于跻身其中。然而，在现实的错综复杂的生活中，大学生有目的的活动受到各种因素的制约，这些因素可能阻碍大学生目标的实现，影响他们需求的满足，引发大学生的挫折。挫折已是大学中许多同学所面临的问题，如得不到正确的引导和教育，极易产生严重的心理问题，因此对大学生进行抗挫折能力教育意义重大。[②]

7.1 大学生挫折心理的成因

人们在日常生活和工作中，并非总是一帆风顺。在人的需要与动机推动下产生的行为，在达到某种目标的过程中，常常要遇到各种各样的障碍，因而挫折在所难免。大学生在学习与生活中，同样不可避免地会遭遇各种各样的挫折。挫折对大学生心理与行为都会产生直接的影响，引起的消极心身反应，可能导致心理与行为障碍。研究发现，“当代大学生以独生子女居多，他们不但有优

① 彭柳中,罗宝怡,张演,谢亚梅,李炳全.大学生抗挫折心理能力、应对方式与自强意识的关系[J].中国健康心理学杂志,2018（10）:1565.

② 欧何生,黄泽娇,张旭东.大学生抗挫折心理能力对自杀意念影响的研究[J].心理学探新,2013（3）:234-238.

越的物质生活，还有更丰富的精神文化生活。在飞速发展的网络信息时代，大学生接触到了更开阔的人文理念，养成了自信、张扬、有主见的个性。同时，由于他们一直在顺境中成长，一旦遭遇挫折和失败，就会产生焦虑急躁、自卑怯懦、愤世嫉俗、抑郁冷漠等情绪，不能从容面对学业压力、人际矛盾和竞争失败。另外，大学生刚刚成年，心理发育尚未成熟，遇到挫折时会产生消极心理，严重者甚至会抑郁、轻生。”①

7.1.1 大学生挫折心理产生的一般条件

个人在实现目标的过程中，动机性行为会有不同的结果：一是无须特别努力即可达到目标，需要很容易得到满足；二是遇到干扰和障碍，但经过努力或采取某种方法仍可达到目标；三是遇到了干扰和障碍使目标不能达到，需要不能满足，因而产生种种不安、焦虑情绪。在心理学上，把个人遇到的第三种情况称为挫折。

挫折产生应具备下列五个条件：（1）有行动动机和明确的行动目标。例如，大学生为取得奖学金，争取各门功课的好成绩，或者刻苦学习，争取考上研究生。（2）有满足动机和达到目标的手段或行动。例如，大学生通过刻苦学习，排除其他干扰和影响，争取达到优良成绩。（3）有挫折的情境发生。如果动机和目标能顺利获得满足或实现，就无所谓挫折。如果在实际生活中，虽然实现目标过程中受到阻碍，但通过改变行为，绕过阻碍达到目标，或阻碍虽不能克服但能及时改变目标与行动方向，也不会产生挫折情况。只有在实现目标的道路上遇到阻碍而又不能克服与超越时，才构成挫折情境。例如，某大学生要求自己必须考上研究生，但却未考上，这样就形成了他的挫折情境。如果这个大学生仅把考研究生作为一种尝试，即使没有考上，也不构成挫折情境。（4）人们在实现目标的行为受到阻碍时产生挫折，行为主体必须对此有知觉。如果客观阻碍存在，但人们主观上并无知觉，就不会构成挫折情境。（5）人们必须有对挫折的知觉与体验而产生的紧张状态和情绪反应。具体来说，行为主体在受挫后往往有焦虑、失眠、恐惧、愤怒、自悲、自疑、往坏处想，甚至有“快要发疯”等消极的紧张情绪体验。

① 许敏,杜洋涛.积极心理学视域下大学生挫折教育研究[J].长春教育学院学报,2018（10）:31.

一般而言，挫折有两个方面的含义。其一是挫折情境，指阻碍目标实现的种种主客观因素。其二是挫折反应，指由某种阻碍和干扰致使需要不能满足而产生的愤怒、恐惧、不安等情绪反应。个体在受到挫折时，挫折情境和挫折反应总是密切联系在一起的。大学生生活在大学中，被称为天之骄子、时代的宠儿，他们都有自己的雄心壮志。但是，"人生逆境十之八九"，无法心想事成、事事如意。在实际生活中，成功会使他们欢欣鼓舞；失败会使他们悲观失望、焦虑。

7.1.2 大学生挫折心理产生的客观因素

由于社会生活是复杂的，因而引起大学生挫折的原因也呈现复杂情况，一般从客观因素和主观因素上分析把握。在引起大学生挫折的众多因素中，有相当多是由于客观外界阻碍，大学生不能达到目标，这是引起大学生挫折的客观因素，包括自然环境因素和社会环境因素两个方面。近年来大学生自杀或杀人等恶性事件的发生率呈上升趋势，引起了社会各界的关注。许多研究提示大学生恶性伤害事件与多种因素存在关联性，其中童年经历（教育因素）、社会支持（环境因素）和人格特征（个体因素）受众多研究者关注。①②③④

自然界的一切事物，都按照自己的固有规律发展着。人们一方面不可能穷尽对自然界所有事物的认识，另一方面，即使认识了也不能绝对地征服自然。因此作为每一个在自然环境中生存发展的人，必然会遇到由自然因素所引起的种种挫折。例如，自然灾害（台风、地震、酷热、洪水）以及由于自然因素影响而引起的疾病、事故等等，这些都是人们无法克服的客观的因素。对于生活在社会中的大学生而言，自然环境因素都可能是引起他们挫折的因素。某高校

---

① 洪亮,程灶火,秦心福.大学生恶性伤害事件的社会心理因素调查研究[J].皖南医学院学报,2018（6）:594-597.

② HOEVE M，JS DUBASUBAS，G. R. M. Gerris，et al．Maternal and paternal parenting styles: Unique and combined links to adolescent and early adult delinquency[J].Journal of Adolescence，2011（34）:813-827.

③ Cassidy T． Family background and environment，psychological distress，and juvenile delinquency[J]. Psychology,2011（9）:941-947.

④ Dam.V. C, J. Jmam, E. J. Debruyn. EEJ. PEN,Big Five，juvenile delinquency and criminal recidivism[J]. Personality and Individual Differences，2005（39）:7-19.

一名二年级大学生，其人生道路展现一片光明时，却患上了严重的肝萎缩而影响学业和个人社会发展，无疑是遭遇重大挫折。一名来自贫困地区的大学生，十分节俭地花着父母为他积攒的每一分钱时，忽闻家中亲人不幸或遭遇天灾，这对他同样也是重大挫折。

大学生生活在社会之中，社会的政治、经济、道德、宗教，甚至风俗习惯等等，都可能是引起大学生挫折的因素。在高校中，某一段时期，一些大学生放松了政治理论学习和思想上的世界观的改造，受资产阶级思想意识影响，结果出现了思想偏差，走了一点弯路，这是政治因素引起的挫折。在高校学习的一些大学生，他们或者来自老少边穷地区，或者父母下岗，他们正常的学习、生活受到冲击，学习积极性受到影响，这是经济因素引起的挫折。此外，大学生生活的校园内的种种因素，也可能是导致大学生挫折的直接原因。例如，有的大学生就读的大学不尽如人意，有的大学生学习生活与理想中的相差甚远，都可能产生挫折感。这些大学生往往把大学想象成世外桃源，似乎校园里应是鲜花四季、环境优雅，老教授风度翩翩、侃侃而谈，学习轻松愉快、生活舒舒服服。但来到学校后，在他们的眼里是教学设备落后、课程内容陈旧、教学方法不当、管理方法不妥、娱乐条件缺乏等。大学生活似乎只是日复一日的“宿舍一教室一食堂”三点一线的无限循环，有些大学生感到枯燥、无聊、孤独、空虚，有一种说不出的失落感。

7.1.3 大学生挫折心理产生的主观因素

在引起大学生挫折的因素中，相当大的部分是由于大学生自身的能力与认识等方面因素引起的。当然，首先是个体条件因素，一个介于主客观之间的因素。这是因个体体力、智力条件或性格、能力、思想等心理特点因素引起的心理挫折。主要有两个方面。第一，因受个体条件差异制约和限制不能达到目标。例如，大学学习无论在内容的深度，还是知识的范围，都是高中不能相比的，一些大学生由于智力条件或学习方法因素，不能较好完成学习任务而引起挫折。又如人际交往中可能由于其貌不扬或性格内向而处于劣势，往往无法在交际场合潇洒自如、谈笑风生，展示自己的才能。甚至正常交友也受影响，使自己陷入孤寂境界等。第二，可能因个体条件卓越的影响而给大学生个体带来挫折感。

人们常说“树大招风”“枪打出头鸟”，古人云：“木秀于林，风必摧之；堆出于岸，流必湍之；人出于众，众必非之”，都是说的这个道理。

在引起大学生的挫折中，不少是由于大学生认识能力或思维方法引起的。由于大学生是社会中值得骄傲的青年团体，缺乏社会经验，心理发展不完全成熟，因而在学习生活、社会活动中可能出现思想不符合实际，好高骛远，从而达不到目标导致的挫折。一位大学生一入学就给自己提出了很高的要求：拿特等奖学金，评三好学生。对于这位大学生积极向上的精神，当然应当鼓励。然而这位大学生并不充分了解进入该大学的学生的整体水平，也不十分了解奖学金、三好学生评比的有关规定和要求，主观盲目地给自己制定了过高的目标，其结果当然是实现不了。而失败的结果无疑对这位大学生来说是一次不大不小的挫折。

相关研究发现，在引发大学生心理挫折的因素中，动机冲突因素引发挫折心理感受的概率最高。个体在有目的活动中，常常因一个或数个目标而产生两个或两个以上的动机。如果这些同时并存的动机不能同时获得满足，并且在性质上又出现彼此相互排斥的情况时就会产生动机冲突的心理现象。对于大学生而言，丰富多彩的大学生活以及改革开放的社会背景，为大学生的全面发展提供了有利的条件和广阔的天地，同时也给大学生带来了选择的冲突。这些动机冲突引起了我国大学生种种挫折，表现为以下四种情况：（1）双趋冲突。大学生往往面临两个期待事物之间的选择的冲突，这两个期待事物对自己都很重要，并且都有相同强度的动机，于是出现“鱼和熊掌不可兼得”的难以取舍的心理冲突。（2）双避冲突。大学生往往面临两个希望避开事物之间的选择的冲突，自己对这两个事物都不感兴趣，甚至是厌恶的，但却不能同时避开，于是出现“二者必居其一”的心理冲突。（3）趋避冲突。大学生可能面临一个既对自己有利，又对自己有害的事物或目标的选择的冲突。大学生对这个事物或目标，一方面想达到，但同时又企图避开，于是出现极为矛盾的心理冲突。（4）双趋双避冲突。大学生有时面临的心理冲突相当复杂，他们面临的两个目标各有长与短，因而他们一方面在都想达到的同时，又都试图避开。

7.2 大学生挫折心理的消极反应

消极行为反应也是大学生受挫以后常常表现出来的行为特征。消极的行为反应在一定时期、一定程度上可能缓解受挫的大学生的紧张心理，但这种行为反应缺乏积极的社会价值，其后果是，一方面对大学生个体心身发展十分不利，甚至诱发精神疾病；另一方面也可能危害社会和他人。大学生消极的行为反应应引起各方面重视。

7.2.1 攻击与反向

攻击最根本的含义是朝某个方向运动。这个起源于拉丁语的简单语，蕴含着能量与方向。人们在受挫以后，在非理智情况下把“高能量”的愤怒的情绪指向造成其挫折的对象——人或者事物，表现为对他人讥讽、谩骂、殴打，甚至加以杀害，以及损害物品等情况，这是一种破坏性的行为。根据受挫者攻击对象，大体分直接攻击和转向攻击。攻击的这两种情况在大学生中都有发生，只不过是直接攻击行为不及转向攻击行为普遍。直接攻击行为是指受挫者受挫以后，把愤怒的情绪发泄到直接使之受挫的人或物上，由于缺乏理智，往往不考虑后果，因而可能造成极为严重的后果。在高校发生的攻击行为，往往发生在那些缺乏生活经验，比较简单、鲁莽、冲动性大的学生身上。

转向攻击行为是指受挫者在受挫以后，愤怒情绪十分强烈，由于种种原因不能攻击使之受挫的对象，于是把愤怒的情绪指向自己，或者指向与其挫折情境无关的对象（或称之为“替罪羊”）。转向攻击行为造成的后果同样是严重的。某高校一名男大学生失恋以后，他不能攻击他曾恋爱的女友，就用菜刀剁下自己二节手指。虽然似乎一时紧张的情绪得到缓解，然而却留下终身残疾，并直接影响正常学习。转向攻击行为大多数发生在比较克制、力量较弱、自信心比较差的大学生身上。大学生的直接攻击行为与转向攻击行为在高校都是存在的，受挫的大学生通过攻击行为虽然可以暂时发泄心中的愤怒与不快，但并不能消除原有的挫折感，还会引起新的挫折，同时危害他人与社会，尤其要引起关注。

一般来说，个人的行为方向和他的动机方向是相一致的，即动机发动行为促使行为向满足动机的方向进行，但是，遭受挫折后，自己的内在动机不能为社会所容，由于他不敢正面表露自己的真实动机，于是便从相反的方向去表示出来，这种把自己一些不符合社会规范、不被允许的愿望和行为，以一种截然相反的态度或行为表现出来，以掩盖自己的本意，避免或减轻心理的压力的行为反应，称为反向，例如，一些内心自卑感很强的大学生，往往在同学中以自高自大、夸夸其谈等自我炫耀方式掩盖自己内心的自卑和孤独。有的大学生对某异性大学生非常倾慕，然而由于害怕遭到拒绝而装出一副不屑一顾的样子。反向行为由于与动机相互矛盾，因而表现得过分夸张、做作。它虽然可以在一定程度上掩饰个体的真实动机，但是，掩饰包含着压抑，长期运用会从根本上扭曲自我意识，使动机与行为脱节，造成心理失常。

7.2.2 固执与倒退

一些大学生在遭受挫折后，往往不分析失败的原因，反而盲目地重复着导致其挫折的无效行为，这就是固执的行为反应。其特点是行为呆板且无弹性，并具有强制性。它可以表现个体和群体的固执行为反应。例如，大学生因违反学校有关纪律而受到比较严厉的批评后，往往不见其改过和收敛，反而类似的违反纪律的不良行为反复发生。如果该大学生是某一个非正式群体的成员，就可能出现该非正式群体成员一起重复违反校纪校规的行为。表现出群体的固执行为反应。固执行为往往容易发生在一些性格内向、倔犟、看问题片面的大学生身上，以及由情感为纽带形成的消极的大学生非正式团体中。对于大学生固执行为一方面要加以重视，它直接影响大学生个人的健康成长，也影响学校正常活动的开展。另一方面，准确把握大学生固执行为反应，它不同于习惯，因为如果习惯性的行为不能满足需要，人们会努力去改变，而固执不仅不会改变，反而会愈演愈烈。固执也不等于意志坚强，意志力强的人如果知道某种行为不能达到预定目标，就会改变策略，再作努力。固执行为的最大特点是非理智性，企图通过重复无效动作以对抗挫折压力。

倒退是固执的另一种表现。所谓倒退的行为反应，是指受挫者在遭到挫折以后，表现出与自己的年龄不相称的反常行为。当人们受到挫折以后，如果以成熟的成人的行为方式面对挫折，就会产生心理上的焦虑、不安。受挫者为了避免上述情况，往往放弃已经习得的成熟的成人的正常行为方式，而恢复使用早期幼儿幼稚的方式加以“应对”，从而减轻内心的心理压力。倒退的行为反应在高校中只要细心观察，还是很容易发现的。例如，一位学生会干部在受到系领导批评后，自己感到委屈，无法进行理智分析和对待，竟一连三天抱被子睡觉，不吃不喝，有点像小孩子耍脾气。

7.2.3 逃避与轻生

逃避是大学生受挫和预感受挫时表现出来的一种消极行为反应。在现实生活中大学生受挫或预感受挫，便逃避到自认为比较安全的情境中。

逃避主要有三种表现方式。（1）逃到另一种状态。这种情况在大学生中比较常见。某大学生过去在学习上一直很努力，但由于种种原因受到挫折后，他往往不从主观上分析原因，而一改过去刻苦学习为漫不经心、得过且过，同时在娱乐、谈朋友上倾注其精力，他是以学习之外的活动避开因学习压力给自己带来的焦虑与不安。其实，大学生逃避与自己成长与发展最直接关系的学习环境到其他活动中去，可能在某个时候有一定缓解作用，但并不能真正消除内心的紧张，因为紧张的心理以潜意识方式从当前现实转入另一现实之中，它在一定条件、一定时期，可能对大学生产生更大的不良影响。（2）逃向幻想世界。受挫的大学生在受挫以后，往往沉溺于不合实际的幻想之中，以非现实的想象方式来应付挫折。这是受挫的大学生为了暂时脱离现实问题的困扰，展开不受制约的想象，在幻想中求得平静和安宁。幻想在一定时期、一定程度上使人暂时脱离现实，有缓解挫折感的作用，得到暂时的精神解脱，因而有助于对挫折的容忍和提高人们对将来的希望。但是幻想毕竟是幻想，在多数情况下无助于现实问题的解决。因此，大学生在幻想之后，应实事求是地面对现实去应付挫折。例如，某大学生学习不好考试失败以后，幻想将来克服困难取得好分数和走上好的工作岗位的愉快情况，这可能使他鼓起勇气学好功课，这样幻想有积极意义。但如果不面对现实，一味耽于幻想，就会形成一种不能适应生活的坏习惯。（3）逃向身心疾病。在日常生活中人们对一个人的行为总是有一定要求的。对于一个健康的大学生，应该是能很好适应社会、学习刻苦、对人热情精力充沛、奋发向上等。但如果对象是一个病人，社会对他的各种要求都可能暂时取消或减轻，对他的过失，也不作严格的计较。例如。一个大学生面对一个重大的考试，本应与其他同学一起参加并取得和大家相近的好成绩。但是由于种种原因，他感到没有把握，内心极不愿意参加这场考试，但又找不出任何不参加考试的理由，内心极为焦虑。但是如果这个大学生在考试之时正好生病了，一切又另当别论，他不仅可以十分安全地躲过这一“劫”（一是考试没把握，二是考砸了将面子丢尽），而且还会得到老师、同学的同情。因此，一些大学生在失败或可能失败之时，如同上述迫于考试的大学生，就巴不得能生病，现实生活中还真的有人病倒了。这一类病，心理学上称为机能性障碍。当事者的器官是正常的，在检查时没有发现什么肌体性的疾病，而它们的功能却出了问题。比如眼睛是健康的，却看不到东西；四肢是正常的，却呈现瘫痪的现象。这样的大学生不自觉地将心理方面的困难，转换成为身体方面的症状，借以逃脱他人及自己的责备，而维护了自我的尊严。

轻生是一种极端的逃避方式。在现实中，由于受挫者反复受挫，周围缺少帮助，又找不到摆脱挫折的方法与途径，受挫后愤怒的情绪使之失去理智，而以自杀方式消除内心紧张心理。大学的学习活动，需要大学生不论在智力还是在体力方面都要付出艰辛的劳动。学习的竞争又相当激烈，有些大学生难以适应这种局面，他们在无助之中往往选择了不该选择的消除内心紧张心理的方式。早在 1992 年举办的“首届全国危机干预暨自杀研讨会”就统计过，全国每年死于自杀的人数达 14 万～16 万，每天约 400 人自杀，学生占 1/4，其中大学生居多。此外，大学生生活在社会之中，一些对大学生有直接影响的事件引起他们强烈的挫折感，又无法摆脱，轻生也就成了这些大学生和社会的遗憾。

7.2.4 压抑与冷漠

压抑的行为反应在大学生生活中比较常见。大学生在其学习、生活中，常常把不愉快的经历不知不觉地压抑在潜意识里，不再想起，不去回忆。由于压抑，痛苦的经历似乎被遗忘了，使人在现实意识中感受不到焦虑和痛苦，例如，某大学生因一时糊涂偷了寝室同学的钱，事后他羞愧难当，内疚不已，心理冲突所带来的痛苦时时折磨着他，可又没勇气向同学承认错误。过了一段时间，他似乎把这件不光彩的事忘了，内心恢复了平静。可这并不是真正的遗忘，而是压抑起了作用。以后每遇到同学丢失东西，他就怕被怀疑，甚至在同学面前词不达意，举止失常，以致发展到怕见同学怕见任何人，把自己封闭起来不能进行正常的生活。压抑是行为主体的一种“主动遗忘”，它和由于时间延续过久而发生的自然遗忘不同，它只是个体把不为社会接受的本能冲动、欲望、情感、过失、痛苦经验等不知不觉地从现实意识压抑到潜意识中去，使之不侵犯自我或使自我避免痛苦。但是这些被压抑的东西，并没有消失，它在日常生活中往往不知不觉地影响人们的日常心理和行为，并且一旦出现相近的场景，被压抑的东西就会冒出来，对个体造成更大的威胁与危害。它不仅影响个体的正常活动，而且会引起心理异常和心理疾病。

大学生在遭受挫折以后，往往还表现出对挫折情境漠不关心、冷淡，活动上表现出茫然与退让，情绪情感上失去喜怒哀乐，对一切无动于衷。冷漠一般是在行为主体反复遭受挫折，对引起其挫折的对象无法攻击，又无“替罪羊”宣泄，也看不到改变境遇的希望等因素下发生的。例如，高校中一些学习困难的大学生，虽然他们尽了相当大的努力，但学习成绩上却没有多大进展，每学期总有几门课“红灯”高照，这些大学生承受着外界（学校、家长同学）和内心的越来越大的压力，他们对大学生活、同学关系、社会活动往往持冷漠的反应行为，表现出暮气沉沉，缺乏责任感。

7.2.5 文饰与投射

文饰即文过饰非的行为反应。当个体达不到追求的目标时，为避免或减轻因挫折而产生的焦虑和维护自尊，总是要在外部寻找某种理由或托辞，对自己的行为给予某种“合理”的解释，这种解释可能自圆其说，但从行为的动机来看，却不是行为的真正理由。

文饰行为反应在大学生学习、生活中时常发生。文饰的行为反应表现有两种形式。一是“酸葡萄效应”。在《伊索寓言》中，有一只饥饿的狐狸，它看到一串串甜熟的葡萄，垂涎欲滴，但因葡萄架过高，三跃而不得食，为了维护自己的面子，就对身边的动物说：“葡萄味酸，非我所欲也。”可见，是因为自己真正的需求无法得到满足产生挫折感时，为了解除内心不安，编造一些理由自我安慰，以消除紧张，减轻压力，使自己从不满、不安等消极心理状态中解脱出来，保护自己免受伤害。如某学生本来下决心要在外语考试中夺魁，不料只考了个第十名，为了维护自尊，便用不屑的口吻说：“为那几分而死读书有什么意义，我可不想做书呆子。”二是“甜柠檬效应”。这也是借助《伊索寓言》中的一个故事。有只狐狸原想找些可口的食物，但遍觅不着，只找到一只酸柠檬，这实在是一件不得已而为之的事，但它却说：“柠檬味甜，正我所欲也。”甜柠檬反应的特点在于夸大既得利益的好处，缩小或否定它的不足之处。如某学生极想报考研究生，但无奈功底不足，便自我安慰道：中国现在大学生占总人口的比例还不到百分之几呢，大学学历也就够了。文饰方式虽然是人们面临挫折时自觉或不自觉地采用的一种心理防御机制，但它除了暂时缓解内心冲突，保持暂时的心理平衡之外，对心理发展更多的是起消极作用。因为文饰自我的理由往往是不真实或次要的理由，起着自我欺骗和自我麻痹的作用，长期地过分地使用这种方式，会使自己不去认真吸取教训，放弃对自我的认识改造，以至于降低积极适应环境的能力。

投射是受挫者把自己内心的不被允许的愿望、冲动、思想观念、态度和行为，转嫁到他人或其他事物上，以摆脱自己内心的紧张心理，从而保护自己，并为自己的行为辩护。例如，某大学生上课迟到了，老师批评他，可是这位大学生却这样回答老师：“我们的班长还在后面！”以此减轻内心紧张和压力。投射作用与文饰在性质上较接近，同样是以某种理由来掩饰个人的过失，但二者是有区别的。在一般情况下，运用文饰行为反应的人都能了解自己的缺点，主要是找冠冕堂皇的理由为自己的缺点辩护。例如，有的大学生考试失败了，明明是自己不用功，却说老师教得不好，或出题不明确、评分不公正等。运用投射行为反应的人，否认自己具有不为社会认可的品质，反而将它加之他人予以攻击。例如自己作风不正派或想有不正派的行为，反而猜测他人有不轨行为，或说是由别人引诱造成的。

7.3 大学生挫折心理的自我管理

现代社会充满竞争、充满挑战、充满风险，也充满机会，青年大学生就是在这样的环境中拼搏、奋斗、成长。因此，一个大学生要想有所作为、有所成就就必须正确对待挫折，战胜挫折。“面对日益激烈的社会竞争，当代大学生在学习、人际交往和就业等各个方面面临的压力也越来越大，难免会在生活中遇到各种挫折。但是因其社会经验不足、心理发育还未成熟等原因，他们面对挫折的表现让人堪忧。对当代大学生开展挫折教育，培养他们面对挫折的正确思维模式和行为模式是当务之急”。①大学生的成才之路，可以说就是不断战胜挫折，不断前进的过程。人们常说，“解铃还须系铃人”，战胜挫折，社会、学校等外界环境是重要的。但是，在众多的挫折中，许多是由大学生自己主观因素导致的，并且挫折是大学生自己的挫折，它引起大学生自己种种不良、痛苦的体验。因此，正像大作家雨果所说，“应该相信自己，自己是生活的战胜者”，要真正战胜挫折，更主要是依靠受挫的大学生的自我管理。

7.3.1 正确认识挫折

积极的行为反应有助于大学生适应挫折，化解困境，健康成长；消极的行为反应只能起暂时平衡心理的作用，不能解决问题，有时会使当事人在一种自我欺骗中与现实环境脱节，降低了积极的适应能力，甚至形成一些恶习，埋下了心理疾患的种子，影响大学生身心健康和全面发展。正确认识挫折，是大学生战胜挫折的先导和前提。

（1）克服错误认知方法。大学时代是大学生一段重要的人生旅程，其间充满紧张与竞争。因而，在大学生成才之路上，不可避免地遭受各种挫折，这是每个大学生都明白的道理。然而，在对大学生挫折的分析过程中，人们发现，真正引起大学生挫折感的，与其说是他们遭遇的困难与失败本身，还不如说是当事人对挫折的认识和态度。一些本可以算不上什么挫折，却被当作挫折；一些挫折只是日常生活中鸡毛蒜皮的小事，却被当作天崩地陷的大事。因此，要战胜挫折，大学生就要克服对挫折的一些错误的认知方法。首先，要克服挫折认知上的主观性。在现实生活中，大学生常常发生主观与客观、认识与实践相分离的情况，从而导致错误认识。这种情况在一些受挫的大学生身上有时表现十分明显。他们由于一方面初涉社会，难以分析、把握和评价复杂的社会现象；另一方面他们内心处于青年期特有的一系列心理变化与矛盾之中，因而他们遭受挫折以后往往不能对挫折进行客观分析，以主观判断和评价面对挫折，从而

① 徐文秀,邵献平.对当代大学生开展挫折教育探析[J].长春教育学院学报,2018（3）:9.

得出了与事实不符的消极结论，加重了挫折感。其次，要克服挫折认知上的片面性。不少大学生的挫折感受与他们认识上的片面有直接的关系。一些大学生若在某件事情上失败了，就认为自己是个失败者、弱者；碰到一些不幸，就觉得自己命运不佳、前途渺茫。某一次考试不理想，就认为自己头脑笨，不是读书的材料，将来肯定不会有什么大的前途；某个同学对自己不友好，就觉得自己人缘太差，缺乏交际能力；一次失恋，就断定自己不讨人喜欢，对异性没有吸引力，等等。这种以一两件事来评价自己整个人，评价自身价值的认知，其结果往往会引起强烈的挫折反应，导致自责、自卑、自弃心理，产生焦虑和抑郁情绪，容易走上自我否定、悲观失望的狭路。最后，要克服挫折认知上的夸大性。由于缺乏社会经验和挫折经历，现实生活中一些受挫大学生往往夸大挫折及其对个体的影响，把小事无限夸大，甚至夸大到不可收拾。在高校发生的一些大学生自杀行为，相当大的一部分与当事人认识上的这种错误的思想方法有关。当面临挫折而出现情绪困扰时，应当主动地检查一下自己对挫折认识上可能存在着的思想方法上的偏差，用正确的思想方法克服自己对挫折的错误的认识与态度，减少挫折感，使自己尽快地从悲观、失望、焦虑的情绪中摆脱出来，从而找到战胜挫折的有效方法。

（2）树立正确的挫折观。大学生初涉社会，对失败比较敏感，害怕失败，恐惧挫折。因此，大学生首先应对失败有科学认识，建立正确的挫折观念。在社会生活中，人们总是把没有成功或没有达到目标视为失败，已成为定式，但实际上这种看法并不科学。因为人生的许多目标，往往都不可能一蹴而就、圆满完成，常常是经过多次尝试失败后的不断努力，才能有机会达到成功的境界。其中每一次失败都使人们获取了更多的知识与经验，使其在下一次的努力时，更进一步地接近成功。这也是毛泽东所说的："错误和挫折教训了我们，使我们比较地聪明起来，我们的事情就办得好一些。"可以说，没有失败，就没有成功，因此，在这个意义上说，失败也是成功。大学生面对挫折失败之时，应坦然面对，泰然处之，没有必要过分担心与害怕。

（3）培育"失败也是我所需要的"信念。"失败也是我所需要的"是爱迪生一生奋斗的经验的总结。爱迪生一生有 1328 项发明，其中每项发明都不是一帆风顺的。例如他从 1900 年到 1909 年一直研制蓄电池，历经 10 年，共失败

100296 次，最终研制成功，其艰辛与挫折可想而知。然而正是从 10 万多次的失败与挫折中迎来成功，因此，可以说没有一次又一次的失败，爱迪生绝不会有他那骄人的成绩。爱迪生的事例对不愿面对失败与挫折的大学生有很大的启发。第一，在现实生活中，一切事情决不会是一帆风顺的，都是充满各种困难与艰辛，而成功者的成才之路只能是脚踏一个又一个失败与挫折，去夺取胜利，换句话说，成功者需要一个接一个地战胜挫折，才能取得成功。第二，挫折是一种心理预警系统。它要求人们坚强，面对现实，探明受挫折的根源，找出失败的原因，根据具体情况继续努力奋斗。一个人是强者还是弱者，如何对待挫折便是一面镜子。大学生在自己的人生道路上，这样的心理预警是必需的，能够引导大学生在人生道路上正确认识，锻炼意志，不断发展自己。第三，挫折是人生的催熟剂。那些担心挫折、害怕失败的人，总是把自己沉溺于万事如意的想象之中，不敢面对复杂的现实社会，更不能搏击人生，稍遇挫折就意志消沉，甚至痛不欲生。这样的人不仅不能成为社会和国家的栋梁之才，而且必将被社会所抛弃。而那些不断进取、不断奋争的人，他们在不断战胜挫折中锻炼了才干，培养了坚韧不拔的意志。因为，当一个人身处顺境时，一般很难看到自身的不足和弱点，唯有当他遇到挫折后，才会反省自身，弄清自身的弱点与不足，调整自己的理想和需要，促进人的成熟和全面发展。大学生要成为卓越的人，应当投身社会，历经磨难，不断克服困难，战胜挫折。

7.3.2 理性对待挫折

在正确认识挫折的基础上，大学生需要采取科学、理智的方式正确对待挫折。

（1）避免挫折后的不良行为

一要避免愤怒生气。美国生理学家爱尔马为了研究心理状态对人的健康的影响，设计了一个很简单的实验：把一支支玻璃试管插在有冰有水的容器里（此时容器中冰水混合物的温度正好是 0℃），然后收集人们在不同情绪状况下呼出的“气水”。当一个人心平气和时，他呼出的气变成了水后是澄清透明、无杂无色的；悲痛时水中有白色沉淀；悔恨时有蛋白色沉淀：生气时有紫色沉淀。爱尔马把人生气时呼出的“生气水”注射在大白鼠身上，几分钟后，大白鼠便死了。由此爱尔马分析：人生气（10 分钟）会耗费人体精力，其程度不亚于参加一次 300 米的赛跑；生气时的生理反应十分剧烈，分泌物比任何情绪时都复杂，都更具毒性。因此，动辄生气的人很难健康。大学生受挫后发生的“怒发冲冠”，不论对大学生个体身心健康，还是对社会，都是极为不利的。应当尽可能冷静，以具有高等教育素养的大学生的理智加以正确对待。二要避免自暴自弃。大学生受挫后常常表现出消极的自暴自弃的行为，直接影响大学生正常学习与生活。大学生在遭受挫折时，要懂得最大的罪过莫过于自暴自弃，也不要忘了培根的人生哲理：“灰心生失望，失望生动摇，动摇生失败。”大学生遇到困难和挫折，应该以青年的朝气和勇气，以积极的方式，克服困难，战胜挫折。三要避免借酒消愁。大学生受挫后借酒消愁的情况在高校时有发生。对此，大学生应当了解，大量饮酒会造成神经系统和肝脏的全面损害，影响大学生身体健康；同时还要认识到酒并不能真正消愁，只是对自己大脑产生一时的麻醉作用，其结果只能是“举杯消愁愁更愁”。此外，饮酒还会引发诸如打架斗殴等一系列社会问题。

（2）掌握正确方法与途径

一是要树立奋斗目标。人区别于动物的最大特点是人的一切活动都是与社会发展相联系的，是有目的的有意识的活动。并且人一旦树立自己的目标以后，就会产生一种积极的愿为之努力的动力，激励他不畏艰难、百折不挠、积极进取。大学生是国家培养的人才，并寄以无限的希望。大学生应当把社会、国家的希望与自己的发展紧密结合起来，树立为国为民作贡献的目标。有了明确的学习与生活目标，就会调动自己各方面的能力与潜力，克服一切困难，直到获得成功。二是要正确归因。美国心理学家韦纳（B·Weiner）对人们失败的归因进行了研究。认为一般情况下，失败由客观因素（包括任务难度和机遇）和主观因素（人的能力与努力）造成。人们把失败归因于何种因素，对以后的活动、积极性有很大影响：把失败归因于主观因素，会使人感到内疚和无助；把失败归因于客观因素，会产生气愤与敌意。大学生应正确分析自己的成败归因模式，特别要注意避免韦纳指出的两种错误的归因模式。应当冷静、客观地分析自己失败的原因，找出造成挫折的真实原因，对挫折做出客观准确、符合实际的归因，从而有效战胜挫折。三是要善于灵活应变与情绪转移。大学生遭受挫折以后情绪往往处于不安焦虑之中。善于灵活应变，及时理智地转移目标和情绪，对克服挫折感相当重要。在日常学习生活中遭受失败时，要善于转变近期目标，及时改变行动的方向，就有可能摆脱挫折情境与挫折感。

（3）增强挫折容忍力

挫折容忍力是指个人遭受打击后免于行为失常的能力，即个人承受环境打击或经得起挫折的能力。对挫折情境有正确认识对挫折作客观评价的大学生，往往比那些对挫折判断有误、认识偏颇的大学生更能把握挫折。挫折容忍力是大学生个体在后天生活过程中为适应环境而习得的能力之一，它和其他心理品质一样可以经过学习和锻炼而获得提高。生活中经历过人生坎坷的大学生比一帆风顺的大学生更能适应环境，直面挫折。初涉社会、生活道路比较平坦的大学生的挫折反应往往十分强烈，应对挫折的能力亦差。高校是一个竞争相当激烈的场所，大学生进入高校后，一些大学生往往在各方面，特别在学习上给自己提出了非常具体而又很高的要求，一些大学生经过奋斗达到目标，成为佼佼者。但也有相当多大学生因种种原因而达不到目标，他们由于对目标期望水平过高，在达不到目标时的挫折感因而也就越大。挫折容忍力低的人遇到轻微的挫折，就消极悲观、颓废沮丧、一蹶不振，甚至人格趋于分裂而形成行为失常或心理疾病。挫折容忍力高的人，能忍受重大的挫折，就是大难临头、几起几落，也能坚韧不拔、百折不挠，保持人格的统一和心理的平衡。大学生个体表现出来的挫折容忍力高低差异很大，甚至同一大学生在不同时候、不同情况下表现出来的挫折容忍力情况也有不同。大学生中被挫折打得措手不及的人，往往是那些过去一直很顺利，对挫折毫无心理准备的大学生。

7.3.3 寻求社会支持

社会支持“是指包括朋友、同学、亲属等社会群体给予个体的物质和精神上的援助，它体现了自己与社会之间的紧密程度。”①较多的社会支持有助于个体的压力排解，从而提升个体的情感幸福感。②与情感幸福感紧密相关的另一变量是情绪智力。情绪智力是指个体加工和使用情绪的能力。Bar-On 认为，有

---

① 王力,何宁.大学生社会支持在情绪智力与情感幸福感间的中介作用[J].中国健康心理学杂志,2013（12）: 1895.

② 丁新华.大学生社会支持状况与主观幸福感的相关研究[J].中国健康心理学杂志,2007（9）:790-793.

较高情绪智力的个体可以很好地感知、使用并调控自我与他人的情绪，从而频繁体验到较多的积极情感以及较少的消极情感。①到目前为止，我国的高等教育仍然是以应试教育为主的教育模式。这种教育模式所培养出来的学生不少是高分低能，书生气十足。学生毕业后遇到实际问题便无所适从，或显得力不从心。由于引起大学生挫折有主观与客观因素，因此，大学生要有效地战胜挫折，必须依靠社会、学校和大学生自身各个方面的努力。

（1）从他人宽容中获取力量。对于受教育的大学生而言，社会、学校对他们的健康成长具有无可推脱、无可非议的责任，在大多情况下人们对大学生挫折行为反应报以宽容的态度。人们清楚地知道，大学生虽然身体已完全发育成熟，但心理发展尚未完全成熟，他们是正在高校中接受高级专门知识教育的青年学生，以受教育为主是他们生活的中心内容；他们刚刚步入社会，缺乏正反两方面社会经验的体验，更缺乏如何面对挫折、战胜挫折的勇气、方法。因此，人们对大学生受挫折以后的行为反应，包括其积极的和消极的行为反应，能够给予理解与容忍的姿态。首先，人们应对受挫的大学生予以深深的同情。把遭受挫折的大学生视为需要帮助的人，并尽可能营造一个有利于大学生摆脱困境的环境和氛围，帮助他战胜挫折。其次，人们对大学生受挫后的某些消极行为反应予以谅解。大学生受挫以后，由于应激情绪支配，甚至表现出某种攻击行为。对此，社会、学校及教育工作者都不过分计较，并在予以理解的同时尊重受挫大学生的人格。正是这种对受挫大学生持宽容态度，是受挫后大学生强大的后盾和支撑。大学生如果认识到这一点，就不会轻易产生消极反应，相反，从社会的宽容中站起，可以增强战胜挫折的力量。

（2）从课业中汲取心理养分。大学生在受挫以后，许多人通过自我调整或主动寻求帮助，战胜挫折，这样的大学生是积极的、进取的。但现实中，也有不少大学生遭受挫折以后，陷入消极的行为反应之中，不能自拔。上述两种情况的大学生都存在热情帮助的问题，第一种情况下的受挫大学生获得帮助，可以促进他们尽快摆脱困境。第二种情况下的受挫大学生是迫切需要新的知识，补充战胜挫折的能量。首先，大学生应自觉从课业学习中提升社会规范（法律

---

① 王玉梅.大学生主观幸福感与生活事件:情绪智力的作用[J].中国健康心理学杂志,2010（10）:1264-1266.

和道德）的认识，预知行为后果，进而减少过激冲动和杜绝不良行为反应。其次，大学生应该善于在课业学习与训练中恢复自信心。在这方面，要特别注意下列两种倾向：有的大学生盲目自信，自我评价过高，即使在学习中遇到多次失败，仍固执己见，不承认实际的学习成绩与抱负水平之间差距过大。对于这类大学生，应引导其客观地剖析自己，在正确认识自己的基础上，提出切实可行的目标；有的大学生对学习缺乏信心，对成功不抱希望，自暴自弃，萎靡不振。这类大学生大多有较多的失败经历，应在原有的基础上取得一些较好的成绩，从新的成功中得到愉快的体验，把愉快的情感同自己的努力联系起来，产生获得成功的希望，恢复对学习的信心。最后，大学生应在课业学习中学会以辩证方法认识挫折、分析挫折，找出战胜挫折的方法与途径。由于大学生年轻，又缺乏生活磨炼，他们在遭受挫折时，往往不能客观分析，致使自己日益深陷消极的挫折情绪之中。大学生应当从理论与实践上学会以全面、联系、发展的观点认识自己，分析困难和挫折，克服孤立、片面、静止的错误思想方法，构建正确的挫折观念。第一，树立挫折难免观。人生失意常八九，在人生的旅途中，压力、困难、挫折不可避免，遇到挫折情境不必抱怨。第二，培养挫折辩证观。挫折对人既是威胁，又是挑战。经历挫折有助于我们认识自己的弱点、长处和发展潜力；可以使人表现出个人能力的极限，激发出个人的生命活力；挫折让人增长人生经验，使我们有机会增强自信，学会对自己负责，变得更加成熟；挫折经验充实了我们多姿多彩的人生，是构成我们有意义的生命历程的华彩乐章。当重大挫折或灾难是由集体承担的时候，可以激发出人性的光辉，显露出平常人的美好品质。第三，形成挫折可控观。挫折情境多数是可以控制的，主观努力即使不能战胜挫折，至少也能减轻挫折造成的损失程度。改变无能为力的外控观念，勇敢地面对现实，善于利用各种有利因素，是有效地应对挫折环境的先决条件。因此，在激烈竞争、困难重重的现实面前，拼搏，未尝不是一种适宜的生存状态。第四，建构挫折承受观。当挫折过大个人一时无法抗拒时，我们不妨抱着“豁出去”的态度，把挫折当作默然承受之，暂时放弃无谓的忙乱，减少精力的损耗，不失为一项明智之举。我们相信，任何挫折的破坏力和持续时间总是有限的，一旦挫折过去、有利条件具备时，我们就可以采取积极措施予以补救。

（3）主动接受心理健康教育。大学生受挫以后，往往引起忧郁、焦虑、不安等情绪，甚至产生某种心理障碍。这些心理问题的发生，令受挫大学生产生困惑或迷惘，如不及时加以解决，可能导致精神疾病。此种情况之下，大学生应主动咨询心理学家、心理医生，倾听他们通过语言或文字对自己面临的心理困感、心理障碍和心理疾病所进行的启发教育和心灵慰藉。实践证明，社会和各高校开展大学生心理咨询，有利于大学生正确认识挫折，正确认识和分析自己受挫后的行为反应（特别是消极的行为反应），从而采取积极方式，消除心理紧张情绪，平衡心理，以良好的心境、饱满的情绪投入到学习及其他活动中去。大学生应该相信社会和学校重视大学生心理咨询工作，将极大地促进他们的心理健康。实践告诉我们，经受过挫折磨难，在逆境中成长的人，往往有良好的适应环境的能力和较强的心理适应能力。挫折能给人以打击，带来痛苦和烦恼，但挫折也能给人以振奋，使人在磨炼中变得成熟。大学生是未来社会主义现代化的建设者和接班人，他们不仅要形成合理的科学文化知识结构，更要使他们在未来的社会中学会如何适应环境、形成和练就在磨难和挫折中求生存与发展的实力。

第 8 章 大学生学习心理健康与自我管理

学习是人类生活的永恒主题，理想的人生就是不断学习的人生。广义上讲，从咿呀学语到掌握各门深奥的科学知识，从蹒跚学步到掌握各种复杂的运动技能，从具体的行为习惯到掌握抽象的道德伦理规范等，都可称为学习。学习贯穿于人类的始终。狭义上讲，通过学校教育，系统地掌握前人的科学知识和获得技能，是学生的主要活动。学习是大学生的首要任务和主要的活动方式，是大学生获得广博知识和社会规范，从而健康成长的重要保证。“从人才培养的角度看，积极心理资本有助于激发学生的潜能、调动其积极性、拓展社会资源，促使自身综合素质提高和良好习惯的养成。一个大学生的就业成功和未来事业发展，很大程度上取决于其大学期间自身积极心理资本的积累和对自身潜能的发掘”。①

8.1 大学生的学习与心理健康

大学学习的主要方式是实施专业教育和专门技能训练，由于学习是一种十分复杂的心理过程，它需要全部智力因素和各种非智力因素的积极参与，因此，大学生的心理健康状况和心理发展水平，对大学生的学习过程和学习效果会产生直接的影响。培养良好的学习心理是大学生心理健康教育的重要内容，同时，它对于提高大学生的学习质量和效率也具有特别重要的意义。

① 武传伟，吴翌琳.大学生积极心理资本与就业压力关系调查分析[J/OL].调研世界,https://doi.org/10.13778/j. cnki.11-3705/c.2018.12.004.

8.1.1 大学生的学习与人类学习

学习是一种十分复杂的心理现象，学习的概念有广义和狭义之分。广义的学习指人和动物在生活过程中，凭借经验而产生的行为或行为潜能的相对持久的变化。这一定义首先说明，学习是一个介乎经验与行为之间的中间变量。学习者必须凭借反复的练习与经验，才有可能产生行为或行为潜能的持久变化。同时，我们可以凭借行为或行为潜能的改变，来推断学习的发生。当人们表现出一种新的技能，如游泳、驾车、打字、编织等，我们即可推知学习已经发生了。有时，人们通过学习获得的是一些一般性的知识经验和行为准则，比如对现代艺术的鉴赏或对道德规范的领会，这类学习往往不一定在人们的当前行为中立即表现出来，但它们却影响着人们在将来对待某些事物的态度和价值观，即它们改变了人的行为潜能。其次，学习所引起的行为或行为潜能的变化是相对持久的。药物、疲劳、疾病等因素均能引起行为或行为潜能的变化，如运动员服用兴奋剂而提高了比赛成绩、大学生因疲劳而降低了学习效率等。但是这些变化都是非常短暂的，一旦药效消失或疲劳恢复，行为表现又会与过去等同。而学习则不然，一旦我们学会了操作机床、游泳滑冰、骑车打球等，这些技能就几乎终生不忘。习得的知识观念虽然有时会随着时间的推进而发生遗忘或被以后新的学习内容所干扰，但相对于那些因药物或疲劳等引起的暂时性行为变化来说，它们的保持时间仍是比较持久的。再次，学习是由反复经验而引起的。我们知道，个体的成熟乃至衰老也会使其行为产生持久的改变，如青春期的少年的嗓音变化，这种变化是由于身体的生理发育而引起的，是成熟的结果，与经验无关，因而不能称之为学习。由经验而产生的学习主要有两种类型：一种是由有计划的练习或训练而产生的正规学习，如大学生在学校中学习，遵守交通法规的重要性等等。不过，学习固然是由于经验而产生的，但它也离不开个体成熟的影响，只有当个体具有一定的成熟准备时，经验才会发生作用。

从上述分析可知，最广义的学习是动物和人类所共有的心理现象。学习不是本能活动，而是后天习得的活动，是由经验或实践引起的。任何水平的学习都将引起适应性的行为变化，不仅有外显行为的变化，也有潜在的个体内部经验的改组和重建，而且这些变化是相对持久的。但是也不能把个体一切持久的行为变化都归之为学习，那些由于疲劳成熟、机体损伤以及其他生理变化所导致的行为变化就不属于学习，只有通过反复练习、训练使个体行为或行为潜能发生相对持久的变化才能称为学习。

次广义的学习指人类的学习。由于人类的学习与动物的学习有许多相似之处，因此长期以来，心理学家把从动物学习的实验中找出的一些规律用以解释人类的学习过程。例如，人在解决问题或遇到困难情境时，也要一次次地“尝试错误”，最后才能找到解决问题的办法，学会解决问题的技能。但有时也会在百思不解的过程中突然顿悟，发现问题的关键，使问题迎刃而解。但事实上，人类学习和动物学习有着本质的区别。首先，人的学习除了要获得个体的行为经验外，还要掌握人类世世代代积累起来的社会历史经验和科学文化知识；其次，人的学习是在改造客观世界的生活实践中，在与其他人的交往过程中，通过语言的中介作用而进行的；再次，人的学习是有目的的、自觉的、积极主动的过程。因此，我国著名心理学家潘菽把人的学习定义为“在社会生活实践中，以语言为中介，自觉地、积极主动地掌握社会和个体经验的过程”。

狭义的学习专指学生的学习。它是人类学习中的一种特殊形式，是在教师的指导下，有目的、有组织、有系统地进行的，是在较短时间内接受前人所积累的文化科学知识，并以此来充实自己的过程。大学生的学习不但要掌握知识经验和技能，还要发展智能，培养行为习惯，以及修养道德品质和促进人格的发展。因此，大学生的学习内容大致可分为三个方面：一是知识的掌握和技能的形成；二是智能的开发和非智力因素的发展；三是行为规范的学习和道德品质的培养。

8.1.2 大学生学习的特点

大学生的学习是学生学习的一种，属于更为狭义的学习。就学习特点而言，大学与中学由于教学目的、教学内容和教学方法的不同，而有着明显的不同，并由此给大学生带来一系列心理问题。

（1）专业性和职业倾向性。中学的主要任务是向学生传授科学文化的一般基础知识，为他们升学或就业做好准备。而大学教育更多的是专业定向教育，其教学计划是针对专业培养目标制定。大学的课程设置、教学活动都是围绕培养各类专门人才的需要组织的。中学教育与学生未来的职业没有直接的必然联系，而一个人只要上了大学，其职业倾向性就比较明确。这种职业倾向性必然决定大学教学过程要为专业培养方向服务，制约着大学教学的各个环节。所以对专业是否有兴趣会直接影响大学生的学习兴趣，进而影响学习动力、学业完成状况乃至一生事业的成功。

（2）独立自主性。在大学生的学习生活中，由于教学内容大幅度增多和培养学生能力的需要，学生对教师的依赖程度已大大减弱。教师的讲解通常是起引路的作用，往往只是讲授有关内容的重点、难点，介绍一些学习和思考问题的方法，较多的学习内容则要求学生通过自学去掌握。因此要求学生逐步增强学习的独立性。同时，大学阶段的教学活动，学生自己掌握的学习时间比中学多，在学习时间的支配、学习计划的安排、学习潜力的发挥上，具有较强的自主性。大学学习的这种特点，要求大学生要有较强的学习计划能力，合理安排学习内容、学习形式，需要有较强的自学能力和自制能力。否则或是无所事事，或是忙乱不堪，不得要领，所学甚少。

（3）探索性。由于科学研究进入了大学的教学过程，因而大学生的学习必然具有一定的探索成分。特别是高年级的大学生，在教师的指导下，往往不仅仅满足于教学大纲的要求，而且还要注意利用图书馆、实验室以及开展实际调查等多种渠道收集本学科的各种信息，在信息交流中辨别与确定方向。学生不再只满足于接受书本的现成结论，开始向结论的来由、发展去探索。学生从在教师指导下写课题论文，到独立完成毕业论文，尤其目前的毕业设计和毕业论文大都是以社会上的实际科研项目为题。因此，大学生可以在科研活动中积极探索。大学阶段是学生系统地接受学校教育的最后阶段，也是由“求学期”向“工作期”和“创造期”转变的过渡过程。因此要求大学生不仅要理解、巩固知识，还要在学习中培养独立思考、探索创新的精神。而死记硬背、高分低能、缺乏灵活性、创造性的大学生将会较多地受到挫折。

（4）多元性。虽然课堂教学在高等教育中仍是主要的学习途径，但已不像中小学那样几乎是唯一的途径。进入大学后，大学生普遍感到知识浩如烟海，各类活动繁多，为每个人的发展提供了广阔的天地。然而，如何正确处理好课本知识和课外知识，课内活动和课外活动的关系以及专业学习和能力培养诸方面的关系，是许多大学生深感矛盾和头痛的问题，常常使一些大学生左右为难、焦虑不安，以至顾此失彼，影响全面发展。

以上诸如此类的特点决定了大学生的学习活动是复杂、紧张的。学习是一种艰苦的脑力劳动，需要花费很大的心智能量，需要有良好的心理素质，多方面的智能特征以及健康的身体素质来保障。

8.1.3 大学生学习心理健康

就学习活动本身而言，学习是人和动物与环境保持平衡，维持生存和发展所必需的条件，也是适应环境的手段。学习能促进人的全面发展以适应社会的需要。因此，学习对心理健康是非常有益的。然而，对学什么、学多少、怎样学等与学习有关的问题如何把握、如何选择和规划，却会对心理健康带来不同性质、不同程度的影响。这些影响大体上可分为两类：积极的影响和消极的影响。

（1）大学生学习对心理健康的积极影响。首先，学习能够开发大学生的智力和潜能。每个人都有与生俱来的潜能，但是这些潜能只有通过学习才能得以表现并进一步得到开发。并且，一个人的智力也是在学习过程中不断发展的。心理卫生学认为，一定的智力水平是心理健康的基础，而潜能的开发状况则与心理健康状况直接相关。其次，学习能促进大学生认知水平的提高和自我概念的发展。古人云："玉不琢，不成器；人不学，不知义。""学然后知不足，知不足然后能反也。"只有多学习，才能提高理论水平，从而提高认识问题、分析问题的能力，掌握科学的认知方法；也只有多学习，才能发现自身的不足，才能正确认识和评价自己和他人，也才能不断根据社会需要进行自我调节。再次，学习能带来心理上的满足，使人体验愉快的情绪。心理卫生专家认为，献身于某些引人入胜的工作，是实现心理健康的基本条件。如奥尔波特倡导实现"成熟个性"就应"专注工作"，"全身心地投入某种工作"；马斯洛提出"自我实现者" 要求"以自身以外的问题为中心""与一般水平的心理健康者相比，他们的工作更刻苦"；弗兰克尔提出的"自我超越者"是"献身于事业的"。乐于工作的人常常能从工作中找到乐趣，每当完成一项任务，取得一项成绩，就会感受到自己的价值和尊严，就会有一种自我效能感，就会有一份喜悦和满足。而在遇到不如意的事情时，若能埋头于工作，就可以实现"注意转移"，使自己忘掉烦恼，从工作成绩中得到安慰。大学生的“工作”就是学习。因此努力学习，善于学习，有助于人的发展与心理健康。

（2）大学生学习对心理健康的消极影响。学习是一项艰苦的脑力劳动，在学习活动中，需要消耗大量的生理、心理能量。如果学习方式不当，就会事倍功半，影响学习积极性；如果学习内容过多，负荷过重，就会由于压力过大而引起身体不适；如果搞“疲劳战术”，不注意劳逸结合，则会损害身心健康；如果学习环境嘈杂、肮脏，则会使人心烦意乱，效率低下等等。这些伴随学习活动而带来的种种不利因素都会直接或间接地影响大学生的心理健康。

（3）心理健康状况对学习的影响。一般而言，心理健康的大学生，学习成绩优于心理不健康者。对于具备一定智力基础的大学生来说，非智力因素比智力因素对学习更具有影响力。非智力因素指的是不直接参与认识活动，即不具有加工、处理信息的功能，而是个体内部的动力系统，它影响人们认识和行为的方式及积极性。这个系统包括需要、动机、情感、兴趣、意志、性格、价值观等因素，它实现着对人的认识活动和行为的驱动、定向、引导、持续、调节和强化等功能。学习活动是智力和非智力因素共同参与的过程。在学习过程中，非智力因素能够转化为学习动机，成为推动人们进行学习的内在动力。学生选择什么学科作为自己的主攻方面、探索哪一方面的课题，这都和学生的需要、兴趣、情绪、态度、意志、个性特点等心理因素直接有关系。但是学习活动毕竟是艰苦的脑力劳动，长时间的学习也会产生疲倦、松懈、枯燥、乏味等情绪，如果不消除这些不良的心理状态，就不可能推动智力活动的继续深入。这时就需要有顽强的意志、强烈的求知欲、热情、勤奋进取的性格介入。总之，良好的心理健康状况，即正常的智力、健康的情绪、坚强的意志、良好的个性、正确的自我意识、和谐的人际关系、较强的适应能力等等，对大学生的学习有很大的促进作用；反之，如果心理健康状况不佳，甚至有心理疾患，则会不同程度地妨碍大学生的学习，抑制大学生潜能的开发，甚至使某些大学生中断学业。

8.2 大学生常见的学习心理障碍

在大学校园里，大多数学生能经受住紧张的学习对大学生各方面素质的综合考验，顺利地完成学业。但是也必须看到确有相当数量的大学生存在时间或长或短、程度或轻或重的学习困难。导致学习困难的原因虽然多种多样，但是分析的结果表明心理障碍是重要的原因之一。所谓学习中的心理障碍，是指影响个体正常学习行为和学习效能的心理因素或心理状态。大学生中常见的学习心理障碍有：缺乏学习动力、学习动机过强、严重的学习焦虑、学习心理倦怠、考试应激等。

8.2.1 缺乏学习动力

大学生的学习动力缺乏是指学习上没有动力，没有明确的学习方向，无知识需求，无学习兴趣，学习上得过且过，不求进取。这种心理障碍也是大学生中常见的一种综合性的心理障碍。某些同学常说的“学习没劲”即是这种类型的心态。心理学认为，学习动力系统由学习动机、学习兴趣和学习态度组成。学习动机是学生将学习愿望转变为学习行动的心理动因，是发动和维持学习的力量。它反映了学生的学习需求和学习愿望，并体现在意志行动的过程中。学习兴趣是学生的内部动机在学习上的体现，是来自学生内部的好奇心、求知欲和抱负。有学习兴趣的学生总是表现出兴致勃勃、孜孜以求，从学习中体验到喜悦和满足。学习态度对学习动力系统具有推动功能、反馈功能和调节功能。若学生有良好的学习动力系统，他就不仅能有明确的学习方向，有浓厚的学习兴趣，有自尊和抱负，勤奋学习、刻苦钻研；而且还会自觉排除内外干扰，不断调整学习策略和方法，积极应变，适应新的学习环境。良好的学习动力系统中的学习动机、学习兴趣和学习态度这三个要素密切联系，互相促进，贯穿于学习的全过程。若这三要素之中有一个要素出了问题，就不能形成良好的学习动力系统。

缺乏学习动力的主要表现是：（1）逃避学习。不愿上课，上课无精打采，不能积极思考；课后不学习，常把主要精力放在打扑克、刷朋友圈、打网游等与学习无关的活动上；无成就感、无抱负和期望，无求知上进的愿望。（2）焦虑过低。缺乏自尊心、自信心，学习不好不觉得丢面子，考试成绩不及格也不在乎。这些学生缺少必要的压力、必要的唤起水平和认知反应，因而懒于学习。（3）注意分散。学习动力缺乏会使注意涣散、兴趣转移，易受各种内外因素的干扰，因而上课时听课不专心，不能集中精神思考问题，课后不肯花功夫复习巩固所学的知识，作业不认真，满足于一知半解，对学习基本采取的是“对付”的策略。对学习以外的事反而兴致勃勃，如不惜花时间，看录相、电影、经商等，常常喧宾夺主、主次颠倒。(4) 厌倦、冷漠的情绪。学习动力缺乏常会导致冷漠厌倦情绪，说到或想到学习就头痛，硬着头皮上课，无心写作业，有的学生为了一纸文凭不得不一天天应付，有的学生索性回家、中途辍学。(5) 缺乏适宜的学习方法。学习动力缺乏的学生由于对学习总体上是一种消极的态度，所以也不可能努力地摸索一套适合自己的学习方法，因而难以适应紧张、繁忙的学习情境。总之，当一个学生缺乏动力时，相对广大学生紧张而有节奏的学习生活，他如同一个局外人，与学习群体不相融，如不及时矫治就不可能坚持学习，不可能完成学习任务。

造成大学生学习动力缺乏的原因是多方面的，有主观原因也有客观原因，主要还是来自学生自身的原因。(1) 学习动机不明确。凡动力缺乏的学生被问到为什么学习、为什么读书、为什么上大学等问题时，他们便会给出一个共同的答案：以前念书就是为了考大学，考大学是为父母，为了将来找一个好工作，为了躲开穷乡僻壤等等。这些学生由于没有确立起学习目标、人生理想，没有把自己的学习和社会的发展联系在一起，更没有和国家、民族的振兴相连，所以缺少或者没有什么奋发向上努力学习的原动力。对待学习基本上采取一种放任的态度。(2)对所学专业缺少兴趣。这是造成学习动力缺乏的重要原因之一。在高考填报志愿时，由于学生和家长对专业缺乏了解，到校开始学习后才发现对本专业并不喜欢；另一种情况则是家长的意志，家长从当前社会就业热点出发为子女填报了所谓好找工作又挣钱多或相比之下轻松的专业，事实上学生本人对家长选定的专业并无兴趣；还有些学生则是受考试成绩的限制，只能服从分配，不具备选择专业的条件。心理学认为兴趣是力求认识、探究某种事物的心理倾向，是一个人对某事物所抱的积极态度。既然对所学专业没兴趣，必然就不会有学好它的积极态度。(3) 复杂的社会影响。改革开放以来，商品经济大浪潮的冲击，知识贬值、脑体倒挂长期没得到根本解决。有的家庭急功近利，更多地考虑什么专业挣钱多、好找工作就让子女学什么专业，而不考虑他们对这些专业是否有兴趣，是否适合子女学习等，这些因素都对学生造成不良影响，甚至成为学生中途退学的隐性原因。

8.2.2 学习心理焦虑

焦虑是一种负性情绪反应，是个体对当前或预感的挫折的一种十分复杂的消极情绪状态。包括自尊心的损伤、自信心的丧失、失败感和愧疚感等交织而成的紧张、不安、焦虑、恐惧等情绪状态。学习焦虑对学生的学习效果、学业水平发挥、考试成绩及综合素质培养均有重要影响,它是造成大学生心理问题的主要原因之一。过度的内源性学习焦虑及附着于学习活动的外源性焦虑,不仅会导致学生产生多种焦虑倾向，甚至会导致心理异常或心理障碍。但适度的、来自学习活动本身的内源性学习焦虑，不仅是学生学习活动正常进行所必需的，而且能使学生处于最佳的学习状态，取得最优的学习效果和最好的学业成绩。

学习焦虑是指学生由于不能达到预期目标或不能克服障碍的威胁，致使自尊心、自信心受挫，或失败感、内疚感增加而形成的一种紧张不安、带有恐惧的情绪状态。有些学生在家长、亲友、老师等各方面因素的影响下，为自己确定了过高的学习目标或抱负，虽竭尽努力仍和目标相差甚远，造成很大的心理压力，这时就会出现严重学习焦虑。现代心理学把焦虑分为三种情况：低、中、高焦虑，并且认为适当水平的焦虑，可以增强学习效果，但是若焦虑过度会对学习起不良作用。美国心理学家考克斯（P.N.Cox）的焦虑实验表明，中等焦虑组的学生成绩显著地高于低焦虑组和高焦虑组，高焦虑组最差。研究还证明，高焦虑只有同高能力相结合才能促进学习；高焦虑若与一般能力或低能力相结合则会抑制学习，把焦虑控制在中等程度才有利于一般能力和水平者的学习。所以学生要注意把握好这个度。

学习心理焦虑直接导致考试应激障碍，即考试焦虑。所谓应激，是指人在适应社会的过程中，实际的或认识到的要求与实际的或认识到的满足要求的能力不平衡所引起的心身紧张状态。启动应激过程的客观变化称为应激源。适度的应激是维持心身正常功能的必要条件。强烈而持久的应激可能造成心身功能迅速出现障碍或崩溃。考试是学校检查学生学习情况和教师教学效果的重要方法之一。对学生来说，通过考试可以检查学习效果和知识掌握的程度。每个大学生都无一例外地要经历许多次大大小小的考试。考试对大学生来说，是一种紧张的刺激，也是学生面临的主要应激源之一。考试对大学生心身健康的影响既可能是积极的，也可能是消极的，这取决于大学生个体对考试的看法、态度以及对考试成绩的评价。考试应激障碍是大学生学习活动中的一种重要心理障碍，主要表现为过度考试焦虑，考试怯场等。

过度考试焦虑是对考试过于紧张，担心自己考试失败有损自尊的高度忧虑的一种负面情绪反应。表现为考前紧张恐惧、心烦意乱、喜怒无常、无精打采；胃肠不适、莫明的腹泻、多汗、尿频、头痛、失眠；记忆力减退、注意力不易集中、思维迟钝、学习效率下降等。考试怯场是过度考试焦虑在应考时的反应，是学生在考试中因情绪激动、过度焦虑、恐慌而造成思维和操作困难的一种心理现象。主要表现有：心跳加快、呼吸急促、满脸通红、出汗、头昏、烦躁、恶心、软弱无力、思维迟钝，甚至晕倒等。过度考试焦虑容易分散和阻断注意过程，使注意力不能集中于学习和应试，总是为各种莫虚有的事情担忧。过度考试焦虑会干扰识记和回忆，使该记的没记住，该想的想不起来；还会使思维呆滞凝固，比较、分析、综合、抽象、概括等具体思维能力无法正常发挥，更谈不上创造、联想等。

过度考试焦虑是一种负性情绪反应，它会危及学生的心理健康，特别是在考试之后，若考生仍陷于焦虑中不能自拔，很容易转为慢性焦虑，甚至转为焦虑症。过度考试焦虑会还影响心血管系统的功能，出现心律不齐、高血压、冠心病等，会使消化系统功能紊乱。若这种状态长期持续，就会导致胃炎、胃溃疡等肠胃疾病。过度考试焦虑还会影响呼吸系统和内分泌系统的功能，诱发支气管哮喘和甲亢等等。

8.2.3 学习心理倦怠

“倦怠”是美国心理学家 Freuden Berger 提出来的，是指个人长期从事高强度工作背负着过重的工作压力和负荷，从而身体、心理和情感长时间处于极度耗竭的状态中，身心过度疲倦的一种精神状态。①Pines 对学习倦怠做了定义：学生在学习中产生一系列倦怠的情绪。②国内学者连榕为学习倦怠做了定义：

① Freudenberger H J.Staff burn-out [J].Journal of Social Issues,1974（1）:159-165.
② Pines A,Aronson E,Kafry.Burnout: rom Tedium to personal growth[J].Journal of Applied Psychology,1981（1）:160-169.

由于学生长时期处在繁重的课业压力中，他们的身体、心理、精神、情感长时期处于耗竭的状态中，时常会出现一些负面消极的情绪。①也有学者认为，学习倦怠是指一种发生在正常人身上的与学习有关的持续的、负面的心理状态。主要表现为身心耗竭、学业疏离和低成就感。②

综合以上学者对学习倦怠的定义，可以将学习倦怠理解为：当学生面对学习时，会感到身心疲惫不堪，长期处于身心、精神、情感极度疲倦的状态。在学习活动中，学习效率逐渐降低并伴有渴望停止学习活动的生理和心理现象。具体表现为学习错误增多，学习效率下降，对学习厌倦，动机行为改变，生理失去平衡等。学习心理倦怠包括生理疲劳和心理疲劳。生理疲劳主要是肌体受力过久或肌肉重复伸缩造成的肌肉痉挛、麻木、眼球发疼、头脑发胀、腰酸背疼、动作不准确、打瞌睡等肌体的生理反应。心理疲劳一般是由于长时间从事心智活动，大脑得不到休息，脑细胞处于抑制状态所引起的心理反应。此时，思维迟钝，注意力涣散，情绪躁动、忧郁、厌烦，学习效率下降。其中，心理疲劳是主要的。

学习心理倦怠是因长时间持续进行学习，在生理、心理方面产生的劳累，致使学习效率下降，甚至头晕目眩不能继续学习的状态。学习心理倦怠可分为生理疲劳和心理疲劳两种。生理疲劳的直接原因主要是长时间从事学习活动，不注意劳逸结合，大脑得不到休息而引起肌体受力过久或肌肉持续重复伸缩造成肌肉痉挛、麻木、眼球发疼发胀、腰酸背痛、动作不准确、打瞌睡等。常见的是心理疲劳，这是由于长时间从事心智活动，大脑皮层兴奋区域的代谢逐步提高，消耗过程超过恢复过程，脑细胞会处于抑制状态而使大脑得不到休息所引起的疲劳。症状是感觉器官活动机能降低、注意力涣散、思维迟钝、情绪躁动、忧郁厌烦易怒，学习效率下降。学习心理倦怠是一种保护性抑制，经过适当的休息即可得到恢复，这是合乎生理心理规律的。但是如果长期处于疲劳状态，使大脑有关部位持续保持兴奋，就会导致兴奋和抑制过程的失调，严重的还会引起神经衰弱。具体言之：（1）学生的个性特征影响学习倦怠情绪的产生：

---

① 杨丽娴,连榕.学习倦怠的研究现状及展望[J].集美大学学报,2005（1）:54-58.

② 余丽.大学生学习倦怠状况及其与压力性生活事件的关系[J].中国健康心理学杂志，2017（8）:1251.

性格活泼、开朗、乐观、坚强勇敢、率真坦诚、容易适应新环境，具有好奇心、冒险探索精神、求知欲强，这种性格类型的学生相对不太容易产生学习倦怠的情绪，他们能够承受外界施加给他们的压力，能够独立解决问题，能够及时调整学习生活中出现的负面消极情绪。然而，性格孤僻内向、悲观忧郁、敏感、自卑、软弱、不善于与人交流、难以适应新环境、意志力较弱、自律性较差的学生会更容易出现学习倦怠的情绪。（2）学习成绩影响学习倦怠情绪的产生。学习成绩会影响学生学习倦怠的程度，学习成绩好的学生会受到社会、学校、教师、家长和同学的关注与支持，会获得更多的关心、爱护和鼓励。这促使他们更愿意投入到学习中去，促进了他们的学习积极性、学习热情和学习动力，他们的学习倦怠程度较低。学习成绩较差的学生会受到外界的责备和打击，造成身体和心理的创伤，对心理健康造成不良影响。因此，学习成绩差的学生更容易出现学习倦怠。（3）学生的自主学习能力和自控力影响学习倦怠情绪的产生。当学生的自主学习能力较差时，会觉得自己在学习上花了很多努力却没有任何成效，会对学习感到力不从心，束手无策。当学生的自控力较差时，在没有教师和家长的监督和管理下，他们在学习的过程中会不自觉地想要逃避。

8.3 大学生学习心理的自我管理

学习心理健康的核心是有正确的学习动机。学习动机是学生学习活动的主观意图，是推动学生进行学习的内在力量。前苏联心理学家列昂捷夫说："学生学习的自觉性是和动机分不开的。事实上，有正确学习动机的学生才有主动性，学习劲头大，能克服困难提高学习效果。"学习动机虽不是提高学习效果的唯一心理因素，但却是极其重要的因素。有的心理学家提出，学习动机正确还是不正确，要以时代的道德标准来判断。一切从自私的、利己的目的出发的学习动机，是不正确的；一切从集体、社会、国家利益出发的学习动机，是正确的。强烈的求知欲、稳定的兴趣和高度的社会责任感能使人专心致志，勤奋学习，刻苦钻研。相反，如果学习动机是出于想找一种轻松而工资又高的工作，那么他在顺利的情况下很可能会勤奋学习，但在逆境中就容易情绪低落、意志消沉、半途而废。

8.3.1 强化学习动力

动机不正确的学生，学习动力不足，对待学习往往是偷工减料、投机取巧、弄虚作假、抄袭他人作业、考试作弊等，对一生的发展造成不良影响。因此，学校有关部门和老师应启发学生对社会需要、社会期望形成正确认识，并创造条件以利于学生自我定向、自我定位，这样才能激发学生正确的学习动机。作为大学生本人更要加强学习心理健康的自我管理。

（1）培养学习兴趣，端正学习态度。兴趣是指积极探究某种事物或从事某种活动的过程中，伴随着一定的情感体验的心理倾向。兴趣是引起和维持注意的一个重要内部因素，是学习过程中一种积极的心理倾向。大学生要想在学习中发挥积极性和创造性，就要对自己所学的知识培养浓厚的兴趣，才会心向神往，保持积极的学习态度。学习兴趣，是可以在学习过程中逐步培养的。学习是学生深入而创造性地领会和掌握科学技术，为未来从事某项事业的必要条件，也是智能开发的主要前提。爱因斯坦曾经说过，“我认为对一切来说，只有兴趣和爱好是最好的老师，它远远超过责任感。”可以通过多种方式，如通过具体事例，从克服困难中唤起好奇心等，从而可以改变由于没兴趣而缺乏学习动力的状况。学习态度是指学生对学习的较为持久的肯定或否定的内在反应倾向，通常可以从学生对待学习的注意状况、情绪倾向与意志状态等方面来加以判定和说明。如喜欢还是厌倦、积极还是消极等情绪情感。学习态度受学习动机的制约，是影响学习效果的一个重要因素。端正学习态度最根本的是要有正确的学习目标。高尔基曾说过，“一个人追求的目标越高，他的才能就发展得越快，对社会就越有益。”在我们确立奋斗目标时，不妨看得高远一点，从而全力以赴。这样的学习才能显示出强有力的动力。

（2）防止学习心理倦怠。造成学习心理倦怠的主要原因是：学习时过分紧张，注意力高度集中；持久的积极思维和记忆；学习的内容单调乏味；缺乏学习的兴趣；在异常的气温、湿度、噪音和光线不足等环境下学习；睡眠不足等。大脑是神经系统中最重要、最核心的部位，是产生心理、意识的器官。人的大脑结构最复杂、功能最显赫，是任何高等动物所不及的。人之所以成为万物之灵，主要受惠于我们高度发达的大脑。那么怎样科学地用脑呢？大脑两半球具有不同功能，左半球与逻辑思维有关，主管智力活动中的计算、语言逻辑、分析、书写及其他类似活动；右半球则与形象思维有关，主管想象、色觉、音乐、韵律、幻想及类似的其他活动。如果长时间地运用一侧大脑半球，就容易产生疲劳。因此，应根据大脑两半球的不同分工而交替使用大脑，就可以延缓疲劳现象的发生。

一是不要用脑过度。连续用脑时间不要太长，不要等到“脑袋麻木”了才停止学习和工作。因为大学生在学习活动中，大脑兴奋区的代谢过程要逐步加强，血流量和耗氧量都在增加，从而使脑的工作能力逐步提高，如果长时间用脑，消耗过程超过恢复过程，就会产生疲劳。研究发现，大学生用脑过度疲劳，会导致大脑两半球出现非常顽固地慢性充血现象，它不仅使其产生感觉迟钝，动作不协调，思维缓慢，理解力、记忆力减退，还会造成头痛失眠、食欲不振，情感淡漠等，极易引起各种心身疾病。

二是要有规律地用脑。现代科学已经成功地揭示了大脑两半球的秘密。1981 年获诺贝尔生理学医学奖的美国著名生理学家罗杰斯佩里通过多年的研究，发现大脑左、右两半球的功能既独立，又完整，高度专门化。他证实，左脑与抽象思维、象征性关系和对细节逻辑分析有关，具有语言、理念、分析、连续和计算能力；而右半球则与形象思维有关，具有想象、色觉、音乐、韵律、识别等方面的能力。如果一个人长时间地运用一侧大脑半球，则相对地容易产生疲劳。因此，应根据大脑两半球的不同分工，采取动静相依，文理相间的方式，把每日的学习内容，复习科目适当地穿插、交替，使文理各科、听说读写、计算与写作轮换排开。让一部分脑细胞兴奋一段时间后转入抑制状态；使另一部分原来抑制的细胞又兴奋起来，就能防止疲劳，达到事半功倍的效果。

三是注意劳逸结合，养成良好的生活习惯。、疲劳就要休息，休息有各种不同的形式。经过一天的学习之后，晚上要按时睡觉，并保证有八小时的睡眠，以便第二天有充沛的精力继续学习。巴甫洛夫称睡眠为大脑的救星。经过一段较长时间的学习之后，去打球、散步、做课间操等体育锻炼，尽管时间不长，也会收到良好的效果。这是因为脑力劳动和体力劳动交替进行是一种积极的休息形式，它可以改善血液循环，有利于消除脑的疲劳，调节脑的机能。养成良好的生活习惯，在大脑中建立起一个合理的“动力定势”，使脑神经的兴奋与抑制保持平衡。生活规律化、制度化就会在大脑中形成一种自动化的反应系统，形成动力定势，这时大脑的兴奋和抑制就会有规律地进行，而减少脑力和体力的消耗从而有效地学习和工作。因此，大学生养成良好的生活、学习习惯不仅是遵守学校规章制度的要求，而且是防止学习心理倦怠，有效地进行学习活动的需要。

四是克服学习焦虑。出现严重学习焦虑怎么办呢？首先，要充分发挥自我调节的能力，控制焦虑的程度。其次，要努力创造一个班级、宿舍同学间关系和谐的轻松愉快的学习气氛。师生之间情感的交流，同学之间互助友爱的关系，都有助于学生心理趋于平衡，形成正常焦虑。再次，激发和保护学生的好奇心是培养正常焦虑的良策。精神病学家布盖尔斯基认为，创造恰当的焦虑水平的方法就是要引起学生的好奇心，因为好奇心就是焦虑的一种隐蔽形式。有了好奇心，相应地会出现一定的紧张，这种紧张包含着愉快色彩，活动效率因此而大大提高。最后，学生要正确认识和评价自己的能力，确立切合自身实际的学习目标；增强自信和毅力，不怕困难和失败。

五是克服考试应激障碍。出现过度考试焦虑的原因主要是，一些学生把分数看得太重，对以往的考试失败心有余悸；自尊心过强，又缺乏自信，担心因为考试失败而损害了自己的形象、前途，担心自己对考试准备不充分；身体健康欠佳等等。因此预防过度考试焦虑和怯场可从以下几方面入手：首先，对考试应有正确的认识。考试只是衡量学习效果的手段之一，考试成绩不能全面反映一个人的学习能力和知识水平，更不能决定一个人的前途和命运，所以不必把考试看得过重。其次，认真制订学习与复习计划。平时勤奋学习，及时掌握所学知识，对各科的学习“不欠账”。再次，考试前认真总结复习，熟悉考试要求，做到“心中有数”，考试就自然不会出现异常现象。对考试成绩的期望要从自己的实际出发，不可过高，否则就会给自己造成心理压力，容易出现高焦虑。又次，注意身体健康及营养。考前虽然应认真复习，但不可搞疲劳战术，在百忙中也要注意劳逸结合，保证有充足的睡眠，并且要加强营养以提供足够的能量和热量。这样就可以保证有充沛的精力、清醒的头脑、健康的身体、良好的情绪参加考试。学会自我暗示与放松。如果考试时，由于过度紧张焦虑，以致思维混乱或感到大脑一片空白，手脚发颤，头昏脑胀时，应立即停止答卷，轻闭双眼全身放松，作几次深呼吸，均匀而有节奏；反复地自我暗示：不要着急、我很放松；适当地舒展身体。待情绪平稳时，再审题答题。最后，寻求专业人员帮助。考前若感到难以克服考试焦虑或曾出现过几次怯场现象，应主动寻求心理咨询帮助。咨询员可通过放松训练、自信训练和系统脱敏法等方法来帮助学生摆脱考试紧张。

8.3.2 确立高尚目标

追求高目标是指既有目标性，又有动力性的目标体系。大学生一方面应有高目标，另一方面还要有实现高目标的推动力，其实质是大学生对未来的需要。该目标体系为大学生成才指明了行动的方向和实现的进程，包括总目标和具体目标。总目标是高层的长远的人生目标，是人的终生追求和理想，它为大学生成才指明方向。具体目标是中、短期的行为目标。行为目标比现有的能力水平稍高一些，促使大学生的成才行为向高一级目标努力，为大学生成才指明进程。

大学生的学习目标差异很大。首先是年级差异。大学一年级普遍存在目标失落现象，伴随着焦虑不安心理应付上大学后的两次期末考试。因此，大学一年级的学生非常渴望有人帮助他们重建目标。大学二年级在经历了目标失落后，开始分析得失、总结经验、汲取教训，重建学习目标。大学三年级基本上完成目标建立，表现为专业发展方向和专业目标初具眉目，但还是感到心中没底。大学四年级是准备实现成才目标的关键时期，成才活动多与就业发生联系，自觉、主动地，也不排除在就业压力演变的动力作用下，为成才做各种准备。其次是个体差异。从大学生个体的横向分析，从目标失落到目标重建直至目标实现的过程，显示出较大的个体差异。构成差异的因素是多方面的，诸如个性心理特征、个性倾向性、成熟度、城乡差别、独生与非独生子女、学校及教师引导程度、学生互动规模、学习基础和学习能力及方法等。总体而言，大学生目标结构上重个人发展目标，轻社会目标；重智力、能力、体能目标，轻德育、心理目标；重职业目标、生活目标，轻事业目标和创业目标。目标是行动的指南，目标结构不合理，成才难实现。目标体系上表现为目标内容不全面，目标层次不完整，缺乏中间过渡层次，未构成层次阶梯，从而加大了目标实现的难度。目标组成上有总目标而缺少切实可行的行为目标，不知何时何地做什么，做到什么程度，缺乏从每一次行为积累中逐步实现总目标的自觉行为能力。

因此，在大学生学习心理健康的自我管理上，有必要强调重构合理的学习与发展目标。第一，确立成才目标，蕴涵社会和时代要求。为实现国家给大学生在德、智、体等方面的总要求和对专业人才的具体要求，符合国家制定的培养目标，大学生在确立自己的成才目标时，必须蕴涵社会发展和时代进步的要求，同时又有个人发展的需要。个人发展目标要服从社会发展和时代进步的要求。第二，适合个体特点，有利发展个性和发挥专长。目标体系是大学生成才的导向系统，要适合个体特点不能盲目从众，别人做什么，自己也做什么；别人确立什么目标，自己也是这个目标。重建目标要有利于体现自己的长处和潜能的发挥，有利于个性的发展。第三，形成合理的结构，促进全面发展。合理的目标结构，从纵向看，有终端目标、中程目标和短程目标；从横向看，有总目标、分目标和行为目标；从目标构成看，有目标内容、步骤、方法、途径等。目标结构合理表现在内容全面、层次完整、主次分明、重点突出。第四，建立层级阶梯，推进成才进程。重建目标中很关键的一点是要有具备操作性的行为目标，因为任何目标的实现都要靠去做每一件事，即按行为目标去一一加以实现。例如要实现提高社交能力的目标，你的行为目标就要从与你同宿舍的上下层床的同学交流开始，直至与社会任何人群都能自如交往。因此，行为目标要具体明确易于理解；层次清楚，由低到高，层层递进；操作性强，便于实施。从目标失落到目标重建直至目标实现的过程，就是大学生成才的进程，谁能加快这一过程，就等于加快了成才的进程。

8.3.3 培养学习毅力

毅力的心理前提是恒心，恒心和毅力相辅相成。恒心是指方向明确的持久性和恒定性心理品质；毅力则指不惧怕困难并勇于克服困难，百折不挠的精神和品质。二者共同形成人的坚韧、顽强、执着进取和承受挫折的品质。大学生只有具备恒心和毅力，才能使其成才活动持续积淀而不会轻易被困难、挫折中断。缺乏恒心与毅力的人朝三暮四、见异思迁；毅力欠缺的人经不起挫折，惧怕困难，均不能真正成才。自控力是指人的自主性心理品质和行为品质，表现为不受不利因素干扰，不为一时情感冲动，依据意志和意愿驾驭和控制自己的行为。有自控力的大学生在成才活动中善于控制情绪、约束言行、指挥行动，去做自己应做之事，不做自己不应做之事，始终追求既定目标。自控力弱的大学生其成才活动常因放任自己、随心所欲，应做之事未做而不应做之事又无法控制，事后总后悔不迭。大学生恒心毅力与自控力是成才监控系统中的意志调节系统，是大学生实现成才目标必不可少的基本保证，直接关系到成才活动的有效性和价值。这是因为即使有了再好的成才目标，如缺少恒心毅力和自控力，成才最终也会成为泡影。因此，大学生成才心理品质中的恒心毅力与自控力颇受大学生关注。

相关研究表明，大学生的自我评价高于心理测验的结果，自控力的自我评价和测验结果都高于恒心毅力。大学生恒心毅力与自控力的自我评价与心理测验结果二者相比，自我评价高于测验结果，比较符合大学生自我期望较高，自我评价偏优的心理特点，而自控力优于恒心毅力则具有一定的客观性和现实性。一般说来大学生自制性和自我约束能力在同龄人群中应该是比较优秀的，恒心毅力也要优于同年龄人群，但恒心毅力相对于自控力，就大学生自身而言，则略显逊色，这是因恒心毅力的培养难度大，水平提高更需功夫。从大学生对恒心毅力与自控力的现状与优化目标的评定上，还可发现他们对自己的这些方面的现状不够满意，而改变现状，优化恒心毅力与自控力的愿望十分迫切，自信心比较大。研究发现，大学生恒心毅力与自控力水平随年龄增长得到一定程度的同步发展。在对自己行为的调节上，理智性调节高于情绪性调节，通常在面临重大问题、有压力时，自我控制和调节水平提高。受过专门训练或生活中经历过困难、挫折的大学生，在恒心毅力和自控力方面都较其他大学生优秀。一般情况下，优秀学生与落后学生在恒心毅力和自控力上，优秀学生明显偏高。

大学生要培养恒心毅力与自控力，首先要培养自己的社会责任感。大学生作为社会主义建设者的准成员，其行为已不再是纯粹的个人行为，而是社会行为的一个组成部分，大学生行为的积极性，要靠恒心毅力与自控力，而最终表现为他面对个人利益和社会利益动机斗争的结果，责任感从根本上决定着这个结果。其次要培养自己的意志力。意志的锻炼在于持续地做。劳动特别是艰苦的、沉重的劳动就是一种不从兴趣出发、不存在直接吸引力但有实际意义的行动。这种活动对于培养大学生的吃苦精神进而形成坚强意志有很重要的作用。

最后要加强自身的社会规范和道德准则意识。恒心毅力与自控力显示出人的共同社会规范和道德面貌，展示着人的生活道路。在许多场合，借助于恒心毅力与自控力，人才意识到他自己决定自己的生活道路和命运。因此，加强社会规范和道德准则的意识，是恒心毅力与自控力优化的关键。

第 9 章　大学生品德心理健康与自我管理

我们的教育目标是培养德、智、体、美、劳全面发展的人。大学是培养人才的摇篮，它不仅要培养富有创造才能的高级专门技术人才，更重要的是要培养大学生成为有理想、有道德、有文化、有纪律的“四有”新人。“从唯物史观和社会学、德育层面出发，人的个性发展有一种自我完善的趋势，当然这种发展趋势必须有规范教育作基础保障，大学生个性发展与社会秩序具有不可分割的内在联系，大学生个性发展与规范教育在大学生实践活动基础上具有一致性，因此大学生个性发展离不开规范教育的指导和规训”。①处于改革开放的中国更迫切地需要这些德才兼备的优秀人才。目前我国道德建设还存在许多问题：传统道德的滑坡与失范，符合社会主义市场经济的道德体系还不完善。大学生必须在继承传统美德时不断接受新的道德观念，把自己培养成具有高尚品德的人。由此大学生才能成为国家的栋梁，实现自我价值与社会价值的统一。要想成为品德高尚的人，大学生必须按照品德形成的要求去塑造和锻炼自己，不断提高自己的品德心理修养。

9.1 大学生品德心理结构及特征

9.1.1 道德与品德

道德与品德是密切相关而又有区别的两个概念。道德是社会调整人们相互关系的行为规范的总和，是人类所特有的社会现象，属于社会意识形态。道德

① 王菁菁.大学生个性发展与高校规范教育平衡点探析[J].江苏高教,2018（12）:104.

的这种规范行为不具有强制力，是靠内心信念、社会舆论、传统习惯来维持的。道德是一定社会生活的产物，它随着社会的发展而发展，随着经济基础的改变而改变，但它具有一定的继承性。在阶级社会，道德成了各阶级内部协调关系和维护本阶级利益的手段，各阶级对于善与恶往往有各自的标准，因而道德从总体上说也就有了阶级性。社会上占统治地位的道德总是统治阶级的道德。在我国提倡的“有道德”是指有共产主义道德，它是以忠于社会主义事业的集体主义为基本原则的，以追求共产主义事业的整体利益为基础的，以全心全意为人民服务为主要规范的，最终促进我国实现共产主义的道德。

品德即道德品质，是一种个体现象，是社会道德现象在个人身上的反映。品德是一定的社会或阶级的道德准则转化成个人的道德信念和道德意向在言行中表现出来的稳固的心理特征，比如勤奋学习、助人为乐、大公无私、勇于探索、遵守纪律、热爱集体等，都是当代大学生所应具备的品德。品德是通过个人的道德行为来显示的，离开了道德行为也就无所谓道德品质。但是，一时一事所显示出来的道德行为，并不足以说明一个人已具备了某种品德，只有一个人在某种稳定的道德观念支配下一贯地表现出道德行为时，我们才能说他具有某一品德。实际上，品德就是个体凭选择所习得的习性，是道德行为长期积累的结果。品德是现实社会的关系与道德规范在人脑中的反映，有赖于个体的存在和发展，但主要是在社会舆论的熏陶和制约下，在家庭和学校的道德教育下，在各种活动的潜移默化中逐渐形成的。它的形成和发展既受社会制约，也服从于人的心理活动规律。

社会道德和个体品德有密切联系。个体品德是社会道德在个人身上的内化，而许多个体品德则构成或影响着社会道德的面貌和风气。社会道德若不通过个体品德具体表现出来也就失去了存在的意义。

9.1.2 品德的心理结构

品德是人的心理活动的产物，它具有一个完整的结构。品德的结构就是由那些参加品德形成的若干心理因素构成的。品德的心理结构包含道德认识、道德情感、道德意志和道德行为四种心理成分。

（1）道德认识。道德认识就是对于行为准则中的是非、好坏、善恶及其意义的认识，其中包括道德观念、概念、信念和观点，以及运用这些进行道德判断。道德认识是品德心理结构中基本的和主要的组成部分，高尚的道德情操、崇高的道德动机都来源于正确的道德观念和认识。道德认识是道德情感和道德行为的基础，调节和支配着道德情感和道德行为，认识水平越高，行动越自觉。当大学生对某一道德准则有了较系统的认识，感到确实是这样时，就会形成有关的观点。当这一认识继续深入达到坚信不移的程度，并能指导自己的行动时，就形成了信念。道德观点、道德信念的培养是大学生品德发展的重要条件，而道德观点和道德信念都属于道德认识的范畴。

（2）道德情感。道德情感是伴随道德认识出现的人们对自己或他人进行道德评价时所产生的爱憎、好恶的态度和内心体验。人们在社会生活中，在人际交往中掌握了社会道德标准，当别人或自己的言论、行为、思想、意图符合公认的道德标准时，就产生满意欣慰的情感，否则就产生不满意、责难的情感。道德情感包含丰富的内容，有爱国主义情感、国际主义情感、集体主义情感、义务感、责任感、自尊感等。这些情感往往是相互联系、相互渗透的。如集体主义情感强的人，也往往对集体的事业富有义务感和责任感。维护个人尊严的情感可以发展成为维护集体和祖国尊严的情感。道德情感与道德认识、道德行为有着密切的联系。道德情感是深化道德认识，促进道德认识转为道德行为的强大的内在力量。当大学生对某一事物有爱憎的情感，他的道德观点就容易转化为道德信念。道德认识通过提高道德评价的水平，影响人的内心体验，从而使道德情感更深沉、更稳定。道德行为则是丰富和强化道德情感的最重要的途径。

（3）道德意志。道德意志是指人在产生道德行为过程中所表现的意志，是人们为了实现某种道德动机，支配自己的行动，并克服内外障碍的心理活动。道德意志的力量，一方面表现为道德动机经常战胜不道德的动机；另一方面表现为排除内外障碍，坚持由道德动机引起所做的决定，并积极行动，实现道德动机。道德认识转化为道德行为有赖于道德意志。道德意志与道德行为是密切关联的，离开了道德行为，道德意志就无从表现。但是，道德意志又不等于道德行为，它是调节道德行为的内部力量。由于意志力量使道德行为能够贯彻始终，因此，意志薄弱的人在道德修养上往往缺乏毅力，一遇困难就容易改变目的，甚至走向错误。意志坚强的人，能够经受严峻的考验，即使有缺点，一旦认识，也能很快改正。所以大学生只有在确立了一种比较稳定的道德意志之后，他才能不以外部环境的影响为转移，而是以内部的道德意志来调节与控制道德行为。可见，在德育中培养大学生坚强的道德意志力是十分重要的。

（4）道德行为。道德行为是人们自觉地在道德规范的调节下，实现预定道德目的的行为，是道德认识、道德情感、道德意志的归宿。美国社会学家伊恩·罗伯逊理解的规范是“人们共同遵守的特定环境中人的正当行为方式作用规定的准则”。①我国的社会学家则把规范界定为：“人们参与社会生活的行为准则。它是人们在长期的社会生活中，根据人们普遍认可的社会价值观而对特定环境中的人类行为所做出的必须共同遵守的程序与规则。”②道德行为是实现道德动机的手段，也是一个人道德认识的外部表现。道德行为是衡量一个人品德的重要标志。在品德的心理结构四因素中，真正对社会发生作用的是道德行为。因而，只有道德行为才具有道德评价意义。对一个大学生的品德的评价，不在于他的谈吐是否动听，而在于他的言行是否一致，看他的道德行为是否具有一贯性。因此，培养大学生具有良好的行为习惯和作风是德育中的重要环节。

品德结构的知、情、意、行四个基本心理成分，不是孤立的，而是相互联系、相互制约的。对培养大学生优良品德来说，每一个方面都是不可忽视的。知是开端与基础，是情产生的依据，对情、意、行起着调节、支配的作用。不能正确掌握道德知识，就缺乏正确的道德观念指导，容易产生盲目的行动，道德知识是最基本的。从知到行的转化，需要情和意的中间环节，情起着内驱力和催化作用，意起着定向作用，情和意是实现知向行转化的内部条件。行是品德的终端结果，它对知、情、意起着巩固、增强的作用。道德行为习惯就是在知、情、意的基础上，通过一定的练习、训练而形成的。大学生品德的形成就是知、情、意、行四种心理成分共同发挥作用的过程。

9.1.3 大学生品德心理结构的特征

品德的心理结构带有普遍性、规律性。但从知、情、意、行的组合关系上，

---

① [美]伊恩•罗伯逊.现代西方社会学[M].赵明华,译.郑州:河南人民出版社,1988:75.

② 郑杭生.社会学概论新修[M].北京:中国人民大学出版社,1994:322.

从培养大学生品德的开端上看，都有其不同的特点。

（1）品德心理结构的统一性与差异性。品德心理结构的各要素是既相互联系，又相互矛盾的统一体，同时它们的发展还有差异性。人的知、情、意、行不能截然分开，当个人有了某种道德认识，往往伴随着道德情感，随之产生道德行为，而当道德行为遇到困难或没有实现时，意志即进行调节，或改变行为方式，或调节自己的情感。品德的各要素是一种对立统一的关系。在大学生品德发展中，认识、情感、意志和行为的发展水平各有不同的特点，例如有的学生知、情、意、行的发展往往会脱节或者只说不干，或者盲目地干，或者情感胜过理智，或者明知自己有错，就是不能改，缺乏意志力。品德心理结构发展的差异性，突出表现为学生道德认识发展的差异性。有的学生基本掌握了正确的道德知识，在进行道德判断时能考虑到行为的后果，也能从行为动机上去分析；有的学生仅具有一些基本的道德知识和道德概念，有一定辨别是非的能力，能对一些具体行为进行正确判断但对道德知识理解不深，缺乏运用道德标准来评价自己和别人的能力；少数学生缺乏道德知识，对道德概念理解肤浅，是非界线不清，缺乏正确的道德判断力。

（2）品德心理结构发展的循序性。品德心理结构的发展有一定的循序性。大学生道德认识的发展，遵循一定的认识规律，即由个别到一般，由具体到抽象，由片面到全面，由表面到深刻，由现象到本质。在道德判断上，由行为后果到根据动机和后果相结合进行判断。道德情感的发展是由初级到高级，由简单到复杂，由易变到比较稳定，道德行为的发展，遵循由易到难，由低到高的顺序。而且大学生任何一种道德的形成和整个道德水平的发展，都有一个从他律逐渐过渡到自律的趋势。

（3）品德心理结构形成的多端性。品德心理结构四种成分的培养可以有不同的开端。在某种情况下，可以从培养道德行为方式或行为习惯开始。在另一种情况下，可以从激起大学生的道德情感着手。在第三种情况下，则可以从提高大学生的认识做起，也可以同时并进，相互促进。但是无论怎样做，只有当这些品德的基本心理成分都得到相应的发展，特别是在一定的道德动机和一定的行为方式之间构成稳固的联系时，某些道德品质才能更好地形成起来。根据大学生及其所处情况的不同，应该允许有不同的开端。

9.2 大学生常见的品德心理障碍

相关研究认为，理想的道德人格是个体以现实为依据，确定并追求的道德人格发展目标，即个体希望自己成为一个什么样道德的人。理想是对美好未来的设想，因而大学生追求的是一种积极向上的理想道德人格，与社会主义核心价值观相一致。同时，大学生的理想道德人格追求中既包含了人类社会共同的理想追求，也包含中华民族独有的特性。同时，大学生追求的理想道德人格与国家提倡的德育目的，社会主义核心价值观的本质内涵一致，大学生有其自身的客观实际，如关注自我的倾向和相对淡漠的奉献意识。一些普遍认可的理想道德人格特质可构成道德人格教育的基础，理想自我与现实自我的差异会成为个体人格成长的动力因素，个体有使现实自我状态符合理想自我状态的动机，并通过以促进为核心的调节机制努力达到理想自我的标准。①大学生思想品德的主流是好的，但也存在一些问题，主要有功利之心较强、理想信念较为淡漠、道义行为较为缺失、诚信意识较为欠缺等。②尽管大学生曾受到了多年的道德教育，其道德品质水平普遍高于同龄的社会青年，但在大学生的品德心理中仍存在许多不容忽视的同题。如大学生道德认识上的矛盾、大学生品德发展中的心理障碍等等。这些问题的存在严重地影响了大学生良好品德的形成，不利于大学生品德心理的发展。大学生只有对这些问题有了清楚的认识，才能去克服它，才能把自己培养成一个具有高尚品德的的人。

9.2.1 大学生品德心理的矛盾性

大学生品德心理的矛盾性是由于大学生个体心理特点和客观环境决定的。大学生处于青年中期，其心理发展正处于趋向成熟但尚未完全成熟时期。因而不可避免地出现心理上的种种矛盾，表现为“大学生情绪情感外显性和内稳性并存；丰富性和复杂性并存；冲动性与理智性并存；稳定性和波动性并存”。③道德情感完成了道德情绪向道德情感层次的过渡。道德动机处于道德愿望层次，

---

① 李霞.当代大学生理想道德人格的心理词汇学研究[J].教育学术月刊,2018（6）:26-33.

② 张玉萍.当前大学生思想品德存在的主要问题的原因与对策研究[J].教育探索,2016（4）:100.

③ 陈义.大学生积极情绪情感的培养[J].辽宁行政学院学报,2010（10）:117.

并开始向道德信念层次发展，道德意志得到相当的锻炼，能够有效地调节和控制大学生的外部行为和内心心理。道德行为的自觉性、独立性和稳定性有明显的提高。另外，我国还处在社会主义初级阶段，政治经济体制改革正逐渐深入，继续实行对外开放的政策，人们的思想观念在不断更新。这种过渡时期最大的特点就是新旧因素之间的矛盾。这些客观存在的矛盾反映在大学生品德心理中，使品德心理具有种种矛盾性。

（1）道德认识上的矛盾。道德认识上的矛盾主要表现在把本应统一的道德知识对立起来。如有的大学生把拥护中国共产党的领导与社会主义民主对立起来，把满足个人利益与服从集体利益对立起来。这种认识上的矛盾使得大学生道德认识水平的进一步提高受到阻碍。产生道德认识矛盾的原因主要是大学生思维方式上的缺陷。对于复杂的社会问题的分析采用非此即彼的形而上学的方法，不能对具体问题进行辩证的分析，这种缺陷的产生一方面是因为青年心理在一定发展阶段的局限性，另一方面是因为我们宣传、教育上的缺陷。有时在宣传、教育中讲的是辩证法，实际上却充满了形而上学，往往肯定一切或否定一切。在这种方法的影响下，一些大学生常常把表面性的东西看作是本质性的东西：由政府工作中部分干部的以权谋私推论整个政府都腐败了，由少数党员的违法乱纪行为推论整个党的失去了先进性都。

（2）道德认识与道德情感的矛盾。大学生的道德认识一般都达到了较高的水平，是非、善恶的判断在通常情况下能正确进行，道德情感相当丰富，并且在道德认识中积极地起着调节作用。但是，在与他人的矛盾冲突极为尖锐时，原始性的情绪爆发常常代替道德情感来调节道德行为，导致一些过分的违反道德认识的行为发生。如在观看中国足球队痛失世界杯出线权的悲愤中损坏公物等。当这种情绪爆发过去之后，自己都难以相信自己所做过的事。大学生道德认识与道德情感的矛盾，一方面与道德认识和道德行为的矛盾有关，另一方面与青年心理发展的特点有关，青年时期，自我意识得到迅速发展，因而对周围事物比较敏感，易受情境气氛的感染，再加上精力旺盛，情绪一旦激发则奔放难收，大脑处于高度兴奋状态，后天的学习、教育所建立起来的暂时神经联系被抑制，行为为本能所控制，从而导致一些严重的后果发生。

（3）道德认识与道德行为的矛盾。大学生在中学教育和训练的基础上，一些方面的道德认识和道德行为呈现出较高的水平。表现为热爱祖国，遵守社会公德。对社会与个人利益关系的认识上，表现在刻苦学习，试图把自己培养成为适应社会需要的人才的努力上，但是，在有些方面，大学生的道德认识和道德行为之间存在着矛盾。例如，在指责破坏公物的同时自己也在破坏公物。有的学生看到教室里的“课桌文化”，随即用刀刻或用笔写：“在课桌上乱画可耻！”学生本来认识到在课桌上乱画是不道德的行为，而自己却也在有了道德认识的情况下做了一件不道德的事。又如在对待国家、集体与个人的利益关系时，大学生在认识上多是正确的，个人利益要服从国家和集体利益，但当个人利益与国家利益发生冲突时，部分大学生的行为与认识就出现了矛盾，往往强调个人的需要，而把国家利益置于脑后，形成这种认识与行为、理论与实践相背离现象的原因是多种多样的。

造成大学生品德心理矛盾的原因是多方面的。首先，教育上的理论脱离实践。由于我国教育体制的弊端，中小学教育强调应试教育，片面追求升学率，不重视对学生进行素质培养。在思想教育上，教师只是进行空洞的无味的说教，仅让学生掌握一些基本的道德知识和道德概念，忽视了对学生的道德情感、道德意志、道德行为的培养，许多学生把学习思想品德课作为考试的需要。教师往往让升学就业的竞争来支配学生的行为，这必然导致学生道德认识与道德行为的矛盾。有的大学生由此而形成的对德育消极的态度定式，使他们在大学期间只对专业知识感兴趣，对德育课有抵触情绪，这不利于他们克服品德心理中认识与行为的矛盾。其次，道德教育内容脱离社会实际。德育的主要内容是对学生进行共产主义的道德教育，但在社会主义的不同发展阶段，有着不同的道德观念和道德标准。长期以来，我们脱离社会发展的现实，片面追求高层次的思想品德教育，用一个层次要求全社会的人，学生获得的是一些脱离社会现实的道德观念，当他们在这些观念的指导下去观察社会或从事社会实践时，观念和现实之间的差异，使观念失去实际的指导意义，少数学生产生了共产主义理论是假、大、空的认识，大学生的这种主观道德观念与社会客观实际的矛盾，必然导致认识和行为上的矛盾。最后，领导特权和党内腐败的影响。中国共产党以实现共产主义为自己的最高纲领。从理论上说，每个党员都是共产主义道德的宣传者和实行者，他们的言行直接影响到人们对共产主义的信念。党的领导干部是人民的公仆，应该以全心全意为人民服务为根本宗旨。而有的党员干部，不顾党纪国法，搞领导干部特殊化，坐高级进口轿车，住豪华洋楼，贪污受贿，公款大吃大喝，但他们口头上却说得很漂亮，宣扬自己要为共产主义事业奋斗终生，甚至到处标榜自己的清正廉洁。这种言行不一的风气使有些大学生怀疑共产主义道德的可行性，使自己的道德认识与道德行为之间产生了矛盾。

9.2.2 大学生品德发展环境障碍

笔者曾经撰写了一篇题为《论新媒体时代思想道德建设》的文章，具体阐述了新媒体时代大学生品德发展的困境，在此摘要如下。信息技术的快速发展改变了媒体的传播形式，传统媒体已不能满足数字信息时代受众的需求，进入了新媒体时代。新媒体在带给人们即时、便捷、海量信息的同时，也给思想道德建设设下了重重障碍：思想意识混乱、道德底线脆弱、社会行为出轨、道德风险加大等等。新媒体时代创新思想道德建设的基本方略，是建设和谐社会、国家长治久安、增强综合国力的需要。随着科技的进步，媒体形态经历了由传统媒体向新媒体的发展过程。深入了解新媒体的产生与发展、类型与特征以及其对于现代社会的影响，对于研究新媒体环境下思想道德建设奠定了基础。“新媒体”是一个相对概念，不同时期对“新媒体”的界定应具有不同的内涵与外延。当前所说的新媒体是相对于报刊、广播和电视等三大传统媒体而言的，准确地说应该称为数字化新媒体，具体来说是指依托数字技术、互联网技术、移动通讯技术等新技术，以手机网络、Twitter 博客、即时通讯软件等为代表，向受众提供信息服务的技术。新媒体技术以计算机的发明和互联网技术的应用为起点，正在以其独特的传播优势，从深度和广度上改变着人类的生产方式、生活方式、学习方式和思维方式。与传统媒体相比，新媒体具有显著特征：传播内容的海量性与即时性、传播主体的多元性与平等性、传播过程的双向性与交互性、传播方式的隐秘性与虚拟化。新媒体满足了受众沟通、信息及个性需求，渗透在人们的工作、学习、交往、休闲娱乐等各个方面，成为当今社会信息传播必不可少的途径。

新媒体的思想品德功能：（1）信息扩散功能。在新媒体环境下，互联网的快速发展为信息扩散提供了一个功能齐全、开放式的信息扩散与资源共享的平台。时间和空间的开放性使得信息可以快捷传播，且信息量大、交互性强、覆盖面广、形式多样，这为思想道德教育开辟了新途径，提供了新手段。（2）舆情导控功能。舆情是指在一定的社会空间内，围绕中介性社会事项的发生、发展和变化，作为主体的民众对作为客体的国家管理者产生和持有的社会政治态度。互联网是一个虚拟的社会，受众可以自由交谈、发表意见，任一受众都可以成为舆论的主体。利用媒介系统对网络舆情的过滤和正确引导，通过这个平台收集舆情、集中民意、引导舆论，是新媒体独有的功能。（3）情感熏陶功能。新媒体形态多样，但进一步细分各种新媒体又具有不同特点，如博客擅长理性分析，微博侧重于表达情感，论坛重视理性沟通等等。对于当今社会上不断出现的正面、典型事例，运用互联网这一平台进行情感表达，实现情感共鸣，搭建公民道德教育的平台，发挥新媒体的情感熏陶功能。（4）价值引导功能。新媒体为人们提供了自由表达言论的平台，各种思想、文化的交流、交融、交锋不断，成为思想碰撞、价值分歧、意见争夺的战场。在这一战场上任何信息都具有价值性，通过影响人的价值判断，进而引导人的价值取向，主流媒体有捍卫社会主义核心价值观的使命。借助新媒体的传播功能，不断扩大受众面，以社会主义核心价值观为旗帜，激发信仰，实现新媒体的价值引导功能。（5）行为制约功能。新媒体作为思想政治教育的重要载体，正在潜移默化地影响着人们的思想意识、价值尺度、道德规范、行为模式。人们的行为受思想的支配，新媒体的受众是有思想的，他们的思想状态会受周围环境及所接受信息的影响，新媒体对于法律、道德、情感等正面积极的信息宣传，为思想政治教育提供多种多样的素材，不知不觉中影响着人们的价值选择，进而制约人们的行为。

新媒体对思想品德作用的机理：（1）信息扩散与认知机理。道德认知即个体对现实道德关系和道德规范的认识，包括道德印象的获得、道德概念的形成和道德思维能力的发展等。道德认知是道德行为乃至道德品质形成的基础和先导。和传统的报纸、广播相比，新媒体为受众提供了即时、便捷、海量的信息，博得广大青少年的青睐，成为获得信息的主要渠道。互联网发展为信息扩散提供了功能齐全的平台，利用这一平台可以为受众传递正义、良知，提升道德认知水平；亦可以传播消极、腐朽的思想，在一定程度上影响着人们的道德认知水平。（2）情感宣泄与感染机理。道德情感是道德认知的一种具体表现，是道德认知转化为道德行为的中间环节，是个体道德形成的动力因素。在新媒体时代，人人都拥有麦克风，人人都享有平等的话语权，网络很容易成为人们宣泄情感的场所。新媒体给人们提供了一个表达爱国情感、弘扬社会主义正气的平台，积极的情感宣泄有利于形成强大的情感熏陶的氛围，营造和谐之风；人们也可以借新媒体发泄内心的不满、表达爱恨情仇，这些消极的情绪很容易在新媒体里发酵，形成强大的舆论氛围，破坏社会的安定团结。（3）行为失控与调控机理。道德行为是个人在一定道德认知、道德情感和道德意志的指引和激励下，表现出对他人或对社会所履行的具有道德意义的一系列具体行动。道德行为是道德认知、道德情感的外部标志和具体表现。网络在给人们的生活带来便捷舒适的同时，也重塑着人们的价值取向、道德标准、行为习惯，特别是对青少年群体。近年来网络影响下的犯罪行为日益引起关注，究其原因，绝大多数是受互联网的色情、暴力等内容的影响所诱发的犯罪行为，利用新媒体犯罪的现象正是道德行为失控的体现，这种行为失控的负传递会诱导更多的犯罪行为；相反，健康积极的网络信息宣传，正确理性的行为引导，有助于道德行为的调控与养成。纵观新媒体对思想道德作用的机理，不难发现，以上三部分是一个人道德品质形成的必然过程。道德认知是前提，道德情感是动力，道德行为是结果。事实证明，新媒体时代思想道德建设面临着新的机遇与挑战，当前道德教育的研究围绕新媒体带来的变化在教育方式、手段、途径等方面做了有益的探索和尝试，并且取得了一定的成效。但在现实生活中存在着实际操作性不强，政府、社会、网络自身、个人之间的合力作用发挥不足，对于新媒体时代的思想道德教育缺乏正确的理论支撑等问题。因此，深入研究新媒体时代思想道德建设的特点与规律十分必要。

新媒体时代思想道德建设主要特征：（1）思想内容的多元性。新媒体以其独特的方式向人们传播各种文化思想和价值观念，这其中包括中国博大精深的历史文化，也有现代社会的新思想、新观念，更有外来的文化思想和价值观念。思想内容既可以是知识型、实用型，又可以是娱乐化、趣味型，这些内容既可以相互补充、渗透，又经常相互冲突、排斥，多元的思想内容是当今思想道德建设的显著特征。（2）道德规范的变动性。网络道德是人与人、人与群体间关系的行为准则，它是在一定社会背景下人们的行为规范赋予人们在目的或行为上的是非善恶的判断标准。道德规范是时代的产物，随着时代的变化发展以及人们的道德诉求不断更新新的内容。新媒体为思想道德建设开辟了新的领域，使其进入了一个崭新的地带，道德规范亦应随着思想道德教育的内容、范围、形式不断变化、更新。（3）建设过程的艰巨性。面对新媒体的隐匿性、虚拟性等特点，思想政治工作者有效开展德育工作步履艰辛，特别是近些年来出现的网络道德失范、网络犯罪、西方敌对势力利用网络散布资产阶级思想、青少年过度迷恋网络而导致的性格孤立、自私、冷漠等社会现象，进一步增加了思想道德教育的难度，以新媒体为载体加强思想道德建设的过程长期而艰巨。（4）教育方法的滞后性。新媒体时代，运用传统媒体单向、灌输式的教育方法显然不合时宜，以新媒体为载体进行互动、平等的教育显得尤为重要。然而，面对新媒体的即时性、开放性、虚拟性等特征，思想教育工作者对于信息的选择和控制难以驾驭，思想教育的方法明显滞后于新媒体前进的脚步。（5）思政工作的低效性。面对新媒体信息的交互性、多元性、快捷性特征，思政工作没有做到“未雨绸缪”，多处于“亡羊补牢”之势。另一方面，不少思政工作者没有将其自身丰富的经验与新技术的掌握相结合，思政工作者自身素质不高也导致整体思政工作处于低效态势。面对新媒体时代思想道德建设的特征，创新思想道德建设的方式、方法，是提高公民整体素质水平、促进社会发展的必然要求。

新媒体时代思想道德建设的突出问题：（1）思想意识混乱。信息高速公路为人们提供了大量有益、健康的信息，同时也带来了一些腐朽、低俗、不科学的思想，人们的思想、信仰呈多元化趋势发展。如以美国为首的资本主义国家不断向我国渗透资产阶级文化思想，导致一些青少年价值观扭曲、理想信念迷失；网络上的色情、暴力等不良信息的广泛传播，影响着广大青少年的健康发展，致使近些年来青少年道德失范、违法犯罪的案例攀升；一些反党反社会主义的恶势力利用互联网传播反动思想，严重影响了社会的安定和人们的正常生活；还有以郭美美等为代表的网络红人，对人们的思维方式、价值取向都带来一定影响。（2）道德底线脆弱。道德是人们的一种价值观念、生活准则、行为尺度，然而在新媒体环境下，耸人听闻的道德失范案例一步步跨越人类的道德底线，使道德进入无底线状态。中华美德的僭越、诚信的缺失、道德的滑坡，致使新媒体环境下道德底线一次次被刷底，造成思想道德建设愈加困难。（3）社会行为出轨。网络欺诈、色情、暴力等不道德信息通过新媒体广泛传播，这对于受众特别是青少年危害最大，由此而引发的现实生活中的偷盗、敲诈、强奸等犯罪行为，增加了思想道德教育的难度。（4）道德风险增大。在新媒体虚拟空间里，人们隐匿自己的身份发表言论，个人情绪被无限放大，人与人之间呈现冷漠、不信任的态度，道德风险显现。一些基于商业化、娱乐化目的的网站为了提高点击率，获得更大利益，在门户网站上时不时弹出色情广告、兜售色情小说等等，增加了网络道德风险。

新媒体时代导致思想道德建设出现如此多问题的原因，总结为以下四点。第一，多元文化冲击。在新媒体环境里，中国传统文化、当代中国文化、西方文化相互交织在一起，这些信息良莠不齐，真实与虚假、健康与污秽、科学与愚昧等信息同时并存，在一定程度上影响着人们的行为方式、价值观念、知识结构。第二，市场价值导向。在市场经济条件下，一些网络运营商出于对自身利益的考虑，缺乏社会责任感，背离社会主义核心价值观，丧失基本的职业道德。第三，教育理念滞后。在思想道德教育理念上忽略新媒体的特点，仍然用传统的道德教育的内容和形式，没有做到新媒体时代教育理念和手段的更新，使得德育与社会发展有些脱节，影响了道德教育的效果，教育功能甚微。第四，监管机制失控。目前我国的新媒体监督管理机制尚处于不完善阶段，政府对于新媒体的管制权比较分散，法律上对于互联网犯罪还不够健全，新媒体的管理政策实施起来难度较高。总之，新媒体给思想道德教育设下了重重阻碍，创新思想道德建设的任务既紧迫又艰巨。①

9.2.3 大学生品德发展过程障碍

我国大学都开设了德育课，但德育的教学效果却不是十分理想。在实际教学中，有些学生虽然领会了教育者提出的道德要求，但并不立刻接受，甚至完全拒绝接受。这种情况，有时表现为不予理睬，有时表现为对立情绪，这种情况是由于大学生存在着的某种心理障碍造成的。

品德发展中的心理障碍可以分为认知障碍、情绪障碍和行为障碍三类。认知障碍主要是指在大学生的认知系统方面存在的不利于品德发展的心理因素，

① 李宁.论新媒体时代思想道德建设[J].北京青年政治学院学报,2013（4）:61-65.

它包括智力障碍和意义障碍。智力障碍的人常常陷入个人狭隘的知识经验圈子，不能全面地观察问题、分析问题，在思考问题时常常为表面现象所迷惑，不能透过现象抓住事物的本质，思维缺乏灵活性、逻辑性等等。意义障碍是最常见的心理障碍，它是指大学生某些内在的心理因素妨碍对道德要求的正确理解而产生的心理障碍。表现为拒绝教育者的教育，形成消极的心理定式，毁坏任何教育方法的效果。例如，在当前，资产阶级不健康的思想通过各种渠道对当代大学生的道德产生种种消极的不良影响，形成社会主义道德教育的“意义障碍”。这是培养大学生社会主义、共产主义道德的严重障碍。情绪障碍也是常见的，如学生对教师的对立情绪，缺乏义务感、责任意识，缺乏理智，容易感情用事，以及不适当的激情等等。行为障碍主要是指一些不正当的坏习惯，如好逸恶劳、贪图享受、放荡不羁等等，坏习惯一旦形成后，常常会使学生不自觉地采取类似的行动，这种行动对他们道德的健康发展是极为不利的。

大学生品德发展中产生的心理障碍可能是多方面的，但却有着共同的特征。首先，心理障碍不是与生俱来的，而是在后天环境中逐步习得的，因而通过改变客观环境，采取适当的教育措施就完全可能予以克服。其次，心理障碍都是针对某一对象或状况而产生的，因此具有主体与客体的相对关系。当我们说某人常为表面现象所迷惑，指的是他在认识活动中的表现；说他容易感情用事，是指在处理问题时缺乏理智；说他放荡不羁，指的是在需要表现一定组织性、纪律性的场合不能约束自己。因此，当我们谈到某种心理障碍时，应该同时具体地指明是对什么的障碍。再次，心理障碍有一定的持续性。心理障碍一旦形成之后是不会轻易改变的，它们有的可能长期保持下去，成为个人品德的一个组成部分；有的则需要在得到适当的教育之后才能克服。在心理障碍形成的初期，由于它所包含的各种心理成分还没有进一步组织化固定化，因而可能由于新经验的导入促使障碍消除。

影响大学生品德发展中心理障碍的因素与克服品德发展中的心理障碍同其他心理现象一样，都是人脑对客观现实的反映，这种反映是以个体已有的主观世界为中介，通过折射而进行的。因此，影响心理障碍的形成有着主观和客观的双重因素。造成大学生品德发展心理障碍的客观因素是极其复杂的。（1）对大学生的道德要求脱离了学生原有的道德需要。人的各种行动都是个人（或社会）的某种需要引起的，大学生当然也不例外，因此必须重视大学生的道德需要。如果大学生还没有产生一定的道德需要，我们应该积极培养他们的道德需要，否则势必为他们接受教师传授的道德行为要求造成困难；当学生产生一定道德需要以后，对他们提出的要求过高过急，使他们难以接受，同样也会影响大学生良好道德品质的形成。因此，应当对大学生的道德品质培养由低到高逐步提出要求。实践证明，这比集中提出的要求更易于为大学生所接受，（2）方式不当。强制方式触犯学生的个性，引起大学生强烈的消极反应，大学生往往具有较强的个性，他们强烈地要求得到社会的承认或尊重。不恰当的方式使学生不愿接受必要的道德要求。（3）要求过于频繁而又不严格执行。大学生把社会的必要的道德要求变成自己的实际行动需要经历一定的过程，如果在这个过程中，只是传授而不作任何评价，听其自然，久而久之，就会造成一种对道德要求执不执行、执行好或坏都无关紧要的消极心理状态。这种状态往往使德育工作对大学生失去影响。（4）教育者本身言行不一。教育者对大学生进行社会道德教育，大体有两条途径：一是口头讲解或劝导，二是展示自己的实际行动。如果教育者自己说的是一套，做的是另一套，就会大大降低教育者的威信，使正确的道德要求失去应有的说服力。大学生品德教育实践表明，思想坚定、思维活跃、知识渊博、论证言简意赅、旁征博引，并且无私正直、为人师表的教育者，对品德发展中有心理障碍的大学生具有良好的教育效果。

造成大学生品德发展心理障碍的主观心理因素是多方面的。（1）大学生不正当的需要是产生心理障碍的基础。大学生由于各自情况差异，形成各自不同的需要。有正当的，也有不正当的。某些具有不正当需要的大学生往往一事当前，先为自己打算。对这些大学生提出为人民服务、团结同学、热爱劳动、遵守纪律等道德要求，就有相当大的难度。其原因就在于这些道德要求同他原有的需要不相容。这种情况是不利于大学生良好的道德的形成的。（2）大学生品德发展中心理障碍的产生与有关知识的缺乏密切相关。人对待周围事物的态度和行为方式总是以某种认识作为根据的。大学生在大学的学习、生活中，如果缺乏某些大学生必备的道德知识，往往对学校的道德教育形成盲目排斥态度。例如，一些独生子女大学生，在一定程度上缺乏良好的社会交往的道德规范的知识，往往对大学生关心他人，热心助人，一心为他人着想的要求持讥讽态度。

因此，在对大学生进行道德教育时，应尽可能地使大学生掌握较多的道德知识，大学生对积极意义的道德知识愈多愈信服，克服其心理障碍的可能性就愈大。此外，大学生许多品德发展中的心理障碍都是由于不了解实际情况造成的，因此，组织大学生直接接触其怀疑或反对的事物往往能收到较好的效果。在实际生活中，大学生应当多了解情况，而且还应亲自体验社会对由于自己的品德发展中心理障碍对道德行为影响的种种评价，这对于克服大学生品德发展中的心理障碍有重要意义。（3）大学生个性特征是影响大学生品德发展中心理障碍形成的重要因素。从智力发展水平看，智力发展水平较高的人，当发现自己与客观要求相矛盾之后，由于比较容易弄清赞成或反对的理由，因而，对保持还是改变自己的心理障碍有较强的主动性，心理障碍也较易克服。智力发展水平低的人，缺乏必要的判断推理能力，他们很容易在外界的影响下产生心理障碍，而当障碍产生之后，有时很容易被说服，有时又死钻牛角尖，他们的心理障碍的产生或改变都有明显的被动性。大学生的智力发展水平普遍较高，在德育教学中要注意说理教育，让他们主动地克服心理障碍。从人的性格看，性格是人表现在对现实的稳定态度和与之相适应的行为方式上的心理特征，是个性的重要方面。按个性独立性的程度可以把性格分为顺从型和独立型。顺从型的人普遍容易接受他人的劝告。他们由于缺乏判断的能力，依赖性强，因而容易信任权威，改变自己的态度。反之，独立性过强的人则常常极端抗拒他人的劝告，他们对别人提供的资料缺乏理解力，无原则地否定一切权威，思想迟钝，不肯接受新的观念，因而态度不易改变。在对客观现实的稳定态度中，对人缺乏友爱，对事业缺乏热情，对自己过分自尊，常常是造成许多心理障碍的根源。上述情况在大学生中同样表现非常明显。（4）大学生品德发展中心理障碍的形成受个人已经形成的价值观与人生观的影响。人的价值观是一个具有多层次的极其复杂的观念体系，其中最基本的、占核心地位的是建立在一定世界观基础上的人生观。人生观、世界观、价值观在个体的意向系统中处于支配地位。它们调节着人的各种态度，对人的道德行为有指导意义。在品德发展中产生的心理障碍，如果同人生观、世界观、价值观密切相连，克服起来比较困难。大学生的世界观、人生观、价值观没有最终形成，但在不同的发展阶段都有处于支配地位的价值观，他们对道德发展中心理障碍的形成有同样的影响。因此，对大学生进行世界观、人生观、价值观教育显得尤为重要。

9.2.4 大学生品德发展水平障碍

我国正处于社会转型期，大学生道德发展正面临新问题和新挑战，近年来大学生个人品德失范问题频发，一时间大学生成为媒体和社会关注和批评的焦点。当代大学生大多为独生子女，个别学生自我意识强、集体意识弱，道德情感淡漠，自律能力不足，功利意识浓，责任意识差，这已经成为大学生个人品德发展中最紧要、最亟需解决的问题。[①]

（1）集体主义观念弱化。集体主义是社会主义社会特有的道德要求，是公民道德建设的基本原则。集体主义要求人们在社会生活中不仅要顾及个人利益，更要具备较强的集体意识，关心爱护集体，顾及集体利益，具备为集体做贡献的精神，自觉地为社会、为人民服务。改革开放以来，人们的思想得到解放，主体性增强，于是开始过分宣扬个人的独立性和个人利益的保障，否定了集体主义的重要地位，由此大学生受社会环境影响，开始产生了“主观为自己，客观为别人”的思想意识，严重影响了大学生个人品德的发展。大学生集体主义意识缺失主要表现在三个方面。首先，个别学生不能正确认识个人与集体的关系。部分大学生一味追求个人利益，片面强调个人是集体的重要组成部分，对集体为个体提供的各种保障视而不见，一味向集体索取利益，分毫不思为集体贡献力量。其次是参与集体活动的积极性降低。集体主义意识的培养只能在集体中和集体活动中实现，然而当前大学生宁可躲在寝室中上网，打游戏，也不愿意参与到学校学院组织的集体活动中，他们认为集体活动压缩了自己的空间和自由，即使是参与其中也是消极懈怠，无法体会集体的力量。最后是习惯于独来独往，远离集体空间。当前大学生大多是独生子女，自小习惯于沉浸在自我的世界中，加之网络的隐蔽性为他们提供了更广的生活空间，因此不管是遇到困难还是收获成功，他们都习惯于独自面对，他们拒绝别人的关心，同时也拒绝关心别人，拒绝考虑别人的感受，与集体的距离越来越远。

（2）道德情感淡漠。列宁说：“没有人的情感，就从来没有也不可能有人

---

① 孙松．大学生个人品德失范及教育对策研究[D]大连:辽宁师范大学,2016.

对真理的追求。”[①]道德情感是道德发展的基础。一个人，要成为一个有道德的人，首先要具备丰富的道德情感。个人品德集中体现了道德情感、道德认知、道德意志和道德行为的统一。道德情感是个人品德中最重要的一环，没有道德情感，不可能有正确的道德行为。近年来，大学生失德甚至犯罪案件频发，究其根源都是因为大学生没有丰富的道德情感。上海复旦大学研究生林森浩，因琐事对室友黄洋不满，将剧毒化合物带至寝室注入饮水机，导致黄洋中毒死亡。在黄洋住院期间，林森浩本有机会向医生说明情况，挽救黄洋的性命，但是林森浩却冷漠地没有开口。行刑前林森浩受访时也只是将此事归因于自己觉悟不够，精神境界不够。多么冷漠无情的感言！一个人，哪怕有一点点感情，都不会因为觉悟和境界不够而置室友生命于不顾。国家和高校花费了大量的精力竟然教育出如此没有一丝道德情感的木头“人才”，这不得不让人惊骇。法律是最基本的道德，触犯法律实际上是道德的沦丧。大学生犯罪案件频发，说明长期以来我们的个人品德教育并没有做到位，很长时间以来，不论是学校还是社会，都片面追求优秀的成绩，远大的理想，却忽视了学生的道德情感。如今，部分大学生学得一身学问，但缺少亲情和友情，很多学生的爱情观也不正确。在面对同学、朋友有困难的时候，视而不见，甚至无情地落井下石；在同学、朋友需要体谅理解的时候，却是更多考虑自己的利益；在需要认识到自己错误的时候，却是百般找理由开脱。很多大学生的正义感、责任感、同情心，正随着知识的增长而慢慢没落甚至消亡，他们的道德情感越来越淡化甚至走向反社会的一面。

（3）自律能力不足。人的自律是相对于他律而言的，主要是指社会个体根据现有的对社会生活的认识，自觉约束自我，控制自我，主动调节自己做什么或不做什么的一种非强制性的自觉践行行为规范的过程。大学生个人品德的发展不仅需要大学生对道德规范有正确的认识，更需要大学生在实践中加强自律，自律能力是大学生养成良好个人品德的重要前提。特别是“随着互联网渗透到社会的各个层面和领域，对新生事物历来敏感的高等学校学生受其影响加重。网络在改变当代大学生学习、思维和生活模式的同时,也影响着他们的政治态

---

① 列宁.列宁全集:第 20 卷[M],北京:人民出版社,1965：255.

度、道德风貌和价值取向。可以说，互联网既给大学生思想政治教育带来了挑战，也为进一步加强和改进大学生思想政治教育提供了新的机遇。”①当前大学生自律能力不足主要表现在两个方面。一方面是在网络环境中表现出的明显自控能力不足，以致影响其正常的学习生活。大学期间是大学生学习专业知识，养成品德修养的关键时期，却有许多大学生因自律能力不足，沉溺网络而葬送学业。在中科院心理研究所对 13 所高校的最新调查中显示，80%中断学业的大学生都是因为网络成瘾。网络也更因其隐蔽性、匿名性而成为大学生放纵自己的避风港。当面对网络不良信息的诱惑时，部分大学生不能及时约束自我，甚至在网络中放纵自己不文明、不诚信的行为，弄虚作假，传播不良信息，恶意攻击他人，随心所欲地践踏道德规范，致使其个人品德素养逐渐下滑。另一方面表现为在缺乏监督的情况下表里不一。“慎独”是中国古代伦理思想家们一直提倡和崇尚的。就是说，一个人在无人监督的情况下，依然能够严格要求自己，自觉遵守行为规范，才是最难能可贵的。当前大学生在公共场合尚且能够克制自己的不道德行为，而在无人看见，无人监督的情况下自律就不复存在。例如在老师面前他们常常是谦逊的好学生，在同学面前他们就成了狂妄自傲的自大狂；在人流攒动的市区他们常常是不乱扔垃圾、不随地吐痰的文明君子，而在人流稀少的乡村他们就变为优美环境的破坏者。个人品德的修养不能依靠强制性的外部限制，更多是要靠自身的较高觉悟和自觉意识。善是最美好的生活方式，大学生只有发自内心，自愿接受道德行为规范，愿意为创造善的世界自觉约束自己，才能提高个人品德素养。

9.3 大学生品德心理的自我管理

尽管近年来从国家到高校一直在强调大学生个人品德教育的重要性，但是面对新时期大学生个人品德发展出现的新问题、新挑战，高校个人品德教育并没有落到实处，致使大学生个人品德发展的问题越来越突出。在强调相关教育部门加强大学生思想品德教育的同时，我们还应特别重视大学生的自我教育和自我管理。

① 李宁.浅谈以网络为载体的大学生思想政治教育工作[J].科技创新导报,2010（14）:175.

9.3.1 优化品德心理结构

品德的形成是道德认识、道德情感、道德意志与道德行为四种心理成分共同发挥作用的综合过程。大学生道德品质的培养可以从不同的方面去进行。但只有真正做到晓之以理、动之以情、炼之以志、习之以行，使这四种基本心理成分都得到相应发展时，品德才能形成。

（1）提高道德认识。道德认识是道德情感和道德行为的基础，在品德形成过程中发挥着重要作用。道德知识的掌握，道德信念的确定，道德判断能力的发展是道德认识形成的主要标志。道德知识指的是对具体的行为准则及执行它们的意义的认识。一个人只有知道了应该怎样做，并了解到为什么要这样做，才有可能自觉地产生相应的行动。人们对道德知识的掌握常常以道德概念的形式表现出来。大学生已经基本掌握了较多的道德知识，能够更概括更抽象地把握道德概念，大学生要把掌握的道德知识内化，树立牢固的道德。道德信念是坚信行为准则的正确性并伴有情绪色彩与具有动力性的认识，这是一种发自内心的、主动要求得到、维护与实现的道德需要。

要树立牢固的道德信念，首先，大学生要根据自己思维发展的特点，自觉地形成正确的道德信念。大学生的理论思维能力已经形成，思维的独立性与批判性已高度发展，他们所考虑的往往不是怎样听从别人的指教，不是简单地接受书本上现成的结论和教育者的观点和要求，而是要经过自己的独立思考，通过自己的逻辑推理，分析论证，并做出判断。大学生对于脱离实际的抽象说教十分反感，他们渴望得到由实际上升到理论高度而形成的理论性道德认识。因此，大学生希望在进行道德认识教育时，要把道德认识与社会生活实际相联系，使形象教育与说理教育相结合，加强理论性，不就事论事。只有经过理论和实践都证明是正确的道德要求，才能为大学生所确信。其次，大学生应努力获得道德实践的经验和有感情色彩的体验。要使个人的道德认识变为行动的指针，必须通过本人和所在群体实践的验证，以体验到道德要求的正确性和必要性。一个大学生只有反复体验到自己和周围人只有遵守道德行为准则，才能取得成功，才能获得众人的赞赏，反之，违背道德行为准则就会出现挫折或受到舆论谴责时，他们才会理解并相信道德要求的正确性，并力求按这些要求去做，否则就会感到不安，只有这时，他们的道德认识才获得动力的和情感的特征，并转化为道德信念。最后，大学生应通过提高道德评价能力，促进道德信念的形成。道德评价是运用已掌握的道德标准对别人和自己的行为进行道德分析判断，[①]是应用掌握的道德知识对自己和他人的行为的是非、好坏、善恶进行判断的过程。大学生经常进行道德评价，不仅可以巩固与扩大道德体验，加深对道德意义的理解，提高分析行为与辨别善恶的能力，而且会增强自己的道德体验与支配行为的意志力量。可见道德评价在促进人们确立道德信念中占有重要的地位。

（2）激发道德情感。道德情感是运用一定的道德标准，评价自己和别人的行为时所产生的一种内心体验。行为符合标准便产生积极的情绪体验，不符合便产生消极的情绪体验。可见道德情感是一种自我监督的力量，它可以使人保持良好的行为，制止过失行为。由于道德情感对于人的行为具有很大的推动和调节作用，对于人的品德的形成有十分重要的作用，所以在提高道德认识的同时，还要注意激发大学生的道德情感。大学生道德情感的培养和激发可以通过多种方式与途径来进行。首先，大学生要充分把握有关的道德概念，并使这些概念与各种情绪体验结合起来。大学生在接触道德事件、接受道德概念或进行道德实践、领会道德要求时，总伴有积极或消极的体验，大学生应当把这种情感体验发展成为理论的认识，只有查识到道德理论的情感体验，才是比较深刻的道德情感。其次，大学生要努力克服消极情感，使之转化为积极情感。大学生可以通过为社会为他人服务、努力学习获得好成绩形成积极情感，或者通过谈心、心理咨询化解消极情感。再次，好的艺术作品与生动事例能引起大学生道德情感上的共鸣，增加道德实践的间接经验，丰富道德情感的内容。无产阶级的英雄人物是体现共产主义道德原则的典范，英雄的高大形象和动人事迹具有极大的感染力。如大学生通过孔繁森先进事迹的学习，树立了孔繁森式的道德榜样，这会使他们产生钦慕之情而激情满怀，激起他们的道德体验，道德情感便油然而生，成为产生道德行为的强大动力。所以，在培养大学生道德情感时，必须注意情境的创造，充分发挥道德榜样的激励作用。培养大学生具有深

① 冯宏丽.从品德心理探究大学生品德培养的有效途径[J].安阳师范学院学报,2011（5）:153-156.

厚的道德情感，还要注意良好情感品质的培养。情感品质包括情感的倾向性、情感的深刻性、情感的稳定性和情感的效能四个方面。情感的倾向性指的是一个人的情感指向什么和为什么而引起。道德情感的阶级性决定了无产阶级情感的方向是共产主义。因此，对于当代大学生来说，在生活中起主导作用的情感，不应该是为个人利益的情感，而是为祖国、为人民、为共产主义而奋斗的崇高情感。情感的深刻性是指情感在思想行动中表现程度的深浅，能深入地渗透到一个人生活各个方面的情感，才是深刻的情感。培养大学生把情感与个人真正的信仰、观点、人生观紧密联系起来。只有这种深刻的情感，才能成为道德行为强大而持久的动力。情感的稳定性是指情感的稳固程度和变化情况。具有稳定性道德情感的人在实践中能自觉地实现道德行为，不但不会因为时间的推移而冷淡，还会在实践体验中不断加强这种情感。情感的效能是指情感在人的实践中所发生作用的程度。情感效能高的学生，情感会成为行动的动力。因此，提高大学生的情感效能就能促进他们的道德行为，没有效能的道德情感就失去了这种意义。情感的各种品质是密切联系的。只有情感的各种品质都得到充分发展时，一个人的道德情感才能真正成为把道德认识转化为道德行为的强大动力和催化剂。

(3)锻炼道德意志。道德意志的锻炼和良好意志品质的培养是分不开的。良好的意志品质包括自觉性、果断性、自制性和顽强性四个方面。自觉性是对自己的行为目的有清楚而深刻的认识，并能按照目的调整和控制行为，以达到既定目的。培养自觉性，首先要相信自己的目的是正确的，遇到障碍和危险的情况，不气馁。其次是既要倾听和接受合理建议，又要坚持真理，信守原则，保持独立自主性。果断性是指善于在困难中辨别事物的真相，迅速做出正确决定和积极采取行动的意志品质。果断性品质是以勇敢和深思熟虑为前提的。因此，大学生平时要多进行敏锐观察和当机立断能力的培养。自制性是善于控制和协调自己行为的意志品质。大学生在遇到不合自己情意的事时要克制自己的情绪和冲动，要表现出应有的忍耐性。顽强性是指不屈不挠地把决定贯彻始终的意志品质。培养顽强性要求大学生在学习工作中要有韧性，不要一遇到困难就半途而废。大学生只有具备了良好的意志品质，才能经得起外界的诱惑，战胜内心不道德的动机，使自己成为一个有坚强道德意志的人。在高校中，德育课程学习、课外谈心、英雄模范人物报告等形式是大学生获得道德意志的概念和榜样，产生意志锻炼的愿望的方式与途径。而大学生通过在学习、生活中，努力克服困难，战胜困难，将有力促使他们的道德意志在实践活动中得到锻炼。

（4）培养道德行为。道德行为是受道德认识、道德情感支配和调节的。同时道德行为对道德认识的巩固和发展、对道德情感的加深与丰富都有促进作用。大学生德育的基本问题就是使大学生的道德认识、道德情感转化为相应的道德行为。因此，进行道德行为的训练，对品德的培养与形成具有重大意义。道德行为的训练，主要包括两个方面，道德动机的激发和道德行为习惯的培养。道德动机是推动人们产生和完成道德行为的内在原因。因此，激发积极的大学生道德动机，对形成积极的大学生道德行为有重要意义。大学生要把行动的社会意义和社会理由以及内心的情绪体验作为自己行动的道德动机。如果大学生没有形成正确的动机就很难使他们产生与道德认识相一致的行为效果。因此，在道德行为训练中，道德动机的激发，对于道德品质的形成和发展具有重要意义。大学生良好的道德品质的培养，单靠动机激励是不够的，还必须通过不断实践使积极的道德行为经常化，养成优良的道德行为习惯。道德行为习惯是与一定的道德需要、道德倾向联系的自动化的行为动作。大学生优良的道德行为习惯形成的意义，不仅在于使某些积极的行为方式得到巩固，而且还会在新的情况中发生迁移，产生连贯性的长期效果，最终形成良好的道德品质。道德行为习惯的形成是使一个人由不经常的道德行为转化为道德品质的重要一步。大学生要努力把社会生活中具有积极的道德行为的人作为自己学习的榜样，重视学习中的强化与反馈，克服坏习惯。当道德行为成为大学生的习惯化的行为方式时，新的道德品质也就建立起来。

9.3.2 理智应对复杂的网络舆情

在日益庞大的网络群体中，高校大学生成为一支不可忽视的力量，高校网络舆情对于大学生思想政治教育的影响不容小觑。通过网络，大学生自由表达对国内外热点问题、社会关注焦点话题的看法和意见，对于与个人利益相关的困惑、困难或不满也通常通过网络平台进行反映。这些情绪、观点、意见凝聚形成高校网络舆情，并通过网络逐步扩散，最终形成社会舆情。[①]高校网络舆情以互联网为载体，其传播具有绝对的强势性。与传统媒体不同，新媒体是一种双向交互式信息传播。在网络虚拟世界里，大学生可以隐匿真实身份，对自己关心、关注的热点、焦点话题畅所欲言，自由表露真实情感，引发更多网友的关注，形成互动场面。这种情感表达很容易造成共鸣，形成范围更大的受众面。酝酿于高校这一活跃、激进群体中的网络舆情其影响力具有很强的渗透性。

高校网络舆情的主体是大学生，他们内心的紧张、焦虑、困惑和不满等负面情绪更倾向于通过 BBS 论坛、博客、新闻跟帖等形式来表达，感同身受的群体无疑会扩大这种非理性情绪的影响面，从而使这种消极舆情进一步极端化。事实证明，网络环境中大学生网民的“群体极化”倾向更为突出。有证据表明，群体极化倾向在网上发生的比例是现实生活中面对面的两倍多。网络环境的虚拟性与隐匿性，网络舆情的突发性与多元性，舆情主体的个性化与群体化，使得高校舆情管理极具复杂性。（1）自媒体是大学生了解社会的重要渠道。自媒体的主要特征是草根化、普泛化，每个人都拥有话语权，都可以将自己亲眼所见、亲耳所闻、亲身经历的事情通过微博、微信、博客等网络途径予以表达。当代大学生个性张扬、乐于表现，于是自媒体更受他们的青睐。通过自媒体大学生可以表达个人观点、立场，经营属于自己的媒体，打造自己的粉丝圈；同时，也可以关注别人的“自媒体”，通过别人的“自媒体”，学习自己想要了解的内容。简言之，自媒体从出现到蓬勃发展，逐渐成为大学生了解社会的重要渠道。（2）网络舆情已成为大学生获取信息的主要来源。继报纸、广播、电视之后出现的网络媒体，其显著特征之一就是拥有极其丰富的信息。有人形象地比喻，世界有多大网络就有多大；世界有多少信息网络就有多少信息。大学生趋新意识强烈，他们喜欢接受新知识、新信息，网络满足了大学生对信息的需求。同时，手机网络更是方便了大学生的表达需求，使他们可以随时随地实现信息的传播和互动。通过网络新闻，大学生可以适时地了解社会焦点、时政话题；通过校园网站，大学生可以了解校园动态、与自身利益相关的信息；通过网络论坛、微信等公众平台，大学生可以发表意见、交流心得。网络舆情的传

① 李宁.高校网络舆情及其引导机制研究[J].国家林业局管理干部学院学报,2015（2）:44-48.

播和影响不再受时空限制，大学生已然进入网络信息化浪潮之中。（3）网络舆情在高校的影响力显著增强。网络舆情在高校的影响力显著增强可以通过以下三方面来理解：第一，随着互联网的迅速发展，大学生对网络的应用愈加广泛，通过网络，大学生可以自由表达意见和想法，网络舆情影响着大学生群体。第二，网络舆情成为校方与大学生沟通交流的桥梁与纽带。通过网络舆情平台，大学生可以将内心诉求反馈于校方领导层，这在一定程度上为高校做出正确决策提供了参考依据。第三，高校思想教育工作者的素质能力亟待提升。随着网络舆情对大学生的影响力不断加深，思想教育工作者也要转变以往的工作思路与方式，不断学习新兴媒体交流形式，培养一定的舆情分析鉴别能力，并具备从容处理突发事件的能力。

对大学生而言，面对鱼龙混杂的舆情信息，应该做到对信息的正确判断、有效利用，并自觉抵制不良信息的侵扰，这是一个关乎大学生成长成才、国家文明水平的重大现实问题。大学生要自觉用马克思主义理论武装头脑，坚持实践社会主义核心价值观，不断加强自身素养建设，真正成为舆情的主动驾驭者。大学生要从日常学习、工作、生活中实现有效的自我管理。当今社会处于信息爆炸时代，互联网从纵深层面影响着大学生的学习、工作和生活，面对网络的巨大诱惑，不少学生沉溺其中无法自拔，新媒体时代加强大学生的自律能力培养至关重要。“现代管理学之父”彼得•德鲁克曾经说过：“现在，即使资质平庸的普通人也将需要学会自我管理。”[①]在互联网环境下，加强大学生的参与式德育与自主性德育相结合的教育模式，完善虚拟世界的自律机制，学习德鲁克先生的自我管理方法，在网络虚拟环境中更清楚地认识自己、更有效地管理自己，不断提升自身素质和能力，是时代发展对大学生提出的新要求。自觉践行社会主义核心价值观，做到有效自律。践行社会主义核心价值观是推进中国特色社会主义伟大事业，实现中华民族伟大复兴的战略任务，是高校人才培养的重要责任，也是大学生不可推卸的历史使命。在社会主义核心价值体系的引导下，大学生要自觉遵守网络管理条例，在日常生活中不断规范网络言行，抵制各种不良信息的侵害，提高舆情甄别力，树立正确的世界观、

---

① [德]彼得•德鲁克.21世纪的管理挑战[M].朱雁斌,译.北京:机械工业出版社,2009:143.

人生观和价值观。①

9.3.3 大学生道德品质的自我教育

在信息时代条件下的思想政治教育过程中，必须增强教育者与受众的主体意识，塑造他们的主体人格，使主体与主体之间相互承认、相互尊重，通过精神沟通建立政府与市民的对话系统，实现双向主体之间双向建构、双向整合。只有这样，才能使正确的理想信念深入人心，高举社会主义的旗帜，从而提高思想政治教育的实效性。②面对外部环境的改变，作为内部路径的自我教育就显得异常重要。内部途径是指一个人通过给自己提出任务，并主动采取实际行动来培养自己的道德品质的途径。自我教育是内部途径的主要方式。学生的自我教育是指学生为了形成良好的道德品质，而自觉进行思想转化和行为控制的活动。

自我教育是一个人在道德修养上的自觉能动性的表现。大学生的心理发展水平较高，有很强的自我意识，他们要求深入了解自己，关心自己的发展，并且有较强的自我评价和自我教育能力。这些是引导大学生进行自我教育、培养优良品德的极有利条件。同时，大学生的自尊心、自信心、独立性等突出增强，他们要求改变处于单纯的教育"客体"位置，要求成为教育的主体，对进行自我教育有着强烈的愿望。实践证明，在德育教学中的"双主体结构教学"取得了显著的效果。大学生的心理需要要求进行自我教育。由于大学生意识转向自我本身的心理活动，在他们心中出现了"理想自我"和"现实自我"，而两者往往又是矛盾的，他们渴望改进"现实自我"，追求"理想自我"，进行自我教育。一个人品德的形成，在于把客观的社会道德规范转化为自己的需要与稳定的行为表现。从大学生品德形成规律和学校德育的过程看，外界的灌输和教育是必要的。但是对教育效果起决定性作用的，却不是灌输而是教育之后的环节，即被教育者根据自己的需要有选择地接受社会道德的要求，"内化"为个体的品德意识，再"外化"为个体的道德行为。这种"内化"和"外化"是任何人无法替代的心理过程，自我教育在促进大学生良好品德的形成中，是必不可少的。

大学生自我教育贯穿于品德形成的全过程，可以从以下几个方面来实现自

① 李宁.高校网络舆情及其引导机制研究[J].国家林业局管理干部学院学报,2015（2）:44-48.
② 李宁.论新媒体时代思想道德建设[J].北京青年政治学院学报,2013（4）:61-65.

我教育：（1）知识的准备。知识是认识水平提高的基础。只有从理论上掌握道德知识，知其然，又知其所以然，才可能使大学生的道德认识水平上升到道德理想的层次，大学生已基本掌握了较多的道德知识，但品德心理修养的知识准备除以道德知识为主外，还包括心理学、社会学等多方面的知识，所以大学生在上好德育课外，还要自学或选修其他的人文社会科学课程。（2）自我教育的意识和目标的确定。在充分认识、加强品德心理修养的意义的基础上，产生自觉进行品德修养的愿望，大学生应全面了解自己在道德方面的优缺点，针对自己的不足，制定自我教育的计划。（3）激励意志，保证自我教育目标的实现。激励意志的手段有：针对性激励，这是教育者有意识地激励学生自我教育的动机。要针对大学生的“兴奋点”加强正激励。这里所讲的“兴奋点”指发自学生本身的正当的欲望和追求。自我教育并不否定教师的指导作用，教育者发出的教育信号，如能针对学生的兴奋点，就能引起受教育者的积极响应，提高道德意志，促进自我教育目标的实现。体验性激励，即学生积极参加社会实践活动，以亲身的体验提高品德心理修养的自觉性，促进自我教育能力的完善。反馈激励，让大学生了解客观外界对其道德行为的评价，就会产生激励作用。好的客观评价，起到正激励作用，学生会巩固和加强这种行为；评价不好，起负激励作用，学生会改变自己的行为，这有利于自我教育目标的实现。（4）自觉进行道德实践。良好品德形成的最根本目的是形成良好的道德行为习惯，而道德行为习惯的形成过程是一个行为由量变到质变的过程，没有一定数量的道德实践是不可能形成道德行为习惯的。因此，有意识的、自觉的道德实践是极其重要的，它是培养良好品德的必要途径。

9.3.4 积极参加品德教育实践活动

品德本质是实践的，是在生活体验基础上升华出来的。卢梭在《爱弥儿》中曾说，“千万不要干巴巴地同年轻人讲什么理论，如果你想让他们懂得你讲的道理，你就要用一种东西去标示它。”因此，实践就是标示个人品德教育最好的范本。学生个人品德素养的提高，不是闭门造车的过程，只有置身于现实生活，开阔视野，才能让大学生感受品德情感，并在品德情感的驱动下将品德行为在活动中自觉得到反复表现，直至形成行为惯性。

大学生枯燥的理论学习久了，是希望走出课堂的，他们对参加实践活动有着极高的积极性。通过身体力行地参与，不仅能加深学生对品德规范的理解，更能触及他们内心深处敏感的品德情感。比如，讲抗日战争我国人民遭受的屈辱，与其大家坐在教室里面对冰冷的文字，不如直接去相关纪念馆参观，学生看到历史遗留下来的实物，比看冷冰冰的文字更能触动他们内心深处的爱国情怀，树立起铭记历史珍爱和平的人生观。实践是确立信念，培养感情，总结经验最好的方法，学生凭借自己的情感直观地感受、领悟、发现，远比教师的间接传授有更深的印象和感触。

当代大学生大多为独生子女，自我意识较强，集体意识较弱，缺少尊重他人、宽容他人的意识，缺少团结精神。在这个重要的价值观养成阶段，学校大力开展各类社团活动，既可以使学生充分参与到活动中，增强学生的主体意识，又可以潜移默化实现学生自我感知，自我教育。比如通过社团组织学生参与集体游戏、集体比赛等形式，学生能切实感受到个人力量的渺小，感受大家团结起来构成集体的力量，树立集体荣誉感。大学生一直过着养尊处优的生活，无法体会理解社会其他群体的生活，不理解也不尊重他人。高校可以通过组织深入工厂企业开展实践调查访谈，为养老院、残疾人送温暖，志愿者服务等社会实践活动，让大学生走进社会、了解社会。当他们看到并意识到自己的生活来之不易的时候，意识到自己的生活是靠无数社会群体作支撑的时候，他们更能尊重他人，对社会、对身边的一切怀有感恩的心，树立服务意识，从而培养社会责任感。

第 10 章　大学生择业心理健康与自我管理

激烈竞争的社会就业压力给大学生带来了一系列的心理问题。经济全球化的持续推进和新技术的快速发展，一方面，淘汰了大量的传统就业岗位，消解了工作的稳定性和安全性；另一方面，也创造了无数的新兴职业和发展机会，使得职业决策变得更加困难。尤其对于大学生而言，职业决策困难正变得越来越普遍。决策困难将导致学业倦怠或学业失败、适应性障碍、情绪低落、焦虑、低自尊，直接影响个体的幸福感、工作业绩和生活满意度。①求职难、择业难，这是当代大学生所共同面临的一个问题。所在专业不容乐观的就业形势，使在校大学生不可避免地产生情绪上的波动，导致有些学生求职受挫而一蹶不振，陷入失望、焦虑的情境之中。②大学生对严峻的就业形势缺乏认识，缺乏自身心理素质锻炼，在择业时往往会产生心理冲突和心理障碍，在就业过程中遭受到社会、家庭和学校等方方面面因素影响和压力，产生自卑与焦虑、攀比与嫉妒、虚荣与冷漠等心理问题。如何调适大学生择业心理问题成为当前一项重要研究课题。毕业生在就业过程中一般都具有功利、从众、求稳和求全等心理，这些心理产生来自于社会环境、教育体制、家庭和个人等因素。加之我国劳动力市场供需差别较大，社会提供择业渠道不通畅，供需信息难以契合，用人单位歧视观念和经验主义，社会不良风气的影响和政府就业服务职能的缺位等问题，都造成许多择业心理问题。

① 高军,眭国荣.大学生心理韧性、决策策略对职业决策困难的影响研究[J].扬州大学学报（高教研究版）,2018（3）:62-67.

② 查湘义.大学生挫折感的成因及对策研究[J].辽宁省交通高等专科学校学报,2018（2）:64-66.

10.1 择业理论与大学生择业现状

人生面临许多重要选择，择业便是其中之一。职业生涯在人的生命周期中所占的时间最长，职业对人意义重大。职业与事业紧密相连，职业是生存的保证，而事业则意味着生存的意义。离开职业谈事业，只能是想入非非。人的价值是靠劳动体现的，因而工作与职业便是个人实现自我价值的基本途径。职业期望伴随着人生的职业生涯，不同的人会有不同的选择。职业理想人人都有，期望高低因人而异。理想与现实之间总有距离，及时调整自己的职业期望是明智之举，最好不要去做让现实适应自己的徒劳之事。选择职业不是一厢情愿的事情，制约它的因素很多。你想去的地方人家不要，要你的地方你又不一定愿意去。“双向选择”像一把双刃剑，在给你自由选择的同时，也把这个权利赋予了对方。

10.1.1 职业、就业与择业

（1）职业。职业是个人在社会中所从事的作为主要生活来源的劳动。职业在人们的心目中，一般具有三个方面的含义：一是谋生需要。以谋生为目的的劳动是职业劳动。劳动，作为人们谋生的手段是人类社会的普遍现象。中国作为一个发展中国家，经济还比较落后，人们劳动的目的显然难以脱离经济利益。所以职业也经常被戏称为“饭碗”。在政治高压的计划经济时代，劳动的经济利益受到人为的抑制和分离，其结果也是事实上抑制了人们劳动的积极性。随着向市场经济的转轨以及市场经济的逐步确立，劳动也逐步恢复了它在社会主义初级阶段的本来面目，人们把职业看作是生活所必需的，也以此达到赚钱的目的。二是承担社会义务。人们的职业劳动，不仅为个人谋生，同时也在尽社会义务。因为个人不可能生产出自己所需的一切生活资料，这就需要通过劳动成果的交换，在满足自己需要的同时，也满足其他社会成员的需要，从而起到为他人服务的作用。这是个人职业劳动的客观构成，也是义不容辞的社会责任。不过，这种责任感与义务感的强弱，对于不同时期、不同社会以及不同个体会有很大差异。三是寻求个性发展。在人的一生中职业生活占有重要位置，因此职业活动对于人的个性发展具有重要意义。在过去的计划经济体制下，基本上不重视人们的职业意向，劳动者的工作岗位都是由国家计划给定的，大学生分配也是由国家下达硬性的分配指标。改革开放之后，为了搞活经济，促进人才流动，开始注重人们的职业意向，关注职工对岗位的满意程度和能力发挥的程度，人们也开始自觉地寻找适合自己专业特长和兴趣爱好的工作岗位，以更好地发挥自己的能力。在这一点上，大学生的表现尤为突出。

（2）就业。就业是指具有劳动能力的公民，依法从事某种有报酬或劳动收入的社会活动。从年龄上说，一般年满 16 周岁的个体就属于就业人口，特殊职业需要 18 周岁以上，从事一定社会劳动并获取劳动报酬或经营收入的人员。其中，城镇就业人口是指在城镇地区从事非农业活动的就业人口，包括在国有单位、城镇集体单位、股份合作单位、联营单位、有限责任公司、股份有限公司、私营企业、港澳台投资单位、外商投资单位和个体工商户从业的人员。《关于〈劳动法〉若干条文的说明》（劳办发〔1994〕289 号）第十条国家通过促进经济和社会发展，创造就业条件，扩大就业机会。国家鼓励企业、事业组织、社会团体在法律、行政法规规定的范围内兴办产业或者拓展经营，增加就业。国家支持劳动者自愿组织起来就业和从事个体经营实现就业。本条第二款指的法律、行政法规有《劳动就业服务企业管理规定》《全民所有制工业企业转换经营机制条例》《城镇集体所有制企业条例》《个体工商户管理条例》、中共中央、国务院《关于广开门路、搞活经济解决城镇就业问题的若干决定》等。本条第三款中的“组织起来就业”是指通过兴办各种类型的经济组织实现就业。国家对这类经济组织实行在资金、货源、场地、原辅材料、税收等方面给予支持和照顾的政策。

（3）择业。所谓择业，就是择业者根据自己的职业理想和能力，从社会上各种职业中选择其中的一种作为自己从事的职业的过程。所有具备劳动能力的人都要进入社会职业领域选择特定的职业。在职业选择过程中，择业者不仅要考虑到个人的需要、兴趣、能力等因素，还要考虑社会发展的需要。择业心理是个体在择业过程中表现出来的心理活动及行为表现。[①]对个体而言，择业观是择业心理的最高层次与核心。择业观是择业主体对选择某种社会职业的认识、评价、态度、方法和心理倾向等，它既是择业者职业理想的直接体现，也是择

① 左春雨,刘嵩晗.高职大学生择业心理问题及对策[J].教育探索 2016（4）:50-52.

业者世界观、人生观、价值观的最直接表达。择业观属于择业过程的心理层面，社会的需要程度、职位的地位、经济收入、地理环境、单位性质、工作条件等都是择业者选择职业时要考虑的因素。恩格斯说，“在社会历史领域内进行活动的，全是具有意识的、经过思考或凭激情进行的、追求某种目的的人；任何事情的发生都不是没有自觉的意图，没有预期的目的的。”①这就是说，人们的社会行为都是受思想观念直接支配、引导的。择业者的择业行为主要是受择业观支配的。面临职业选择的人都有其特定的择业观。正如世界上没有叶片形状、色彩完全相同的树叶一样，社会中也不存在择业观完全相同的人。总之，择业观是人们在择业过程中最根本的观点；择业观受世界观的制约，是人们的内心世界在择业过程中的折射与反映；择业观受人生价值观的支配；择业观具有时代性、主体性、选择性、区域性与层次性等特征。

大学生在完成学业以后，必须以普通劳动者的身份进入社会，选择今后所从事的职业，以获取稳定的收入，同时为国家和社会做出应有的贡献。这就是大学生的择业。大学生在择业过程中对选择某种社会职业的认识、评价、态度、方法和心理倾向等就是大学生的择业观。

大学生择业观包含以下内容：第一，大学生择业观的主体是在校大学生，主要是全日制在校本专科学生，不包括成人、自考等社会大学生，也不包括硕士学位以上研究生。在校大学生，不仅指毕业班的学生，还包括所有非毕业班的大学生。第二，大学生择业观的形成是一个长期、复杂的过程，是大学生在读书学习、社会实践、接受教育等活动中逐渐形成并逐渐成熟起来的。第三，大学生择业观的内涵包括择业理想、择业动机、择业标准、择业意义等稳定的根本看法和态度。第四，大学生择业观对大学生择业起到指导思想的作用。

10.1.2 职业心理理论

自20世纪50年代以来，特别是在五六十年代，出现了不少有关职业发展的心理学理论。其中具有代表性的有以下几种：

（1）心理发展理论。该理论由金兹伯格（Ginzberg，1951）等人提出。他们认为，人的心理是发展的，因而人也会朝着职业成熟的方向发展。他们认为，

① 马克思，恩格斯.马克思恩格斯选集:第4卷[M].北京:人民出版社,1995:247.

职业发展如同人的身心发展一样，可以分成若干个阶段，大体包括职业幻想阶段（通常是 11 岁以前）、尝试阶段（11-17 岁）和现实阶段（17 岁至成人）。

（2）自我概念理论。职业发展的自我概念理论由塞普尔（Super，1957）提出。他认为个人在能力、兴趣、人格等特质上各有差异，每个人在个性特质上也各有所适。职业的选择适应是一个持续不断的过程，这个过程构成一系列的生活阶段：成长、试探、建立、保持和衰退。该理论强调青年期是一个关键期，在此阶段个体通过选择使其快乐、成功和有益于社会的职业来检验其自我概念。在职业选择及发展这一动态的过程中，个体探索和担任职业角色，自我概念也得到了发展。

（3）人格类型理论。由霍兰德（Holland，1966）提出的职业人格类型理论，其核心是将职业的选择看成人格特征的表现，并提出了实用型、研究型、艺术型、社会型、企业型和事物型六种人格类型，以及与之相应的职业环境。经多年的研究，这种六边形的职业人格结构模型，被认为是具有相当的跨时代的稳定性和跨国家民族的一致性的。该理论迄今仍是影响最大的一个职业心理理论。

（4）职业层次理论。由罗安（Roe）提出的职业层次理论，强调人们在职业需求方面普遍具有不断从低层向高层追求的心态。该理论从职业的专业技术特征上，将职业由低向高分为非技术、半技术、技术、半专业及管理、一般专业及管理、高级专业及管理等六个层次，并结合不同的职业领域，得出了职业层次分类系统，分为服务、商业交易、商业组织、技术、户外、科学、文化、演艺等八类职业，然后再与六个层次相对应，由此产生了不同的职业人群。

10.1.3 大学生择业心理现状

进入 20 世纪 90 年代以来，全国每年有几十万、上百万的大学本科毕业生经历着自我推荐的就业过程，寻找自己在社会中的位置。大学毕业生就业工作是学校、学生、家庭以至社会普遍关注的一个热点问题。从毕业到就业，对于今天的大学生来说，要承受比过去的大学生更多的心理压力。从 1993 年大学生就业实施中期改革方案开始，大学毕业生“统包统分，包当国家干部”就逐步走向“双向选择”。大学毕业生在一定程度上可以根据个人意愿与市场规则自主地择业，用人单位也可以根据自己实际需要选择大学生。这种机制的引入，调动了学校办学的积极性、学生学习的积极性和用人单位选拔人才的积极性。然而，毕业生就业在新形势下不可能一蹴而就，要形成一个学校面向社会办学、学生适应社会求学、单位重视人才选拔的良性循环局面，还需要经历一个从不规范到规范、从不完善到完善、从不成熟到逐步成熟的过程。

新近的一项调查显示：大学生选择工作时首要考虑的因素有工资收入、有较大的发展空间以及优越的工作环境，而兴趣爱好、福利和父母的期望占的比重较低。在有较大的发展空间这一选项上，毕业生所选的比重最高，达 33.33%。在工资收入上，男生比女生更看重，而女生比男生更关注工作环境的优越性。①就目前而言，大学毕业生求职存在着三大困惑：（1）一边是并不喜欢的专业领域，一边是每年逾百万毕业生待业的严峻就业形势，就业和择业应该如何选择，又能做何选择？（2）简历模板下载了 N 套，却封封石沉大海；面试技巧网上搜索了 N 条，面试完后却再无下文。为什么学了这么多知识和技巧，却还是不能为己所用？（3）求职讲座课听了 N 场，场场激动人心，却总是三分钟热度；就业培训班上了 N 个，却总找不到真正适合自己的面试套路。怎能只是临时抱佛脚？值得一提的是，在人口峰值迫近和许多部门产能过剩的作用下，大学生就业难现象将持续很长时期。作为一种社会现象，大学生就业难是外部层面因素和内部层面因素相互交织的结果。从外部层面看，市场导向信息的失真、政府调控力度的不足、学校指导服务的滞后是诱发大学生就业难现象产生的客观因素；从内部层面看，大学生个体职业理念的缺失、职业心理的枯竭、职业选择的盲目是造成大学生就业难现象出现的主观因素。作为诸多主观因素中的一种，职业心理决定着每一位大学生职业选择的科学性、合理性与准确性。

职业心理是职业素质的重要要件，是职业选择的基础和前提，对特定职业目标、职业规划的实现起着不可忽视的作用。职业素质包括诸多要素：在纵向维度上，任何职业素质的获得都必须以职业心理为前提和纽带；在横向维度上，它既包括与某一特定职业相关的专业知识和技能，也包括人们对职业劳动的认识、评价、情感和态度等心理成份，即职业心理。针对大学生而言，职业心理主要指大学生对毕业后的就业问题和职业问题所表现出的心理状态，包括心境、

① 付晓,陈永磊,范文洁.新常态下大学生就业价值观分析[J] 教育教学论坛,2019(2):215-216.

情感、思维、态度等等。当前，社会的快速发展和就业制度的不断变革要求大学生至少具备四个方面的职业心理，客观公正和全面准确的职业认知是职业心理的基础；满腔热诚和爱岗敬业的职业情感是职业心理的核心；百折不挠和坚强乐观的职业意志是职业心理的内涵；健康活泼和特色鲜明的职业个性是职业心理的综合表现。

近年来，虽然大学生职业心理教育逐渐受到重视并稳步扎实推进，但现有的一些有关大学生职业心理和职业价值观的调查结果显示，大学生职业心理与理想的态势还有一定的差距，主要表现为：（1）多数大学生难以根据自身的实际状况准确地选择适合自身素质、能力的职业岗位，茫然之中感到无所适从，甚至表现出一种随心所欲的非理性心态。（2）部分大学生面对似如潮涌的就业机会和不断扩大的职业空间，犹豫不决，裹足不前，唯恐自身具备的素质能力达不到社会、职业所要求的水平，对自己的就业前景心存疑虑、悲观失落，出现焦虑感和煎熬感。（3）一些大学生由于受传统观念的影响，自认为上大学与才华、能力、待遇绝对呈正相关，长期的优越感和自我封闭弱化了他们与外部社会环境的关联程度，造成他们对复杂多样、变动不定的外部环境缺乏准确认知，难以合理准确、理性现实地确认自身在新的社会职业格局中的位置，在择业时显示出洋洋自得、自命不凡、浮躁的心理，遭受被用人单位拒之门外的就业冷遇也就在所难免。

大学生职业心理不仅仅只作为大学生对未来职业问题的内在反应而存在，更多的是外化为大学生对职业的认知、态度、情感、需要、动机、愿望和观念等。大学生职业心理是一个巨大的能动效应场，特别是其中的职业心理定位有着强大的辐射力和影响力。它常常表现为一种内控自制的惯性立场，深深地作用和影响着大学生职业选择的诸多方面，造成各种不同程度的影响效应。作为发端于大学生个体内部的职业心理定位，是大学生个体心理与外部职业相结合的产物，是大学生个体职业认知、职业情感、职业意志、职业需要和职业动机等杂糅综合的产物，是大学生个体对现实职业状态与理想职业状态、预期职业状态关系的重新审视和考察。职业心理定位渗透于大学生个体的职业选择过程中，又流溢于个体职业选择之上，是个体职业心理的基因和灵魂，是个体正确实施职业选择活动的潜在动力和重要保障。大学生职业心理定位是一种制约性与非制约性、稳定性与动态性、理想性与现实性的有机统一和辨证结合。

任何一种形式的职业心理错位，都会影响大学生个体的心理健康，制约大学生个体的素质养成、能力培养、个性发展和健康成长。近年来，由于职业心理错位而引发大学生职业选择受挫，导致大学生心理危机频发的情况屡见不鲜。在特定的时空条件下，个体心理对外部事物刺激的承受存在一定的数量限制，如果连续不断地遭受挫折性事件的“袭击”，必然会造成心理承受能力防线受损，导致大学生个体心理系统的紊乱，引发个体心境的剧烈变换和激情失控。而当鼎沸的激情宣泄指向于外部环境时，就会产生危害社会、伤害他人、损害公共事物的过激行为；当这种宣泄指向于自我时，极易产生自杀心理或自残行为。毋庸置疑，大学生职业心理错位已经成为造成大学生个体心理危机的诱发因子，成为困扰高等教育生态系统稳定的癌变因子，成为影响社会秩序稳定的波动因子。

从归因理论的角度看，大学生职业心理错位主要取决于大学生个体方面的原因。由于受传统教育观念和就业方式的禁锢羁绊，多数大学生只注重对理论知识、专业技能的学习，忽视了对自身职业心理素质的培养提高，缺乏对外部社会环境的全景把握和系统了解。然而，学校对于大学生职业心理错位的产生也有不可推卸的责任。众所周知，教育的核心是以人为本，对学生的素质培养和能力提高始终是其基本的内涵。教育是以对人之存在的真实性、理想性为旨归的，是个体差异的一种底蕴性存在，更多的是表现为有差异性的张力形态。它强调个体的特殊性和差异性，重视对个体存在的特殊性的无限关怀。因而，对学生个体特殊性的关注是教育问题中的应有之义。因材施教、量才培养，这是基本的教育理论常识。但在现实的教育实践中，学生的个体差异性往往被教育者所忽视，取而代之的是千篇一律的模式化教育方式和整齐划一的培养规格，人才培养不能契合学生的实际状况。①加之学校缺乏对大学生进行系统综合、针对有效的职业心理教育，在一定程度上造成大学生职业心理错位问题的产生。这也从一个侧面反映出加强大学生职业心理教育，研究大学生职业心理，探析大学生职业心理定位的紧迫性、重要性和必要性。

① 李景春.生态位视域中的教育生态系统及其发展[J].教育科学,2006（3）:27.

10.2 大学生常见的择业心理障碍

大学生对于职业的选择，实际上是对自己人生之路的选择，选择一个怎样的职业，到怎样的单位去工作，困扰着每一个毕业生，也考验着每一个人面对这一人生重大选择，持有不同世界观、人生观、价值观的大学生，选择的职业类型，选择的方法各不相同。不同时代，崇尚不同的观念。社会主导观念的差异，导致不同时代大学生择业取向的差异。五六十年代的大学生以国家的需要为己任，20 世纪 80 年代的大学生以实现自我人生价值为目标，90 年代的大学生的择业取向贴近市场竞争的规则。当前大学生择业心理更具有时代的特色，大体可归纳为以下几个趋势：一是择业的价值期待趋向社会化。当代大学生在择业取向上更多地关注社会的需求和自身素质的统一，在兼顾集体和国家需要的同时，主张义利并重。二是择业主体意识明显增强。随着商品生产的发展和市场经济体制的建立，大学生越来越意识到毕业后自己将作为一个独立的主体进入就业市场，主体意识明显增强。三是择业价值标准趋向商品化。随着利益观念的深入人心，大学生择业主导思想上的商品意识不断增强，功利主义色彩日益浓厚。受其影响，许多学生在择业上由过去那种“到基层去，到边疆去，到祖国最需要的地方去”的“旧三到”变成“到城市去，到沿海去，到最舒服的地方去”的“新三到”。四是择业理想趋向务实化。注重现实需要，满足安逸生活。大学生多数倾向于文化设施先进、工作环境好的大城市和地理位置好、生活条件优越的大城市和沿海发达地区。美国心理学家弗洛姆说过：“择业是一种使人焦虑痛苦，剥夺人的安全感的自由，一种促使人想要逃避的自由，因为你必须选择，无人能代替你的选择，且需由你对选择的后果负责。”因此，择业要经历一段纠结、复杂的心理过程，引发一系列心理障碍。

10.2.1 大学生常见的职业心理误区

陈悦香等人研究了大学生的职业心理的误区，[①]认为，职业心理误区是指个体在职业活动过程中呈现出心理上特别是认识和人格上陷入无出路而又不

① 陈悦香,范玉茹,李玉杰.论当前大学生职业心理误区与调适[J].现代教育科学(高教研究)2010（4）:106-110.

能自拔、且本人对此又缺乏意识的状态。社会环境和就业机制的深刻变革使得积淀于大学生内在的职业心理经受了前所未有的考验，特别是对于刚出“象牙塔”的大学生来说，昔日的天子骄子到今天的社会普通劳动者的身份转变，致使他们中的多数人出现了职业心理误区。

首先，经济转型诱发职业目标设置功利化。20 世纪 80 年代后成长起来的当代大学生，没有经历改革开放的阵痛，却接受了改革开放所带来的结果。这种接受在很大程度上是非自觉性和非理性的，以致多数大学生不自觉地沉浸在“物欲至上是唯一而普遍的合理目标”所带来的满足感和新鲜感中。与此同时，也就“跌入‘一种自我封闭状态’的深谷，生命原本意义的人生选择被追逐物质富裕和个人世俗享受的人生体验所取代，价值观念上真实与虚妄的冲突愈演愈烈”①，由此也就滋生了职业目标设置的功利化。概而言之，当前大学生职业目标设置的功利化主要表现为：职业所在地区和方位的“亲大排小、亲东排西”，职业单位的“亲高排低、亲私排公”。具体来讲就是：多数大学生将目光锁定在大城市和东南沿海经济发达地区，而对小城市和中西部欠发达、落后地区则不太感兴趣；热衷于追求高收入，选择在私营或外企中谋取职位，注重眼前的经济收入和物质利益。

其次，社会资本万能思想导致职业选择方式依赖化。在科尔曼看来，社会资本是指个人拥有的，表现为社会结构资源的资本财产。作为由构成社会结构的各个要素所组成的多形式实体，社会资本包括义务和期盼、信息网络、规范和有效惩罚、权威关系、多功能社会组织等多种形式，它能够为结构内部的个人行动提供便利，个体社会资本的拥有往往决定着人们对某些既定目标的实现。②无论是亲戚、朋友还是家长，在鼓励大学生树立吃苦耐劳、勇于上进的拼搏精神的时候，似乎都还在信奉甚至遵从“关系就是生产力”“社会资本万能”的思想，忽视对大学生自强、自立素质的培养，无形中导致大学生职业选择方式依赖化倾向的出现，以至于多数大学生在择业过程中，首要考虑的就是有没有关系。

---

① 薛三让.强国战略与文化竞争力[J].探索与争鸣,2006（3）:46.

② [美]詹姆斯•S 科尔曼,社会理论的基础[M].邓方译.北京:社会科学文献出版社,1999:354-367.

再次，自我同一性混乱衍生出职业选择从众化。自我同一性是一个用以描述个人自我一致的心理感受的术语，特指大学时期个体在人格上臻于完善的状态，在心理上能自主导向，在行为上能自我肯定。[①]大学时期是个体生理发育和心理发育的关键时期，是个体对诸如“我是谁”“我在做什么”“我将走向何方”等问题产生疑问与困惑的时期，也是个体从自我现状、生理特征、社会期待、阅历经验、现实环境、未来希望等方面开始考量与关注自我的时期。一些人难以根据已有的知识结构、能力素质和优势特长正确地选择适合自身的职业，茫然之中感到无所适从，甚至表现出一种随心所欲、盲目从众的非理性心态。一些人虽然能够较客观地认识和评价自我，但面对职业选择，犹豫不决、躁动不安、裹足不前，自我独立性和自主性显得不足，极易受到周围人的影响制约，缺乏大学生职业选择应有的底气和胆识。

最后，自我实现需要偏激造成职业选择理想化。在心理学上，自我实现需要通常被理解为个体追求自我理想、价值的需要，这种需要表现为个体充分发挥自己的才智潜能，来做一些自认为有意义和有价值的事情。事实上，个体的自我实现需要离不开主体内部主观条件与外部客观条件两个方面，主体内部条件是指个体的主观能动性；外部客观条件是指外部的社会环境与物质条件。作为个体自我实现需要的一种客观过程，职业选择不仅表现出当代大学生强烈的自我实现意识，而且反映出大学生对现实利益的渴求与期盼。

审视当前大学生的职业选择，可以发现，多数大学生混淆了理想职业与现实职业之间的界限，忽视对自己所追求的理想职业的立体考察，更不懂得职业选择与自身潜能的逻辑联系，进而造成职业选择与自身素质、未来发展之间序列生态链的断裂，导致职业选择的理想化与“乌托邦化”。

10.2.2 **大学生择业心理存在的问题**

左春雨和刘嵩晗主要研究了高职院校大学生择业心理问题，认为高职大学生择业心理问题表现在很多方面，呈现多元化的特点。笔者认为，这些问题也恰是非职业院校大学生择业心理存在的问题。[②]

---

① 杨晓华,曹炳志.择业与创业指导教程[M].北京:化学工业出版社,2004:86.
② 左春雨,刘嵩晗.高职大学生择业心理问题及对策[J].教育探索 2016:（4）:50-52.

首先，一步到位的急切心理。很多大学生处于理想主义状态，他们的择业观还比较模糊，不明确自己的目标在哪里，也不清楚自己想要从事什么样的工作，很多大学生恨不得一夜暴富、一夜成名，在择业时希望能够一步到位，即毕业就能找到一个工作地点理想、工作环境理想、收入理想、生活待遇理想，既离家近又挣钱多，还能实现自己未来职业发展的工作。这种心理没有从社会实际出发，缺乏长远的发展眼光，过于急功近利，过分看重眼前的利益，缺乏务实的精神。大学生追求理想职业无可厚非，但如何处理好理想与现实、个人与社会的关系值得深思。

其次，高大上的虚荣心理。虚荣心理是指以虚假的方式来保护自己自尊的一种心态，是对荣誉的过分追求。很多大学生在择业时倾向于待遇高、层次高、地位高的工作，普遍希望能到大城市、大机关、大公司、大企业等大单位上班[①]，还希望工作单位、工作内容要上得了台面，所属行业、企业对外有一定影响力和知名度，满足所谓“高大上”的虚荣心理。他们认为在“北上广”等一线大城市会有更多的机会和更大的平台，企业规模大、级别高、名气大、效益好，才能充分体现自身价值。毕业生的口号也由“到农村去，到边疆去，到祖国最需要的地方去”演变成了“到外资企业去，到跨国大公司去，到挣钱最多的地方去”。他们没有真正考虑到专业特长、兴趣爱好和以后的发展，宁去大单位做琐事，不去小公司锻炼。大学生在择业中一旦被虚荣心冲昏头脑，就业期望值过高，不能及时调整并正确定位，就会影响其未来的发展。

再次，随大流的从众心理。从众是指个体在社会群体的无形压力下，不知不觉或不由自主地与多数人保持一致的社会心理现象，通俗地说就是“随大流”。引发从众心理的原因，一方面是由于大学生正处于人格逐渐完善和成熟的关键期，自我认知不够，独立性不强，容易受到社会思潮和世俗观念的影响。[②]很多大学生不知自己要什么，适合什么岗位，随波逐流、盲目从众，在择业时看当下什么职业热门就“赶时髦”，或是看别人做什么自己也选择什么。另一方面是随着传媒对社会精英的定义过分用经济价值来体现个人价值，导致大学生迷失自我，追求社会所推崇的职业，忽视个体特性，容易形成个人价值取向的从

① 蒋臻.90 后大学生就业心态问题及对策研究[D].重庆：重庆交通大学，2013.

② 缪宁陵.高职院校学生择业就业心理问题的调适与辅导[J].教育探索，2009（7）：124-125.

众心理。

最后，金钱至上的功利心理。金钱至上，是指把金钱看作最高价值，一切价值都要服从于金钱价值的思想观念和行为。部分大学生对自己未来没有很好的规划，择业时不考虑行业、企业性质及是否专业对口等，过分强调经济利益，并把金钱作为衡量自我价值实现的主要尺度，从而形成了功利色彩浓重的择业心理。①他们择业时，最关心的问题就是单位效益如何，福利如何，工资多少；而不是专业是否对口，对自己未来成长是否有帮助，企业是否有发展，等等，择业心理极度庸俗，价值观严重扭曲。

10.2.3 大学生择业过程存在的问题

吴洋在《大学生择业存在的问题及对策》一文中指出，当前大学生择业过程主要存在三个问题②：

首先，过分强调对口。有些大学生所学专业技术性较强、专业设置较细，在面临择业时选择也相对较小，因而在择业时对用人单位挑三拣四，过分强调专业对口，从而失去了就业机会。随着社会的多元化发展，很多单位招聘需求开始向复合型人才转变，如果此时部分大学生依然只找专业完全对口的工作，会丧失一定的竞争力。

其次，专注短期利益。如今社会消费越来越高，大学生对工资、奖金、福利也越来越重视，功利化倾向严重，在选择就业单位时，首要考虑因素就是福利待遇，对企业的具体情况和自身专业知识是否对口直接忽视。据研究表明，只有一成的大学生选择的是专业对口工作，九成大学生选择的是其他行业，很大部分原因是对口专业初期工资较少，而其他行业的相关工作待遇较高，只重视短期利益，忽视了长期发展。

最后，择业眼高手低。很多大学生拥有过高的择业期望值，认为将来工作应该有较高的薪水、良好的环境和被重视的社会地位，因而只愿意去事业单位、管理部门和科研机构等，不愿走进基层和偏远地区。然而有的大学生的客观条件与择业要求并不匹配，无法很好地发挥出专业特长，这不仅影响了企业的运

① 胡国良,周华.大学生就业心理存在的问题与对策[J].教育探索，2014（4）:135-136.

② 吴洋.大学生择业存在的问题及对策[J].高等教育,2017（5）:118.

营，还对在校大学生的择业倾向产生了不良影响。

10.3 大学生择业心理的自我管理

有人说过，人生的道路虽然漫长，但紧要处只有几步。大学生择业正是这紧要处的关键一步，关系到每一个有志向的大学毕业生的职业生涯。也有人说，人生就像一场马拉松比赛，要取得成就需要付出艰苦的劳动。所不同的是，马拉松赛的起跑点是已定的，人生的起跑线却要做出科学的选择和必要的准备。可以说，大学生择业是人生马拉松的又一起跑线。能否选择最佳的“起跑线”，影响着大学生事业的成功和人生的幸福。那么，人生这一起跑线又将如何选择呢？我们需要作哪些必要的心理准备呢？我们首先来看看社会需要什么样的大学生。

10.3.1 树立正确的择业观

选择人生的起跑线，关键是要确立奋斗目标，而确立奋斗目标要建立在对社会有清晰认识的基础之上。在新的形势下，社会对大学毕业生至少有以下几项明确的要求。首先要有完善的知识结构。美国一位著名的社会学家在《后工业社会》一书中认为，我们现在的社会是知识的社会，决定生产要素的不是资本而是知识。正因为如此，尊重知识、尊重人才已不再是一句标语口号，而逐渐成为全社会的共识。

当前的就业形势越来越严峻，大学生只有脚踏实地，考虑职业理想的同时，顾及集体利益，才能被企业所认可。大学生树立正确的择业观，需要衡量自己的综合素质水平、专业知识水平及实际操作能力，依照这些基本条件找准自己的定位。在择业过程中需要认识到，即使是在平凡的岗位也能发挥出个人价值，按照自身发展规划和社会需求来选择岗位，同时提高创新意识，保持较高的觉悟和远大的理想；以国家利益和集体利益为首要考虑，不过分看重金钱和名利，不过分强调专业对口。学生要尽量服从单位的实际需要，用自身在学校中培养的素质去适应工作需要。另外，若学校推荐安排就业时，也要尽量按照专业对口原则安排。并在此基础上，科学规划职业生涯。大学生在学习和成长的漫长过程中，会形成与众不同的爱好、特长和品质，每个人的能力和素养不同，做事方式也不同。因此，大学生需要尽早制定出符合自身情况的职业规划。在职业规划中，要着重培养自身的特长和兴趣爱好，锻炼自身的表达能力和创新能力，为以后工作打下坚实的基础。为了科学地规划自身的职业生涯，大学生应该先进行自我评估，对自己的兴趣、特长、性格、技能、智商、情商以及思维方式等方面进行全方位评估，认识自己，为自己确定职业发展目标奠定基础。再者，需要对自己的发展路线做出抉择，并制定个人职业生涯行动计划与措施。在具体落实的过程中，及时调整，确保沿着预定的方向前进。

经验表明，大学生就业过程中诸多的不适应往往和缺乏职业兴趣有关。兴趣可以帮助人们树立远大的理想，增强人们的职业适应性。当对某一工作有兴趣时，枯燥的工作也会变得丰富多彩，趣味无穷。据有关部门研究，如果一个人对某一工作有兴趣时，能发挥他全部才能的 80%～90%，并长时间地保持高效率。相反，对工作没有兴趣时，只能发挥其全部才能的 20%～30%，也容易精力疲乏。杨振宁博士在总结科学家成功之路时指出："成功的秘诀是兴趣"。大学毕业生首先应根据自己的兴趣去确定择业的方向和职业意愿。但在择业过程中，仅有个人兴趣是不够的，必须考虑客观环境和具体条件，样样尽如人意是不可能的。要在具体的环境条件下，对目前的状况与未来的职业环境作一个评估，客观地分析所处的环境，权衡利弊，充分考虑能否发挥优势，扬长避短。一般情况下，兴趣不是与生俱来的，而是源于后天的培养。所以，要努力学会在工作过程中寻找并感受职业乐趣，培养职业感情，坚定职业意志，克服职业偏见，这样才能为今后顺利成才创造有利的条件。职业既为人们提供较为稳定的工资收入和物质待遇，也向人们展示了必须恪守的道德规范和社会职责。因此大学生要树立正确的职业观念，就不仅仅是依靠兴趣择业，更重要的是选择职业以后，如何去创业、乐业、精业，然后立业。从选择职业到创业乐业，从业精于勤到立业奉献……始终伴随着每个人的一生。

10.3.2 做好择业的能力准备

就业能力是个体在工作中能够最恰当地利用自身能力达到持续的充实、收获或创造。个体职业能力越高，越有利于缓解工作压力，提高职业满意度。大学生就业能力是其在校期间通过知识学习和综合素质开发获得的能够实现就业理想、满足生活需要、实现自我价值的本领和综合能力。拥有较高的就业能力是大学生成功就业和职业成功的重要途径和坚实基础。大学生较高的就业能力有助于其应聘成功、工作适应和职业发展；相反，就业能力不足则可能导致应聘失败、频繁离职和职业不满意等。因此，拥有较高就业能力可以提升大学生的就业质量和职业满意度。①

能力是影响求职与择业的重要因素，因为任何一种职业都需要一定的能力。人的能力不是天生的，可能力因素对职业的选择起着筛选作用。准备求职与择业的人应努力锻炼和提高自己的能力，以便在求职与择业的竞争中得心应手，出奇制胜。对于大学生这个特殊的求职、择业群体，在专业技能方面应做些哪些准备呢？

首先是一般能力的准备。一般能力是从事所有职业所必须具备的能力，这是在择业前首先应做好的准备。很难设想不会交往不能适应社会的人能在职业上有更多的建树，也很难想象连自身生活都不会料理的人能把本职工作安排得井井有条。

其次是专业技术能力的准备。许多人的经历证明，缺乏基本技能训练的人是难以成才的，那种“高分低能”的大学毕业生不会受到社会的欢迎，只会说、不会动手干的人已经受到“职业”的冷落。技能是人们在一定智力水平的基础上，运用掌握的知识，通过实践获得的顺利完成某种任务的活动能力。现代科技工作者的基本技能，就是从事科学研究和技术工作所必须的基本活动能力。现代科学技术的发展，不仅要有基础理论知识，懂得技术原理，还要掌握技术方法（技能）和设备性能，这样才能解决科学研究和生产实际中的具体问题。比如，懂得无线电理论，但不会设计和布置电路，未掌握选择和测试元器件的方法，不会焊接元器件，未掌握分步和整机测试技术等这些基本技能，仍然不能装成无线电设备。一般地说，大学毕业生应具备下列基本技能：（1）查阅情报、资料的能力；（2）设计能力；（3）计算能力；（4）实验操作能力；（5）交流表达能力；（6）组织管理能力。

---

① 陈红艳.大学生潜在心理品质与就业能力的关联性研究[J].教育评论,2018（7）:100-103.

再次是体能上的准备。健康的身体，充沛的精力，对求职择业也是相当重要的。如果一个人不能适应每天的 8 小时工作，那么就没有求职择业的本钱。在求职择业过程中要对每个人进行体检；不同的职业或工作对人的体格、相貌、视力等的要求是不同的。因此在求职择业前，也应了解这方面的知识，如果正在生病，应积极治疗。

最后是心态准备。所谓心态准备就是要正确认识自己，正确认识社会，克服各种心理障碍，积极参与社会竞争，正确对待求职挫折。一要正视现实。现实是客观的，既有有利于自己的一面，也有不利于自己的一面。就业市场供需形势不平衡，边远地区、艰苦行业、基层和第一线急需人才。我国毕业生就业市场还不够规范，不公平竞争现象依然存在。大学生应该面对这些现实，一切从实际出发，正视现实，既不幻想，也不逃避现实。正视现实还包括正视自身，要对自己有充分的认识，有助于将主观愿望与客观实际结合起来，确定恰当的就业目标。二要敢于竞争。毕业生就业制度的改革，为毕业生和用人单位提供了双向选择的机会，使大学生能够根据国家赋予自己的权利结合自己的专业，爱好、性格、特长、愿望等挑选工作岗位，可以通过适当的途径和方式展示自己、推荐自己。大学生应该珍惜这个机遇，敢于竞争，努力实现自己的抱负。同时，敢于竞争就要不怕挫折。求职择业的竞争，失败在所难免。有了充分的思想准备，尤其是做好遭受挫折的思想准备，才会成为竞争中的强者。遇到挫折，要认真分析失败的原因，是主观努力不够，还是客观条件不具备？认真分析，才能心中有数，更好地调节心理。三要放眼未来。有理想、有抱负的青年大学生，应该怀着一腔热血，到祖国最需要的地方去建功立业、奉献青春。还要看到，我国人事制度正在进行较大改革。随着市场经济的不断发展，人事制度也正在适应这一要求，越来越开放，人才流动的机会将会越来越合理。首次择业未成功或未能如愿，还可以有第二次、第三次甚至更多的择业机会，人才市场将会为大学毕业生提供更为广阔的择业前景。

10.3.3 提升自身的创业素养

在“大众创业、万众创新”的时代背景下，以创业带动就业、创业促进就业已逐渐成为解决大学生就业问题的重要突破口。在党和国家各种利好政策的推动下，高校创业教育蓬勃发展，取得了可喜成绩。但是，我们依然要看到大学生创业面临着诸如创业能力缺失、创业经验短缺、创业成功率过低等问题，究其原因主要是缺乏有效的创业教育实践平台。我国创业教育起步较晚，经过近20年的发展，创业教育实践平台建设取得了很大的成绩，尤其是在一些“985”“211”高校，创业教育平台建设已经形成体系和规模，在培养创新性人才等方面发挥着越来越大的作用。但是值得注意的是，创业教育平台建设的不平衡性明显存在，多数高校的平台建设仍然处于一种摸索阶段。在双一流大学建设的政策驱动下，越来越多的高校也将面临更多的发展机遇，创业教育平台建设也面临更好的发展契机。①

实践是认识的来源，是检验认识正确与否的唯一标准。大学生创业能力的提高，创业经验的习得，离不开有效的实践载体的锻炼，创业教育实践平台建设已成为高校创业教育改革创新的关键。但是事与愿违的是，创业教育实践平台建设重视程度不够、组织保障不力、监督管理缺失、发挥作用有限等问题屡见不鲜，这不得不引起我们的注意。（1）重视程度不够。创业教育是一种先进理念，更是一种发展趋势。在“大众创业、万众创新”的号角下，创业教育得到了前所未有的重视。习近平总书记、李克强总理在多个场合都提到了要鼓励大学生创业，发挥青年大学生在创业中的生力军作用。在国家政策指引下，高校创业教育实践平台建设取得了很大成绩，创业学院、创业园区、创业孵化器、众创空间、创业社会实践基地等形式的实践平台如雨后春笋般地出现。这为大学生创业热情的激发、创业能力的锻炼提供了丰富的实践载体。在看到成绩的同时，我们也要清醒地认识到创业教育实践平台建设在不同层次、不同区域的高校之间存在不平衡。有的学校因为缺乏经费投入、配套资源有限、思想观念认识滞后，所以创业教育实践平台建设力度不足。（2）组织保障不力。现代管理学认为，组织结构如何，很大程度上决定着计划能否得以实现。高校创业教育取得成功的经验已经告诉我们，健全的组织机构是确保创业教育实践平台建设的关键。然而还有一些高校，创业教育的领导、组织、实施仍然处于多重管理、职能交叉的混乱状态，创业教育的领导一把手工程、专项经费投入、师资

① 李宁,王凤成.基于过程管理的高校创业教育实践平台建设[J].中国成人教育 2017（10）:62-64.

队伍匹配、创业人才培养体系等都没有从组织制度上固化下来，从而创业教育实践平台建设形式单一、运行机制不畅、效果较差等问题屡见不鲜。组织保障不力已严重影响了多元化创业教育实践平台的建设，影响了高校创业教育的持续健康发展。（3）监督管理缺失。没有严格的、科学的对创业教育实践平台建设进行监督管理，就很难富有成效地提高创业人才培养质量。有的高校相继建立一些形式多样的实践平台，但是由于缺乏专门的监管部门，致使实践平台建设组织无序化、运行松散化的现象严重。（4）发挥作用有限。创业教育实践平台建设的初衷，就是为有意愿创业的大学生提供实践载体，利用平台更好地熟悉创业流程、积累创业经验、提高创业能力，为今后的创业实践奠定基础。但有的高校创业教育实践平台建设与初衷渐行渐远，主要表现在两个方面：一是实践平台建设脱离了市场和学生的需求，往往追求形式的高品质，而忽略了内容的科学性、多样性和满足性，盲目跟风的浮躁现象比较普遍。如此情况下，很多大学生在实践平台中也无法施展拳脚。二是实践平台建设缺乏持续性和稳定性。实践平台建设有赖于主题新颖、内容充实、形式多样、富有特色的创业活动，但是事实并非如此。很多高校的实践平台尽管已经搭建，但是缺乏持续性和稳定性的活动计划、组织和实施，实践平台的最大效用没有更好地发挥。①

目前，我国仍处在新中国诞生以来前所未有的就业高峰期，就业形势仍然相当严峻。在这种情况下，创业教育作为一个崭新的实践领域应运而生，并已成为高等教育的生命力所在。作为大学生个体，也要努力培养自己的创业意识，全面提升自身的创业素质。相关研究发现：当代大学生的创新效能与心理归因方式具有较强的内在联系，二者能够相互影响。个体对自己持有越高的创新能力信念，就越能展现出自信和努力克服困难的决心。因此，高创新自我效能感大学生趋于内部归因，把行为和事件产生的根本原因归于自身的能力和努力，淡化和削弱情境和运气等因素的影响和作用。②研究表明，大学生创新创业型的生涯发展态度与心理健康指数存在显著正相关。③由此可见，在“大

① 李宁,王凤成.基于过程管理的高校创业教育实践平台建设[J].中国成人教育,2017（10）:62-64.

② 朱楠楠,孙国庆.大学生创新效能感与心理归因的关系[J].中国农村卫生事业管理,2018（10）:1347.

③ 于天红，梁明辉.新常态情景下大学生心理健康与生涯发展[J].中国农村卫生事业管理,2016（7）:924.

众创业、万众创新”的时代情景下，创新效能和积极的内在心理归因已成为大学生面对环境挑战、保持健康心理状态的重要心理资源。个体可以在创新创业活动的高挑战性中获得成就，同时也要承受其高度的不确定性和风险性。当今大学生的生涯发展道路已充满创新创业特征，这需要个体具备健康的心态和良好的心理调整能力。缺乏创新效能的个体可能会产生更多不良外部归因，从而出现焦虑、偏执、冷漠、逃避的心理行为与情绪反应，甚至产生悲观、绝望等心理问题。①

大学生“是实施创新驱动发展战略和推进大众创业、万众创新生力军。在互联网+时代背景下，大学生创业备受全社会关注。高校作为培养创业人才的主阵地，其人才培养质量如何，关乎大学生创业竞争力的提升，关系创业实践的顺利进行。基于此，高校创业教育必须紧密围绕人才培养这个核心，以质量机能展开理论为指导，按照贴近市场、贴近社会、贴近生活、贴近学生、贴近效用的原则，积极探索创业人才培养路径，努力提高创业人才的培养质量。”②对于高等院校而言，创业教育是素质教育、创新教育的延伸、深化和发展。创业教育的提出和探索是高等教育在信息化和全球化背景下走向深化的必然趋势和重要标志，也是高等教育国际化、大众化的必然结果。“随着大学生社会创业对国家社会经济发展的意义和重要性的增长，提升大学生社会创业能力，促进大学生社会创业意识和社会创业行动的增加将会是一个重要的研究课题。”③积极构建大学生创业教育实践体系，对于培养优秀的高级创业人才具有重要意义。所以，我国实施创业教育的目标应该是：培养具有开拓能力和创新精神的社会主义建设者。创业教育有助于当代大学生个性的全面发展，科学观念包括价值观、科技观、创新创造观的树立，创业精神和综合素质的培养。对于大学生而言，应从以下诸方面进行努力。

（1）树立创新理念。在信息网络化、科技社会化以及知识资本化的背景下，知识经济已初现端倪、经济全球化趋势明显，我国正在加速融入世界经济，参与世界范围的全面竞争。作为新时代的大学生，应该树立正确的创新价值

---

① 秦静.创新创业情景下研究生心理健康问题成因分析[J].科技创业月刊,2017（16）:48-50.

② 李宁.基于 QFD 的高校创业人才有效培养研究[J].中国成人教育,2017（18）:71-74.

③ 叶映华,徐小洲.大学生创业心理研究的十年回顾与展望[J].教育研究,2018（2）：21.

观、科技观和学习观。当代大学生最为关注的实现人生最大价值，实际上也是这增进人类利益作出奉献。大学生应将实现人生最大价值与社会责任、社会奉献有机地结合起来，在以后创业过程的不断选择中，不断超越自我和完善自我，不断实现自己的人生价值和社会价值。科技观是指人们对科学技术的价值、功能、作用的总体看法。步入大学以后，大学生都有了自身的专业方向。每个大学生不仅要学有所长，除了熟练掌握专业知识和技术外，还要有所创新。仅有专业技术特长却不懂管理、不通世故也不能获得成功。因此，除了专业知识技能外还应该具备一些相关知识，如经济学知识、企业管理知识、文史知识、心理学、社会学等知识。研究全球发展的、被誉为超一流思想库，且具有全球智囊团的国际未来研究团体——罗马俱乐部在《学无止境》的研究报告中强调指出："对于我们来说，学习意味着对知识、生活的靠近。它强调主动精神，它包括获得和实践为生活在一个变化着的世界上所必须的新方法、新态度和新的价值观，学习是预备处理新的情况的过程。"大学生要创新，就需要树立科学的学习观，而学无止境意味着学习始终伴随着人生旅途。人们为了适应知识社会并在这种社会中更好地生存与发展，必须不断地学习，必须不断地追求新知识。就其本质而言，学习的真正目的是掌握新的知识，拓展创造力。科学的学习观有利于大学生不断吸收新知识，接受新信息，不断调整自己的行为以适应社会环境的变化，不断提高自己的综合素质和创新能力。

（2）培养创造个性。个性是人的个体特征，人是认识和改造世界的主体。从人的个性方面看，每个人的遗传素质各不相同，他所处的社会环境，参加的社会实践和接受的教育也不尽相同。因此，人的个性是千差万别的，每个人有每个人的个性。名副其实的个性，即有创造性的个性的形成是一个长期、复杂和充满矛盾的过程。这个过程从人的出生开始，一直延续下去，促成个性心理的发展。大学生通过培养自身的创业意识、创业素质、创业技能来实现个体心理的扩展，开发个人的心理潜能，即具有自己的个性。从社会的实际情况出发，时代的发展需求和变化，应用各种教育手段和途径，提高发现问题、分析问题和解决问题的能力。与此同时，要特别注重提升自己的自我意识、参与意识、创业精神和实干精神。

（3）提升创业素质。创业精神是首要的创业素质，就是具有创业意识，不满足现状，不墨守成规，要善于思考、勇于探索、不怕困难、不畏艰险。创业所要求的综合素质包括：诚实守信、勤奋敬业、积极进取、敢为人先、自知之明和自信自强。既能看到自身的优劣，扬长避短，更能毫不畏惧地迎接任何困难与挑战。当代大学生要想在今后具有更强的竞争能力，培养自己的创业素质尤为重要。因此，开展创业教育，对创业精神和创业素质的培养也是大学生自我发展、实现自我价值的需要。我国是一个发展中的人口大国，就业压力十分沉重，如何有效利用丰富的劳动力资源，是一个严峻的挑战。在我国，持续稳定发展的社会主义现代化建设事业，巨大的市场，无数等待开发的领域，蕴藏着无穷的机会，为大学生进行创业提供了广阔的天地。培养出越来越多的不同行业的创业者，就可以为社会创造更多的就业机会，对维护社会稳定和繁荣各项事业会发挥重大的作用。越来越多的大学毕业生正在把创业看作与就业和出国两大出路并行的第三条出路。这第三条路是符合经济社会发展要求之路，于国、于民、于己都十分有益。大学生处在生命中的青春时期，对新事物有着强烈的好奇心，有创业意识，喜欢接受挑战。社会正在把公正、平等的竞争机会、生存空间、发展前景提供、给予、展示给社会的每一个公民，大学生作为一个智力群体，他们强大的竞争活力和竞争水平，将取决于个人的全面发展。

参 考 文 献

[1] 韩丽华.大学生心理健康教育[M].长春：吉林大学出版社,2018.

[2] 朱坚强.大学生心理辅导与体验[M].上海：上海教育出版社,2015.

[3] 陆洪.大学生心理健康教育与发展[M].北京：北京理工大学出版社,2017.

[4] 郝长虹.大学生的心理素质提升[M].武汉：湖北科学技术出版社,2014.

[5] 毛淑芳.大学生心理健康指导[M].北京：对外经济贸易大学出版社,2014.

[6] 金晓明.大学生心理危机干预指南[M].杭州：浙江大学出版社,2015.

[7] 彼得·德鲁克.21世纪的管理挑战（珍藏版）[M].朱雁斌,译.北京:机械工业出版社, 2009.

[8] 彼得·德鲁克.创新与企业家精神[M].蔡文燕,译.北京:机械工业出版社,2007.

[9] 彼得·德鲁克.个人的管理[M].沈国华,译.上海:上海财经大学出版社,2003.

[10] 彼得·德鲁克.管理的实践[M].齐若兰,译.北京:机械工业出版社, 2009.

[11] 彼得·德鲁克.卓有成效管理者（珍藏版）[M].许是祥,译.北京:机械工业出版社,2009.

[12] 马克思，恩格斯.马克思恩格斯选集:第 4 卷[M].北京:人民出版社,1995:247.

[13] 笛卡尔.第一哲学沉思集[M].庞景仁,译.北京：中国社会科学出版社,2009.

[14] 康德.实用人类学[M].邓晓芒,译.重庆:重庆出版社,1987.

[15] 康德.纯粹理性批判[M].李秋零,译.北京:中国人民大学出版社,2011.

[16] 胡塞尔.现象学与哲学的危机[M] .北京:国际文化出版公司, 1988.

[17] 海德格尔.海德格尔选集（下）[M].上海:上海三联书店,1996.

[18] 伊恩·罗伯逊.现代西方社会学[M].赵明华,译.郑州:河南人民出版社,1988:75.

[19] 杨晓华,曹炳志.择业与创业指导教程[M].北京:化学工业出版社,2004:86.

[20] 列宁.列宁全集:第 20 卷[M],北京:人民出版社,1965：255.

[21] 詹姆斯•S 科尔曼,社会理论的基础[M].邓方，译.北京:社会科学文献出版社,1999:354-367.

[22] 宋振杰.自我管理[M].北京:北京大学出版社, 2006.

[23] 维之.人类的自我意识[M]. 北京:现代出版社,2009.

[24] 郑杭生.社会学概论新修[M].北京:中国人民大学出版社,1994:322.

[25] 黄希庭,徐风姝.大学生心理学[M].上海:上海人民出版社,1989.

[26] 李景春,李玉杰.社会心理学概论[M].北京:人民日报出版社,2006.

[27] 孙瑜.当代大学生自我意识研究[D].秦皇岛:燕山大学,2015.

[28] 孙松.大学生个人品德失范及教育对策研究[D].大连:辽宁师范大学,2016.

[29] 李宁.德鲁克自我管理哲学思想及其对大学生自我管理的启迪[D]. 秦皇岛:燕山大学,2015.

[30] 李宁.基于QFD的高校创业人才有效培养研究[J].中国成人教育,2017（18）:71-74.

[31] 李宁,王凤成.基于过程管理的高校创业教育实践平台建设[J].中国成人教育,2017（10）:62-64.

[32] 李宁.高校辅导员职业品牌概念、特征及培育研究[J].国家林业局管理干部学院学报,2016（4）:35-39.

[33] 李宁.高校网络舆情及其引导机制研究[J].国家林业局管理干部学院学报,2015（2）:44-48.

[34] 李宁.论新媒体时代思想道德建设[J].北京青年政治学院学报,2013（4）:61-65.

[35] 李宁.浅谈以网络为载体的大学生思想政治教育工作[J].科技创新导报,2010（14）:175.

[36] 李雅,滕秋玲.95 后大学生心理健康现状及应对策略[J].西部素质教育,2018（13）:81-82.

[37] 范杰,卢宁.C 类人格障碍大学生反应性攻击的特点及其与拒绝敏感性的关系[J].中国临床心理学杂志,2018（5）:970.

[38] 钟伟芳,刘洪.家庭状况、社会支持与青少年犯罪的关系[J].法制与社会,2016（15）:172.

[39] 彭柳中,罗宝怡,张演,等.大学生抗挫折心理能力、应对方式与自强意识的关系[J].中国健康心理学杂志,2018（10）:1565.

[40] 欧何生,黄泽娇,张旭东.大学生抗挫折心理能力对自杀意念影响的研究[J].心理学探新,2013（3）:234-238.

[41] 许敏,杜洋涛.积极心理学视域下大学生挫折教育研究[J].长春教育学院学报,2018（10）:31.

[42] 李霞.当代大学生理想道德人格的心理词汇学研究[J].教育学术月刊,2018（6）:26-33.

[43] 张玉萍.当前大学生思想品德存在的主要问题的原因与对策研究[J].教育探索,2016（4）:100.

[44] 陈义.大学生积极情绪情感的培养[J].辽宁行政学院学报,2010（10）:117.

[45] 严红虹,刘治民,王声湧.大学生抑郁及相关因素分析[J].中华疾病控制杂志,2010（3）:257-259.

[46] 唐慧,丁伶灵,宋秀丽.2002—2011 年中国大学生抑郁情绪检出率的 Meta 分析[J].吉林大学学报（医学版），2013（5）:965-969.

[47] 周菲.德鲁克管理哲学思想述评[J].辽宁大学学报，1997（4）:95.

[48] 王玉生.德鲁克对人性的洞察及其对社会管理的启示[J]. 广西社会主义学院学报,2011（2）:78.

[49] 罗仕国.德鲁克关于知识劳动者的个人管理思想述评[J].科技管理研究,2013（3）:142-144.

[50] 高军,眭国荣.大学生心理韧性、决策策略对职业决策困难的影响研究[J].扬州大学学报（高教研究版）,2018（3）:62-67.

[51] 查湘义.大学生挫折感的成因及对策研究[J].辽宁省交通高等专科学校学报,2018（2）:64-66.

[52] 唐宁,陈洪斌,冯桂梅,等.高校辅导员在大学生心理健康教育中的作用[J].吉林医药学院学报,2019（1）.

[53] 齐晓颖.心理健康教育对大学生个性特征培养的重要作用[J].吉林农业科技

学院学报,2016（2）:58.

[54] 孙洪礼.大学生心理健康与人格特质的相关[J].中国健康心理学杂志,2017（10）:1567-1568.

[55] 林井萍,陈龙丹,刘守乾.大学生人际压力与抑郁、自我同一性及主观幸福感的关系:心理资本的调节作用[J].现代预防医学,2018（11）:2013-2018.

[56] 刘润香,涂威.论大学生心理危机评估的几个问题[J].教育现代化,2018（36）:242-243.

[57] 洪亮,程灶火,秦心福.大学生恶性伤害事件的社会心理因素调查研究[J].皖南医学院学报,2018（6）:594-597.

[58] 王力,何宁.大学生社会支持在情绪智力与情感幸福感间的中介作用[J].中国健康心理学杂志,2013（12）:1895.

[59] 丁新华.大学生社会支持状况与主观幸福感的相关研究[J].中国健康心理学杂志,2007（9）:790-793.

[60] 王玉梅.大学生主观幸福感与生活事件:情绪智力的作用[J].中国健康心理学杂志,2010（10）:1264-1266.

[61] 李文静.大学生心理抗压能力分析与干预研究[J].中国农村教育,2018（12）:24.

[62] 冯宁.大学生心理疾病污名概述[J].天津职业院校联合学报,2018（10）:124.

[63] 陈大勇.思想政治教育中大学生自我管理策略[J].沈阳师范大学学报（社会科学版）,2013（6）:53.

[64] 李文英.积极心理学观照下大学生自我意识的优化[J].教育评论,2013(2):66.

[65] 孙建伟, 贾慧灵.对独立学院大学生自我管理与自我教育的思考和探索[J].湖北经济学院学报（人文社会科学版）,2014（1）:119.

[66] 左春雨,刘嵩晗.高职大学生择业心理问题及对策[J].教育探索 2016（4）:50-52.

[67] 武传伟,吴翌琳.大学生积极心理资本与就业压力关系调查分析[J/OL].调研世界,https://doi.org/10.13778/j. cnki.11-3705/c.2018.12.

[68] 王菁菁.大学生个性发展与高校规范教育平衡点探析[J].江苏高教,2018（12）:104.

[69] 杨丽娴,连榕.学习倦怠的研究现状及展望[J].集美大学学报,2005（1）:54-58.

[70] 余丽.大学生学习倦怠状况及其与压力性生活事件的关系[J].中国健康心理学杂志,2017（8）:1251.

[71] 白佳慧.大学生学习倦怠成因及解决对策研究[J].教育教学论坛,2018（13）:91-93.

[72] 付晓,陈永磊,范文洁.新常态下大学生就业价值观分析[J].教育教学论坛,2019（2）:215-216.

[73] 郭海龙.国内自我管理研究存在的问题及出路探讨[J].重庆社会科学,2005（1）：93-96.

[74] 李景春.生态位视域中的教育生态系统及其发展[J].教育科学,2006（3）:27.

[75] 吴洋.大学生择业存在的问题及对策[J].高等教育,2017（5）:118.

[76] 蒋臻.90后大学生就业心态问题及对策研究[D].重庆:重庆交通大学,2013.

[77] 缪宁陵.高职院校学生择业就业心理问题的调适与辅导[J].教育探索,2009（7）:124-125.

[78] 胡国良,周华.大学生就业心理存在的问题与对策[J].教育探索,2014(4):135-136.

[79] 陈悦香,范玉茹,李玉杰.论当前大学生职业心理误区与调适[J].现代教育科学·高教研究,2010（4）:106-110.

[80] 陈红艳.大学生潜在心理品质与就业能力的关联性研究[J].教育评论,2018（7）:100-103.

[81] 朱楠楠,孙国庆.大学生创新效能感与心理归因的关系[J].中国农村卫生事业管理,2018（10）:1347.

[82] 于天红，梁明辉.新常态情景下大学生心理健康与生涯发展[J].中国农村卫生事业管理,2016（7）:924.

[83] 秦静.创新创业情景下研究生心理健康问题成因分析[J].科技创业月刊,2017（16）:48-50.

[84] 叶映华,徐小洲.大学生创业心理研究的十年回顾与展望[J].教育研究,2018（2）:21.

[85] Joseph H Boyett , Jimmie T Boyett. The guru guide: The best ideas of the top

management thinkers [M]. New York: John Wiley and Sons Inc.,1997.

[86] Charles B Handy. The handy guide to the gurus of management [M].London: Penguin Business,1996:42-46.

[87] Heidegger. The basic problems of phenomenology[M]. trans. Albert Hofstadter, Indiana University Press, 1982.

[88] American Psychiatric Association. Diagnostic and statistical manual of mental disorders: DSM-5[M]. Man Mag,2003.

[89] The Economist. Good guru guide: Show me to your leader [J].Economist, 1993（7）.

[90] Long James D, Gaynor P, Erwin A, et al. The relationship of self-management to academic motivation, study efficiency, academic satisfaction, and grade point average among prospective education majors [J]. Psychology: A Journal of Human Behavior, 1994（1）:22-30.

[91] Barry J. Zimmerman. Self-Regulating academic learning and achievement: The emergence of a social cognitive perspective[J]. Educational Psychology Review, 1990（2）:173-201.

[92] Malachy Bishop, Michael P, Frain, Molly K Tschopp. Self-Management, perceived control, and subjective quality of life in multiple sclerosis[J]. Rehabilitation Counseling Bulletin, 2008（1）:45-56.

[93] Kreman A M. Block J. The roots of ego control in young adulthood: links with parenting in early childhood [J]. Journal of Personally and Social Psychology, 1998（4）:1062-1067.

[94] Holmes T H, Rahe R H. The social readjustment rating scale [J].Journal of Psychosomatic Re - search, 1967（2）:213-218.

[95] Paykel E S. Contribution of life events to causation of psychiatric illness[J]. Psychological Medicine, 1978（2）:245-253.

[96] Costello C G. Social factors associated with depression: a retrospective community study [J]. Psychological Medicine, 1982（2）:329-339.

[97] Hoeve M, J S Dubasubas, J R M Gressis， et al. Maternal and paternal parenting

styles: Unique and combined links to adolescent and early adult delinquency[J].Journal of Adolescence，2011（34）.

[98] Cassidy T. Family background and environment，psychological distress，and juvenile delinquency[J]. Psychology,2011（9）.

[99] Dam V C, J Jmam, E J Debruyn. PEN，Big Five，juvenile delinquency and criminal recidivism[J]. Personality and Individual Differences，2005（39）:7-19.

[100] Freudenberger H J.Staff burn-out [J].Journal of Social Issues,1974（1）:159-165.

[101] Pines A,Aronson E,Kafry.Burnout: rom tedium to personal growth[J].Journal of Applied Psychology,1981（1）:160-169.